JN097091

改訂版

変化する旅行ビジネス

個性化時代の観光をになうハブ産業

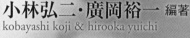

小林弘二・廣岡裕一 編著

kobayashi koji & hirooka yuichi

文理閣

改訂版に寄せて

　本書『変化する旅行ビジネス』は、2003年に初版、2009年に新版を発行した。それから十数年、今般、改訂版を刊行するに至った。この間、東日本大震災などの災害や中東呼吸器症候群（MERS）の発生などがあったが、個々の旅行業者の経営状況はともかく、旅行需要は、概ね堅調であった。

　特に日本においては、インバウンドの増加が著しく、観光が目に見える形で経済に大きく影響を及ぼすという、これまでにない現象も生じた。しかし、2020年は、新型コロナウイルスの世界的な蔓延により、旅行需要は地球規模で激減している。そして、これからの状況は、現時点（2021年3月）では、明確な見通しは立っていない。とはいうものの、いずれは収まり、そののちは、旅行できる環境に戻る。しかし、この1年以上のブランクは、必ずしも移動を伴わなくてもことが足りるという認識を広めたことなど、社会の意識に大きな変化をもたらした。そのため、旅行需要が回復した場合においても、旅行ビジネスの変化を余儀なくされるであろう。

　本書執筆時点では、その変化は、はっきりは見えていない。大きな変化がおこるであろうと蠢動しているときに、改訂版を出そうというのは無謀なのかもしれない。しかし、新版刊行の2009年以降、旅行ビジネスを取り巻く環境は大きく変化している。特に、先述のインバウンドの増加とITCの発展は、実際、旅行ビジネス全体に大きな影響を与えた。それゆえ、さらなる、大きな変化が現れる前に、その変化がおこる過程で生じている胎動を見ておくことも有効ではないかと考えている。

　これまでに増して、観光が注目される存在になった。観光に関する書籍も、以前では考えられないほど多く出版されている。しかし、旅行ビジネスに限ると、観光全体の伸びに比べれば多くなっていない。これは、観光全般の中で、旅行事業の勢いが弱まった結果かもしれない。しかし、だからこそ、本

書で、この10年余りの変化を踏まえて旅行ビジネスを概観する意義がある。

　このような観点を踏まえ、本改訂版では、特に、近年の変化の要素に注目して、幾人かの執筆者の変更を含め大幅に内容を改めた。読者の皆様におかれては、近年の旅行ビジネスの変化の胎動を読み取っていただき、次代に向けた旅行ビジネスのイノベーションのためのヒントを吸い取っていただくことができれば、改訂版を出した意味があるものと考えている。

　　2021年3月

編著者

小 林 弘 二

廣 岡 裕 一

新版の序

　2003年に本書『変化する旅行ビジネス』初版を刊行してから、6年余りが経過した。その間、観光立国政策のおかげもあって、観光分野においては、訪日外国人客の増加、観光庁の新設、大学における観光系学部・学科の増設など、文字通りの「変化」が目に見えるポジティブな形で現れてきている。一方、「旅行ビジネス」においては、海外旅行者数が減少傾向にあることをはじめ、あまり景気のいい話は聞かれない。「旅行ビジネス」も社会的、経済的な環境の変化に伴って、変化はしているのであるが、根本的な部分において、それに対応できていないのかもしれない。

　今回、本書はおかげさまで新版を出版できる機会を頂戴した。新版では、初版より1章増やし、10章構成とした。第8章までは、初版をベースにしながら、この6年余りで現れた「変化」を反映させ、初版の記述を取捨選択し、かつ、新たな記述を加えた。

　また、第9章は「ニュービジネスとしての旅行業」から「ランドオペレーターの収益源の変化とその特徴」に改めた。これは、今まで、あまり論じられることのなかったランドオペレーターの事業に関しての議論を学問研究として高めることと、それにより、より「旅行ビジネス」実務を深く究める糸口を提供するためである。本章は、日本で韓国のツアーオペレータをされていた金相俊近畿大学経営学部准教授に執筆いただいた。

　そして、新たに、高等教育機関、人材教育に造詣の深い小畑力人和歌山大学観光学部教授に著者として加わっていただき「観光庁の発足と大学の観光人材育成」と題する第10章を加えた。近年の大学における観光系学部・学科の増加は、「旅行ビジネス」の立場からも見逃せないものでありながら、論じられることが少なかった。高等教育と業界とのリンクは、今後の、観光・旅行業界の発展のためにも十分議論する必要がある。本章の設定は、この課題

についての問題提起をする必要を感じたことによるものである。

　初版時からの執筆者も、所属先が変わるなどこの6年で変化した。研究者として成長し、より「旅行ビジネス」を洞察できるようになっていれば、幸いである。成長の度合いの評価は読者の皆様にゆだねるとしても、少なくとも、年は重ねているため、その分だけの蓄積は増えている。そのため、初版に比べ記述量は増え、章を増やしたことを含め大幅にページ数が増えることとなった。そうした点も含め、今回も文理閣の山下信編集長には、大変なご助力をいただいた。感謝の意を申し上げる。

　そして、読者の皆様には、「旅行ビジネス」の変化した点のみならず、変化していない点にも注目して、本書を「旅行ビジネス」を論じるたたき台にしていただければ、私達執筆者にとっては、とてもうれしく感じることになるだろう。

　2009年7月

編著者

岡 本 義 温

小 林 弘 二

廣 岡 裕 一

は じ め に

　昨今、日本でも観光は21世紀の基幹産業になるという認識が高まってきている。2003年度、国の観光関連予算が50％増加し、同時に政府は「グローバル観光戦略」を打ち出すなど、ようやく国家レベルにおいて観光への取り組みが始まった。

　一方、観光研究の分野は、これまで比較的地味な学問分野ではあったが、1990年代以降、観光に関わる学部、学科、専攻等を開設する大学・短大が増えるとともに、観光のさまざまな領域にわたる研究も拡がり、最近では観光学関連の書物も数多く出版されるようになってきた。このような現状は、ようやく日本でも、「観光」が学問として認知されてきた現れであり、大へん喜ばしいことである。

　しかしながら、観光を支え、その中で基幹的な役割を果たしている、いわばハブ産業としての「旅行ビジネス」については、これらの書物の中では観光産業の中の一部としての記述にとどまり、観光産業を旅行ビジネスとの関連において深く論じたものは、まだまだ少ない。つまり、観光に関わる学問研究は、総体として議論され始めたものの、それを構成する各産業、特に旅行業、旅行ビジネスについての議論は、まだ十分になされているとは思えない。

　また、実務においても、旅行業の低収益性からの脱却との掛け声は聞こえてくるものの、その対応策については観念論的なもの、対症療法的なものが多く、より科学的な検証への試みも十分にはなされていないのが現状であろう。さらに、昨今、「中抜き」といわれる現象を取り出し、観光関連産業の中でも旅行業を悲観視、あるいは軽視する向きもある。しかし、前述のように、旅行業の本質や構造が十分には吟味されていない現状においては、旅行業、旅行ビジネスをもっと多面的に検証していかなければならず、旅行業の持つ

本来的な意義や価値を否定してしまうことは、おそらく今後の観光産業の発展の中で、悔いを残すことになるだろう。

　本書は、こうした旅行ビジネスの現状への思いを抱きつつ、旅行業の持続的な発展の可能性を研究している私達が、今後の旅行業の社会的な有用性と旅行ビジネスへの深い理解を広めるための礎の書となることを目的としている。そして、旅行業が他の観光関連産業との間で、数々の環境の変化に対応しながら発展してきた過程を踏まえ、そこから現在の状況に辿り着いた必然性を見出し、これからの個性化の時代にあるべき像を描く手がかりを示した書でもある。

　私達のほとんどは旅行業界出身の研究者で、旅行業界に対してはことのほか深いコミットメントをもっている。旅行業の現状には憂える点も多いが、それらを克服することによって、より高い産業ビジネスとしての可能性を見出すことができるものと信じている。読者の皆様におかれては、本書を通じてこれからの新しい旅行ビジネスの展開と旅行業界の発展に結びつくヒントを見出していただければ、望外の喜びである。

　最後に、私達が主催している「京都旅行業研究会」で、多くのアドバイスをいただき、本書出版の橋渡しをしていただいた立命館大学の服部吉伸先生、同様にいつも親身にご指導いただいている石崎祥之先生、戸祭達郎先生にはこの場を借りて深くお礼を申し上げる。また、私達が出会うきっかけとなった場を与えていただいた同志社大学の太田進一先生、仁後陽一先生、そして、出版の機会を与えていただいた文理閣の山下信編集長に対しては心より感謝の意を表したい。

　2003年1月

編著者

岡 本 義 温

小 林 弘 二

廣 岡 裕 一

目　　次

第1章

観光政策・法制度の変遷

1. 観光政策の変遷

1. 観光政策のはじまり

　日本において、政府が観光政策に取り組んだのは、1930年鉄道省の外局として国際観光局が設置されたあたりにあるといえよう（内閣官房、1980、18頁）。観光は、自然資源、文化資源などをその対象とし、交通、宿泊といった事業によって支えられる。もちろん、それらに関しては、それ以前からそれぞれの政策は行われていたが、「観光」を称した行政機関が設置されたのはこのときが初めてである。これは、観光には、観光資源や観光事業に加えて、出入国関係の事務などの国の統治にかかわる事項や国民の福祉や厚生など生活にかかわる内容も関係してくるが、関与する範囲、程度は別として観光にかかわる要素を個別にとらえるだけではなく、総合してとらえていこうとしたものといえる。

　国際観光局が設置されるに至ったのは、昭和に入って世界的な不況が経済社会に深刻な影響を及ぼすにつれて、経済政策、特に国際収支改善対策の一環としての国際観光政策が論議されだしたことにある。そして、1929年、貴族院及び衆議院は、「外客誘致に関する調査及び実行を図るべき行政上の中心機関を設けることを望む」旨の決議を行った。そして、政府が「国際貸借改善審議会」を設置し、審議会は外客誘致に関する施策の統一連絡及び促進を図るため、政府部内に中央機関を設置することや中央機関の諮問機関として官民合同の委員会を設けることなどを答申したことによる。国際観光局には、庶務課と事業課が設置され、外客誘致、調査統計、海外宣伝、遊覧地、旅館

事業、案内業者などに関する事項が所掌事項として挙げられている。また、合わせて設置された国際観光委員会は、鉄道大臣を会長とし、貴・衆議院議員、関係官庁官吏、財界人、学者その他観光関係者を委員として構成され、外客誘致に関する事項を調査審議し、鉄道大臣のほか関係大臣に建議することを任務とした（内閣官房、1980、17-19頁）。このように、日本の観光政策は、経済不況から脱却のため外貨獲得を目指し、外国人を誘致する体制を組み立てることより始まったといえる。

　国際観光局は、その後、景気の回復や1940年の東京オリンピック、万国博覧会に向けて組織定員も増加していったが、日中戦争が、全面的に拡大、オリンピック、万博の中止も決定し、国際観光行政の方針も転換を迫られる。そして、1941年12月、太平洋戦争が勃発し、国際観光局は、1942年10月31日をもって廃止された（内閣官房、1980、24-26頁）。

　一方、各地においても、京都市は、1930年に観光課を設置し、戦時下においては観光担当部局を廃止したものの、1947年には市長公室に観光課を復活させている（寺前、2009、26頁）。地方においては、昭和初期より、著名な観光地が所在する県や市には観光協会等が設けられていた（内閣官房、1980、27頁）。そして、これら日本各地の観光協会、地方自治体等によって1931年に「日本観光地連合会」が結成され、これを母体に、1936年「日本観光連盟」がする。その後、戦争激化のため、休止するが、1946年「全日本観光連盟」として復活し、1947年には、社団法人化し、現在は、公益社団法人日本観光振興協会となっている[1]。

2. 終戦後の観光政策

　戦後は、1945年11月に運輸省鉄道総局業務局旅客課に観光係が置かれ、1946年6月に運輸省鉄道総局業務局観光課が設置され、観光行政が復活した（盛山、2012、46頁）。また、1946年8月には、「観光国策確立関する建議」、「国際客誘致施設準備に関する建議」が衆議院に提出されている（内閣官房、1980、55-56頁）。さらに、外客誘致のための観光行政の統一化、総合化の必要性が強く認識され、1946年12月の衆議院本会議において、国立観光院の設置の要

望が建議されたが（寺前、2007a、31頁）、これは、1948年7月に観光事業審議会という形での設置となった（盛山、2012、48頁）。

　昭和20年代は、1948年に旅館業法、温泉法、1949年に国際観光事業の助成に関する法律、通訳案内業法、国際観光ホテル整備法、1950年に文化財保護法、1951年に博物館法、そして1952年には、旅行あっ旋業法などの観光に関する基本的な法律が制定された。今日まで有効な観光に関する法制度はこの時期にほぼ整備された（寺前、2007a、36頁）。また、1950年から1951年にかけて、別府国際観光温泉文化都市建設法、伊東国際観光温泉文化都市建設法、熱海国際観光温泉文化都市建設法、奈良国際文化観光都市建設法、京都国際文化観光都市建設法、松江国際文化観光都市建設法、芦屋国際文化住宅都市建設法、松山国際観光温泉文化都市建設法、軽井沢国際親善文化観光都市建設法が制定され、これらの都市は国際観光文化都市に指定された。ただ、これらの実質的な法律事項は国有財産の自治体への払い下げに関するものであった。また、統一的な基本法の必要性の認識もあり、基準法的な立法として、1977年には、国際観光文化都市の整備のための財政上の措置等の関する法律（寺前、2007a、36-37頁）が時限立法として制定されている[2]。

　このように、この時期に制定された観光に関する法制度は外客誘致による外貨獲得を目的にする（寺前、2009、8頁）とともに、制度や観光に関する施設の基盤を固めるものであった。

　経済の復興とともに国民旅行の重要性が政策課題として認識されるようになり、国内旅行用の宿泊施設の整備が政策的に推進されることとなった（寺前、2007b、29頁）。つまり、都市人口の集中化と社会機構の複雑化による緊張緩和のために国民の健全な旅行、休養は、むしろ国民生活上不可欠のものになって来たといわれるような状況で、そのような状勢の対処として、1955年11月に観光事業審議会に「ソーシアル・ツーリズム研究部会」が設けられた（内閣官房、1964、597-598頁）。これにより、これまで旅行の機会がなかった人々にも旅行に参加しやすいようにするソーシャルツーリズムの方向性を示すこととなった。大衆への旅行の浸透、マスツーリズムを促す施策であったといえよう[3]。これを受けて政府は、国民宿舎、公立青年の家、ユースホ

ステルのような低廉な宿泊施設の建設にとりかかった（盛山、2012、48頁）。

さて、観光事業審議会は、1954年5月、「観光事業振興方策の樹立及びその実施」について、内閣総理大臣に建議している（内閣官房、1980、61頁）。政府はこの建議をもとに、1956年8月「観光事業振興基本要綱」を決定した。この要綱においては、観光事業振興の基本方針を示し、振興対策として観光事業振興5カ年計画の策定、所要の立法及び財政措置、重点的に実施すべき施策の項目を掲げている。この要綱に基づき、1956年12月観光事業振興5カ年計画が決定した（内閣官房、1980、108頁）。

観光事業振興5カ年計画は、「観光対象の保護、育成および利用の促進、観光関係施設の整備、観光宣伝および接遇の充実改善等を図り、もって、外客の誘致を促進し、国際間の相互理解と国際親善の増進に資するはもちろん国際収支の改善に寄与せしめるとともに、他方、国民旅行の健全化を図り、国民の保健厚生に資し、あわせて地方の産業文化の振興向上に貢献しようとするものである」（内閣官房、1964、486頁）としている。

このように、この時期の観光施策は、昭和20年代からの外客誘致に加えて、観光にかかわるインフラストラクチャーの整備に重点が置かれていることがうかがえる。こうした、ハード中心の観光施策ではあるが、ソーシャルツーリズムの概念を用い、大衆への旅行の浸透を図る政策は、インフラ整備とあわせて、それ以降の旅行需要の拡大に大きく寄与したものである、と考えられよう。

3. 観光基本法の成立

「観光事業振興基本要綱」の決定に先立ち、自由民主党が「観光事業振興に関する基本方策」の中で「観光事業振興法」の制定を決定したが、日の目を見るに至らなかった（内閣官房、1980、67頁）。このように、昭和30年代は総合的な観光政策がなされることについては、活発とは言えなかったが、1963年になって観光基本法が公布、施行されることになった。これは、1962年11月日本社会党が観光政策を発表したことが、観光基本法制定の口火を切ることとなったものである（内閣官房、1980、67頁）。観光基本法が制定された時

代背景には、1964年東京オリンピックの開催、日本人海外旅行の自由化に代表される高度成長がある（寺前、2009、9頁）。日本人の海外渡航は、終戦直後は原則として禁止されていたが、順次緩和されていった。しかし、海外渡航に際してその目的及び外貨の持出しは厳しく制限されたままで、外貨不足であったため観光目的の海外渡航は事実上不可能であった。しかし、経済の発展に伴って1962年10月大幅な貿易・為替の自由化がなされ、1964年にはIMF14条国から8条国へ移行し、1965年にはOECDに加盟する等、国際社会に復帰するため、1964年には1人年1回500ドルの持ち出し外貨制限はあったものの海外渡航は自由化された（内閣官房、1980、46-47頁）。

　観光基本法は、国が、講じなければならない施策として、外国人観光旅客の来訪の促進及び外国人観光旅客に対する接遇の向上を図ること、国際観光地及び国際観光ルートの総合的形成を図ること、観光旅行の安全の確保及び観光旅行者の利便の増進を図ること、家族旅行その他健全な国民大衆の観光旅行の容易化を図ること、観光旅行者の一の観光地への過度の集中の緩和を図ること、低開発地域につき観光のための開発を図ること、観光資源の保護、育成及び開発を図ること、観光地における美観風致の維持を図ることを挙げているが、政策目標を示すのみ（観光法研、1963、96頁）で規範性の極めて弱い法律として発足している（寺前2007a、42頁）。

　観光基本法では、総理府に、観光政策審議会を置く、とされていた。また、政府は、毎年、国会に年次報告をし、観光政策審議会の意見をきいて、報告に係る観光の状況を考慮して講じようとする政策を明らかにした文書（観光白書）を提出しなければならない、としている。なお、観光政策審議会の規定は、1999年成立、2001年施行の中央省庁等改革のための国の行政組織関係法律の整備等に関する法律により、観光基本法より削られ、講じようとする政策の意見は交通政策審議会に聴くことと改正されている。

　観光政策審議会は、年次報告報告以外に、内閣総理大臣又は関係各大臣の諮問に応じ、重要事項を調査審議することとなっているが、この諮問・答申は、昭和40年代に4件あったのちは、1995年に22年ぶりに「今後の観光政策の基本的な方向について」が答申されるまでなかった（長谷川、1999、112-115

頁）。その後は、2000年に1件の答申がある[4]。こうしたことからも、新全国総合開発計画で、自然観光レクリエーション地区の整備および大規模海洋性レクリエーション基地の建設を示している[5]ものの、昭和40年代、50年代においては、観光にかかわる政策について十分な議論がなされていたとは受け取れない。

しかし、1986年から1991年まで続いたバブル期において金融機関は積極的に融資・投資を行った。そうした背景のもと、リゾートの開発が地域活性化、これまでの重厚長大産業からの転換の対象として期待され、1987年に総合保養地域整備法、いわゆるリゾート法が制定された。また、1987年には、海外旅行倍増計画（テン・ミリオン計画）が策定された。これは、日本人の海外旅行者数を5年間で倍増させ1000万人にする計画であったが、予定より1年早く達成された。これは、恒常的に貿易収支が黒字で貿易外収支、観光収支の赤字化にポイントが置かれ、いわゆる黒字減らしを目的としている（盛山、2012、74-75頁）[6]。一方、1988年には、「90年代観光振興行動計画（TAP90's）」が策定された。この行動計画は、「観光立県推進会議」を開催し、観光振興に関する具体的施策を提言し、実行に移すものであり、観光の振興による地域の活性化と国際化をめざして、「観光立県推進運動」の展開を図ろうとするものである（運輸白書、1989、99頁）。また、企業業績がおしなべて好調であることもあり、職場旅行の非課税扱いの拡大について企業から強く要請されていたため、これまでの1泊2日から3泊4日まで拡大した。これにより、海外への職場旅行が急増した。その後、1993年には、一定の条件のもと4泊5日まで拡大された（盛山、2012、76頁）。

4. バブル崩壊後の観光政策

バブル崩壊後の1990年代は、観光政策審議会が年次報告報告以外に22年ぶりの答申を行い、観光は「観光は、21世紀のわが国経済社会の発展の核となりうる重要性を有している」とはじめに期待を示し、「ものづくり立国からゆとり観光立国へ転換する必要」を求めるなど、以降の観光政策の方向性を先取りするような内容を示している[7]。この時期、それまではあまり顧みら

れなかった観光施策に対しても関心が寄せられ始めたことがわかる。

　実際の施策については、以下のようなものがあげられる。地域における観光や外食産業の一層の増進を図り、観光振興に資するために「観光事業振興助成交付金制度」が1991年に創設された（2000年廃止）。1993年には、地域伝統芸能等を活用した行事の実施が、地域の振興、地域の固有の文化等を生かした個性豊かな地域社会の実現を目的とする地域伝統芸能等を活用した行事の実施による観光及び特定地域商工業の振興に関する法律が成立し、訪日外国人のニーズの多様化などに対応するために国際観光ホテル整備法が改正された。また、1994年には、農村滞在型余暇活動に資するための農山漁村滞在型余暇活動のための基盤整備の促進に関する法律（農山漁村余暇法、グリーンツーリズム法）、国際会議の開催の増加をめざした、国際会議等の誘致の促進及び開催の円滑化等による国際観光の振興に関する法律が成立している（盛山、2012、76-80頁）。そして、1996年4月に、訪日外国人旅行者を、概ね10年間で倍増させることをめざす「ウェルカムプラン21」が策定され、これを受け、1997年には、外国人観光旅客の来訪の促進を図るための、外国人観光旅客の来訪の促進等による国際観光の振興に関する法律が成立している（運輸白書、1999、140-141頁）。

5. 観光立国

　そして、観光立国宣言といわれる、2003年1月31日の第156回国会における小泉内閣総理大臣の観光の振興に政府を挙げて取り組み、2010年に訪日外国人旅行者数を倍増させることを目標とする施政方針演説となった[8]。これに先立ち、小泉総理は、2002年の施政方針演説で、海外からの旅行者の増大と、これを通じた地域の活性化について言及し、同年6月に閣議決定された「経済財政運営と構造改革に関する方針2002」において、経済活性化戦略のアクションプログラムの1つとして「観光産業の活性化・休暇の長期連続化」をあげている。そして、12月の閣僚懇談会では、国土交通大臣が外国人旅行者の訪日を促進するために官民で取り組む戦略である「グローバル観光戦略」を策定した旨公表している[9]。

　そこで、外国人旅行者の訪日が飛躍的に拡大するためには、まず、外国人に日本へ旅行しようという気持ちを起こさせなければならない。このため、2003年度より、国、地方公共団体及び民間が共同して取り組む、戦略的訪日促進キャンペーンである「ビジット・ジャパン・キャンペーン」が、展開された（観光白書、2004、81頁）。

　2003年1月に開催が決定された「観光立国懇談会」は、幅広い観点から我が国の観光立国としての基本的なあり方について検討し、4月には、「住んでよし、訪れてよしの国づくり」をサブタイトルとする観光立国懇談会報告書をとりまとめた。そして、5月に観光立国関係閣僚会議等の開催、7月に観光立国行動計画の策定、9月には観光立国担当大臣が任命されることになる（観光白書、2004、45-48頁）。

　こうした、一連の観光立国政策のなかで、2006年12月、観光立国推進基本法が、議員立法で成立し、2007年1月1日から施行された。観光立国推進基本法は、観光基本法を発展させたものではあるが、観光立国推進基本計画を定めることを規定している。これは、この法律が実効性を発揮するのに効果があるものと考えられる（廣岡、2008、138頁）。観光立国推進基本計画は、まず、5年間を対象として策定され[10]、2007年に閣議決定された。

　観光庁は、2008年10月に設置された。その年には、エコツーリズム推進法、観光圏の整備による観光旅客の来訪及び滞在の促進に関する法律（観光圏整備法）、地域における歴史的風致の維持及び向上に関する法律（歴史まちづくり法）が施行されている（盛山、2012、133-137頁）。そして、2017年、特定複合観光施設区域の整備の推進に関する法律（IR推進法）が施行、2018年特定複合観光施設区域整備法（IR整備法）が公布されている。

2. 宿泊業についての法制度の変遷

　宿泊に関する基本的な法律は、旅館業法で所管行政庁は、厚生労働省である。そもそも、旅館業法は、1948年、戦前、警察命令に基づき各都道府県で実施していた旅館業に対する取締を、公衆衛生の見地からのみ取締を目的と

する法律として規定された（深澤、1997、35頁）。そして、1957年、公衆衛生の見地からのみではなく、風紀取締の見地からも規制する改正がされた。これは、翌年の売春防止法の全面施行に備えたものといえる（深澤、1997、35頁）。

　しかし、1996年、従来、旅館業に対して、公衆衛生の見地から必要な取締を行うとともに、併せて旅館業によって善良な風俗が害されることがないようにこれに必要な規制を加え、もってその経営を公共の福祉に適合させること、とされていた旅館業法の目的を、旅館業の業務の適正な運営を確保すること等により、旅館業の健全な発達を図るとともに、利用者の需要の高度化及び多様化に対応したサービスの提供を促進し、もって公衆衛生及び国民生活の向上に寄与することに改正された（深澤、1997、36頁）。

　さらに、2018年6月、新しい法律である住宅宿泊事業法の施行とあわせて、旅館業法の改正は施行された。旅館業法では、これまで営業の種別が、「ホテル営業」と「旅館営業」、そして、「簡易宿所営業」「下宿営業」であったのが、「ホテル営業」と「旅館営業」が、「旅館・ホテル営業」に統合されて3種別になった。

　住宅宿泊事業法は、いわゆる民泊に対応するための法律で、旅館業法に規定する営業者以外の者が宿泊料を受けて住宅に人を宿泊させる事業であって人を宿泊させる日数が1年間で180日以内のものを「住宅宿泊事業」とし、従来の旅館業とは異なる業と定義したものである。ホテル、旅館は都市計画法で定める用途地域の住居専用地域などでは建てられないため、住宅地においては有料で宿泊サービスを提供することはできなかった。しかし、民泊サービスを提供するプラットフォーマーの登場、訪日外国人旅行者の急増によるホテル客室不足と料金高騰が民泊の浸透を促した（浅見他、2018、16頁）。無許可の民泊は、旅館業法に反するが、住宅宿泊事業法成立前は、住居専用地域においては、そもそも許可を受けられる余地はなかった。しかし、プラットフォーマーの登場は、旅館業法の想定する社会環境ではなく、実態として浸透しているため、整合性を図る必要があった。そのため、観光立国に資する民泊は格好の推進すべき政策課題でもあった（浅見他、2018、2頁）ことか

ら住宅宿泊事業法の成立に至ったのである。

このほか、農林水産省所管の農山漁村余暇法では、農林漁業体験民宿業の推進を図るため農林漁家が民宿を行う場合は、旅館業法等で定める要件の一部が緩和される

一方、観光庁が所管する宿泊関係の法律には、国際観光ホテル整備法がある。国際観光ホテル整備法は、外客宿泊施設の整備を図るための法律であり、施設及び経営が一定の基準に適合するホテル、旅館につき登録制度を設け、税制上の優遇措置等を講ずるものである（寺前、2007a、154頁）。

旅館業法では、旅館業者と宿泊者との契約内容については規定されないが、国際観光ホテル整備法では、登録ホテル、登録旅館に対して、宿泊料金及び宿泊約款を定めて、観光庁長官に届け出なければならない、としている。そして、観光庁長官は、料金又は宿泊約款が外客接遇上不適当であり、特に必要があると認めるときは、その変更を指示することができる、とし、これらの料金及び宿泊約款は公示しなければならない、としている（第11条、第18条）。

このように、それぞれの法律の第1条で示すように、旅館業法は公衆衛生の向上が目的であり、国際観光ホテル整備法は国際観光の振興が目的で、それぞれ異なった観点からの施策を講じている。

3. 通訳案内についての法制度の変遷

訪日外国人にかかわる法律として通訳案内士法がある。通訳案内については、戦前は規制されていたが、日本国憲法施行の際、現に効力を有する命令の規定の効力等に関する法律により1947年末で失効していたため、全くの自由営業になっていた。しかし、1949年に通訳案内業法が制定され（寺前、2007a、173-174頁）、通訳案内業を営もうとする者は、運輸大臣の行う試験に合格し、都道府県知事の免許を受けなければならないこととなった。

この通訳案内業法は、2005年に通訳案内士法に改正された。この改正では、「観光立国の実現に向けて、外国人観光旅客に対する我が国の観光地としての

魅力を総合的に高めていくため、通訳案内業に係る規制の緩和を通じた外国人観光旅客の接遇の一層の向上を図るとともに、各地域の市町村と民間組織が創意工夫を生かして行う魅力ある観光地の整備を促進する等外国人観光旅客の来訪促進のための措置を講ずる」ためのもので、題名及び目的を改正したほか、参入規制を緩和するとともに業務の適正の確保を図られた。また、外国人観光旅客の来訪地域の多様化の促進による国際観光の振興に関する法律により、都道府県の区域内でのみ活動することのできる地域限定通訳案内士の資格を認め、通訳案内士法の特例を定めている[11]。地域限定通訳案内士は、資格を得た都道府県の区域で、通訳案内を行うことができ、都道府県がそのための試験を実施することができるものである[12]。

　しかし、2005年改正の通訳案内士法では、「通訳案内士でない者は、報酬を得て、通訳案内を業として行ってはならない」(旧第36条)と規定しているが、無報酬の善意通訳や「旅行に関する案内」をするものでない場合は通訳案内士の登録をする必要はなく、通訳サービスが付随的サービスとして提供される場合には、適法と認識される可能性も大きくなっていることや訪日ツアーの外国の添乗員が資格を有しないまま通訳ガイドサービスを提供しているケースが社会問題化している(寺前、2007a、274頁)指摘もなされていた。

　そうした中、観光庁では、2008年、増加する訪日外国人旅行者に対してどういう形で通訳ガイドサービスを提供するのかということを課題に通訳案内士のあり方に関する懇談会を設置し、そのヒアリング結果をもとにして「通訳案内士のあり方に関する検討会」を立ち上げ議論を行うこととした[13]。

　そして、関係者及び専門家で構成する通訳案内士のあり方に関する検討会が、2009年に、業務独占を前提とした現行の通訳案内士制度そのものの妥当性も含め、制度の抜本的な見直しも視野に入れた検討を行うため設置された[14]。

　さらに、2014年より通訳案内士制度のあり方に関する検討会が開催される。この検討会では、当初、現行の全国ガイド制度に加え、地域の実情に応じ、地域に根ざしたきめ細かな案内ができるよう、「地域ガイド制度」を全国的に導入すべきではないか、との意見が出された[15]。通訳案内士制度のあり方に

ついては、業務独占存続のうえ現行制度を改良する方向で検討がされていた
と考えられる[16]が、規制改革会議は業務独占を廃止するしかないと考えてお
り、観光庁においてもその方向で検討することとなった[17]。

　そして、2017年6月2日公布され、2018年1月4日に施行された改正された
通訳案内士法では、通訳案内士でない者の業務の制限の削除で、これにより、
通訳案内士法による通訳案内士の資格を有する者のみが、通訳案内を業とし
て行うことができるという業務独占が廃止された。一方、通訳案内士の名称
を通訳案内士のみが用いることができることを定めた名称の使用制限の規定
は残され名称独占は維持された。

　なお、これまでの通訳案内士は、全国通訳案内士とされ（第3条）、報酬を
得て、通訳案内を業として行う（第2条第1項）資格となった。加えて、地域
通訳案内士業務区域として定められた区域内で、報酬を得て、通訳案内を業
として行う（第2条第2項）資格として、新たに「地域通訳案内士」が創設（第
3章）された。

4. 旅行業法制の変遷と背景

1. 旅行あっ旋業法の制定

　旅行業法の前身である旅行あっ旋業法は、1952年に、悪質な旅行あっ旋業
者を排除し、健全な事業者を育成して、外国人および日本人の旅客の接遇の
向上に資するため（時の法令、1952、42頁）に、議員立法として成立した。敗
戦後7年経ったこの時期は、国民経済も復興しつつあり、外客来訪数が増加
し、日本人の国内旅行も増加してきた。このため旅行あっ旋業者の数も急激
に増加し、その中には悪質業者も少なくなかった。旅行あっ旋業者は、野放
し式の営業政策になっていろいろな形で存在し、しかも、どのくらいの程度
の業者が、どういう状態で営業しているかということも把握することができ
ない状態であった。悪質業者の被害者となるのは、旅行関連業者のほか、旅
行者のうちでは一番被害を受けるのは学校であった。そのため、文部省系統
や旅行あっ旋業者自身も含めて各方面から、何らかの取締法規の制定が求め

られていた[18]。

　成立した旅行あっ旋業法は、旅行あっ旋業の登録、営業保証金の供託、料金についての届け出制が基幹であったといえよう。これは、今日、「旅行あっ旋業の健全な発達」＝「悪質な旅行あっ旋業者の排除」により、旅行者の接遇の向上に資することを基本的な考え方とした、極めて取締的要素の強い法律であったと説明されている（三浦、1996、20頁）。

　しかし、旅行あっ旋業法が成立したといっても、当時の運輸省観光局長が「旅行あっせんというものの内容を法律的に定義することは非常に困難ではございます」と述べているように、旅行業者と顧客との契約関係は定かでなかったようである[19]。

　そのため、1956年には旅行あっ旋業法が改正され、旅行あっ旋業を営む者は、旅行あっ旋約款を定め運輸大臣に届けることを義務付けた。この「邦人旅行あっ旋約款」は、主に取消料、積み立て旅行の取りやめ等、旅客による不当行為、不可抗力または業者の責任に基づく旅行の取りやめ、契約内容の変更、損害賠償からなるが極めて簡単なものであった（佐々木、2000、141-142頁）。

2.　旅行あっ旋業法から旅行業法へ

　昭和30年代に入ると、旅行ブームが作り出された。そうした中で、1964年の海外渡航自由化を迎える。これに伴い旅行あっ旋業法は改正されるが、不正行為の禁止を定めた第13条も改正された。これは、旅行あっ旋業者が債務の履行を不当に遅延する行為や取引に関する重要な事項について、故意に事実を告げず、又は不実のことを告げる行為を禁止したものだが、これはこのようなことが当時起こっていたことを物語っている。

　一方、1968年には、「飛騨川バス転落事故」が起こった。飛騨川バス転落事故とは、国道で観光バス2台が土石流の直撃を受け、川に転落水没し104名が死亡した事故である。事故の生存者と死亡者の遺族は、国道の設置管理責任の瑕疵に起因するものとして損害賠償を請求した。訴訟では、旅行業者は当事者ではないが、被告の国は旅行主催者の状況判断の甘さを主張した。第

一審判決においては、旅行主催者・バス運転手の過失が関連競合して発生した、と理由で述べられている[20]。なお、控訴審判決では、旅行主催者とバス運転手らの過失は否定されている[21]。

また、同年には「墨東睦共和会事件」の第一審判決が出た。「墨東睦共和会事件」とは、旅行あっ旋業者が旅館に宿泊料の一部を支払わなかったため、旅館が旅行者に旅行あっ旋業者が旅館に支払わなかった宿泊料金を請求した事件で、第一審判決では、旅行あっ旋業者は旅行者の代理人であるとして旅館側が勝訴した[22]。なお、控訴審判決では、旅行者は宿泊契約の当事者ではないとして、旅行者側が勝訴している。この「墨東睦共和会事件」は、旅行あっ旋業の法的性格に関するリーディングケースとされ、新聞紙上に派手に報道された（島、1975、475-482頁）。

このように、旅行業も世間の注目を浴び始めたが、この時代においても、旅行業は運送・宿泊機関の従属的な立場であった[23]。しかし、旅行会社は企画旅行を開発、事前に運輸機関や宿泊施設を手配しておき、「旅行」の形にして消費者に販売することが一般化してきたため、「あっ旋」という概念ではとらえられなくなってきた（宮内、1999、43頁）。

そうしたことから、1971年5月に「旅行あっ旋業法」は「旅行業法」に改正され、公布がなされた。この内容は、現行の旅行業法の根幹をなすものであるが、ここには、単に口銭をとるようなものから主体産業に発展しつつあり、また発展させていかなければならないという改正の意図も感じられる[24]。

旅行業法は改正されたものの、その施行直前においては、運輸省には、消費者からのクレームとしてパンフレットに取り消し料が明示されていないもの、取り消し料が明示されていても記述があいまいなもの、取り消し料が高すぎるものの存在などの点が多く寄せられた（TJ、1971.8.9、1頁）。また、もぐり業者の旅行あっ旋類似行為も多発している（TJ、1971.7.5、1頁）。

そうした中で、旅行業法は11月に施行された。それを受けて、国際旅行業協会（現・日本旅行業協会）（JATA）法制委員会は「モデル旅行業約款」を作成するが、その検討の中で、旅行業法の改正過程においても議論された旅行業者の第一次責任が焦点となった（TJ、1971.12.27、1頁）。

　第一次責任が俎上に上ったのはこの頃が最初ではなかろうか。これは、コンシューマニズムの高まりと旅行業に社会的責任が求められてきた結果ともいえようが、日本は批准していないものの、1970年に採択された、旅行契約に関して旅行業者の義務などを定めた「旅行契約に関する国際協定」（The International Convention on Travel Contracts）（ブラッセル条約）の影響が大きいと考える。旅行業者の第一次責任については、当時の業界紙を見ると消費者自らを強く求めたような記述はなく、旅行業法により消費者保護を図る方策のひとつとして、運輸省で検討されてきていたようである。しかし、旅行契約の概念自体が明確でなく、ようやくパッケージツアーという自ら企画した「商品」を作り出し始めたところの当時、旅行業者にとっては、旅行業者に第一次責任があるのかということに対して、よくわからないままに不必要な不安を呼んだ時期もあった。結局、モデル旅行業約款では、主催旅行契約（現・募集型企画旅行契約）、手配旅行契約とも、旅行業者は、旅行サービスの提供に関し代理、媒介、取り次ぎをすることが旅行契約であるとし、第一次責任は負わないことになった。これは、運輸省の業界の実情に関する深い理解とそれを裏づける業界の反省と責任の自覚を見きわめた上での決断があったと推察されている（岡田、1972、32頁）。

3.　標準旅行業約款制度の導入

　1970年代初頭に販売され始めたパッケージツアーは、ブランド名がつけられ、個人で参加できるものである。これにより、個人で、団体旅行の長所を享受できるようになった。ただ、団体旅行の場合は、個々の旅行者が旅行業者と接触する必要はないが、パッケージツアーでは、直接旅行業者と取引する必要が生じる。また、旅行業者もパッケージツアーを販売するためには、そのブランドを周知させなければならない。これらの環境は、人々の旅行業者に対する関心を自ずと高めることになる。

　こうして、旅行業者は、社会的に認知されていくが、あらかじめ日程・対価を定め「商品」として売り出すパッケージツアー、すなわち主催旅行（現・募集型企画旅行）が市場に広がっていくと、旅行業者が、主催旅行中におきた

事故の第一次責任を負わない約款は業者本位のものといわなければならない（長尾、1976、91頁）という主張が出てきた。また、1981年11月に公表された「第8次国民生活審議会消費者政策部会報告－個別約款の適正化について－」では、「主催旅行契約は請負的性格の強い契約であると考えることができ、旅行業者が、旅行目的を達成することについて、責任を負うことを原則とすべきである。ただし、旅行は、不確実性の高いものであるという商品特性や旅行業者と各種旅行サービス提供機関との関係等を勘案し、適正な免責要件を具体的に定めることが必要である」として、旅行業約款の適正化の方向として、「旅行業者の責任」「契約内容の変更等」「弁済業務保証金」「苦情処理体制の充実等」の4項目を示している（経企庁、1984、137頁）。

　こうした中で、1982年、旅行業法の改正が行われた。ここでは、現在の募集型企画旅行を主催旅行と定義し、主催旅行を実施する者の責任を加重し、主催旅行参加者の保護を図った（三浦、2006、19頁）。この旅行業法の改正の柱は、主催旅行と不健全旅行に置かれている（長瀬、1982、46頁）。不健全旅行とは、特に、昭和50年代アジア諸国より非難を受けていた買春旅行をさす。主催旅行に関しては、旅行業法で主催旅行を実施する旅行業者に対して営業保証金の引き上げ、主催旅行の実施における旅程管理の義務付け及び同行する主任旅程管理を行う者の条件の規定、広告の表示事項などが規定された。この改正に伴い、手続きの簡素化を図り、望ましい約款の普及を図るため（旅行業法研、1986、122頁）、旅行業約款は標準約款制度となった。運輸大臣により定められ公示されることとなり、ほとんどの旅行業者でこの標準旅行業約款により旅行契約が行われることになる。

4. テン・ミリオン時代

　運輸省は、1987年にテン・ミリオン計画を策定するが、この計画は、1年早く達成された。これにみられるように、1980年代後半の海外旅行は、「商品を供給すれば売れる」傾向が続く。座席とベッドをいかに大量にキープすることが旅行会社の必須業務であった（トラベルジャーナル、1999、36頁）。旅行商品は、その質を上げることよりいかに大量に安く販売できるかに焦点が

合わされた。

　こうして、旅行、とりわけ海外旅行はいっそう大衆化した。旅行形態も多様化したが、旅行業者の形態も多様化した。そうした中には、本来主催旅行を実施できない旅行業代理店業の登録が比較的容易なことから、所属旅行業者の主催に名目的にしながら実質的には、主催旅行を実施している旅行業代理店業者もみられるようになってきた。また、前述のように作れば売れる状況であったため、航空会社や宿泊機関の手配においてパンフレットでは「等」や「同等クラス」の表示で、とりあえず集客しておき記載の旅行サービス提供機関を手配することができないときは、実際は記載されていない旅行サービス提供機関を手配することも目立ってきた。また、オーバーブッキングという理由で、旅行サービス提供機関の変更がなされ、それに伴い旅行日程も変更されることもあった。旅行業代理店業者の主催旅行実施は旅行業法違反であるが、一般の旅行者にはわかりにくく、その結果、責任の所在が不明確になる恐れがあった。また、旅行者は、旅行業者名を前面に押し出している広告・宣伝の実態や旅行業者に代金を一括して支払っている実状から旅行業者が各種サービスの提供の最終的責任を負っているとの意識をもっているため（神戸弁護士会、1994、はじめに）、またしても、第一次責任を求める改正意見が提言される。こうした社会的批判にこたえる形で、日本旅行業協会は「90年代の旅行業法制を考える会」という、広く旅行業法及び約款の問題点を抽出し検討する研究会を設け、これを受ける形で、運輸省は「旅行業問題研究会」を設置した（三浦、2006、19頁）。

　このようにして、旅行業法は、1995年に改正され、改正された標準旅行業約款とともに翌1996年4月から施行された。この改正においては、旅行業法では、今まで登録の種別を、一般旅行業、国内旅行業、旅行業代理店業としていたものを、旅行業と旅行業者代理業とし、代理業を旅行業と切り離した。また、これにより海外旅行の取扱要件は緩和された。一方、標準旅行業約款では、第一次責任は導入されなかったが、主催旅行の一定の旅程変更については、旅行業者に責任がなくても一定率の変更補償金を支払う旅程保証制度が導入された。さらに、企画手配旅行契約[25]の規定が制定され、これらが、

この改正の大きなポイントといえる。

5. 個性化時代への対応

　改正された旅行業法・標準旅行業約款が施行された1996年は、日常生活においてもコンピューターが広がりつつある時期であった。また、コンビニエンスストアでは、コンピューター端末を置いてチケットなどが販売されるようになった。旅行業法の改正過程においても国会で、そのことがとり上げられている。しかし、どのように変えるかについては、具体的な新しい体系を確立するというところまで全体の意識がいっていなかったため、改正に入り切れなかった[26]。

　しかし、1997年には運輸省は、通達「コンビニエンスストア等を使用した主催旅行商品等の販売について」によりコンビニエンスストアで主催旅行契約の締結、運送機関又は宿泊機関の代理行為を行うことを認めた。また、パソコンを利用して、リアルタイムで予約決済できるシステムも開始された。ところが、旅行業法により書面の交付が義務付けられているため、インターネットなど電子手段によって旅行契約を締結する場合でも、消費者が取引条件などをプリントアウトする設備が必要であった。これについては、運輸省は無形で第三者の提供するサービスという旅行取引の特殊性により、トラブルを未然に防ぎ、旅行者保護を図るといった観点から、書面交付は必要と考えられていた（TJ、2000.1.31、18頁）。もっとも、2000年11月には、「書面交付等に関する情報通信の技術の利用のための関係法律の整備に関する法律」（IT一括法）が公布され、旅行者の承諾を得れば電磁的方法により書面に記載すべき事項を提供することが認められるようになった。

　ITが、日常化するに従い、インターネットを利用した取引が増えることなどにより、以前には想定できなかった問題も現れてきた。また、これまでのビジネスモデルが通用しなくなり、旅行業界の低収益性は、顕著になってきた。そうした中、2002年には、日本旅行業協会では、旅行業界が、運送・宿泊サービス等につき、コミッション商売から、独自に値付けして「販売」するという形態化を狙うとともに、自らの法的責任を従来より加重すること

も厭わない姿勢を示した「約款等見直し検討部会報告書」を公表した（三浦、2006、20-21頁）。

　また、国土交通省でも、「旅行業法等検討懇話会」を設置し、旅行業法や旅行業約款の改正を検討し始めた。

　そして、旅行業法及び標準旅行業約款は改正され、2005年4月1日より施行された。この改正では、手配旅行契約に含まれていた旅行者からの依頼による包括料金型で旅行業者が企画を行って実施する旅行は受注型企画旅行とされ、旅行業者があらかじめ旅行者の募集のために企画を行って実施する旅行（募集型企画旅行，従来の主催旅行）と同様企画旅行とされた。そして、旅程管理や特別補償、旅程保証などの責任が旅行業者に求められることになった。一方、第一次責任は、議論の過程で案件となったが（TJ、2002.9.23、8頁）、募集型、受注型いずれの企画旅行においても第一次責任を負うことにはならなかった。なお、この改正では、これまでの旅行業務取扱主任者が旅行業務取扱管理者と改称され、一般旅行業務取扱主任者試験、国内旅行業務取扱主任者試験が、それぞれ、総合旅行業務取扱管理者試験、国内旅行業務取扱管理者試験と改められた。このほか、旅行者以外の旅行業務に関し取引をした者に対しても認めていた営業保証金、弁済業務保証金から弁済を受ける権利について旅行者に限定するなどの改正がなされた。

　このように、これまでの旅行業法改正は、監督官庁の主導又は消費者団体等の社会的批判を受けた形のものであったが、この改正については、どちらかというと旅行業界が主導的に自らの監督官庁である国土交通省に訴え、その理解を求めて実現したという色合いの濃いものである（三浦、2006、20頁）。

　しかし、この改正によって、契約上、旅行者の保護は増したことにはなったが、はたして、これが旅行者の利益となっているかは疑問である。すなわち、この改正は、旅行業の存在意義をコンサルティング能力や企画力にあることと前提としている既存の旅行業者のビジネスモデルをより強化する改正であった。そのため、その範囲内においては、消費者保護も向上され、「旅行商品」の質の向上にも寄与するが、既存の旅行業者のビジネスモデルで捉えられない形態の旅行業の進出に対しては、参入障壁が高くなったのではない

かと考えられる（廣岡、2007、113頁）。

6. 観光立国下での旅行業法制

　具体的な内容は、次章以下で述べるが、2021年時点の旅行業法及び標準旅行業約款は、その後いくつか小ぶりな改正はあるものの2005年4月1日より施行されているものが基準となっている。旅行業法については、2018年に比較的大きな改正はあったが、これは主としてインバウンドに対応する部分が大きく、それ以外の部分においては、大きな変更はない。

　既述の通り、21世紀に入り観光立国が政策として推進されることとなった。それに対する観光の意義や課題、戦略などについて取りまとめた「観光立国懇談会報告書〜住んでよし、訪れてよしの国づくり〜」では、地域がそれぞれの魅力を発見・創造するとともに、国も意欲ある地域を支援すべきことを提言しており[27]、観光立国の推進の旗印として「地域振興」がしめされることとなった。

　そのような経緯から、2007年には、地元の観光魅力を熟知した中小の観光関係者が主体となった創意工夫に満ちた旅行商品の創出を促す観点から、旅行業法施行規則が改正され、第3種旅行業者においても、従来、実施できなかった募集型企画旅行を一定条件下で実施できるようになった。さらに、地域独自の魅力を活かした着地型旅行を促進するため、旅行業の区分に、参入条件を緩和した地域限定旅行業を加える改正が2013年4月に施行された。

　旅行業務への参入条件を緩和については、前節で示した2008年に施行されている「観光圏の整備による観光旅客の来訪及び滞在の促進に関する法律」（観光圏整備法）でも、「観光圏整備計画」に記載された滞在促進地区の区域で認定を受けた宿泊業者は、観光圏内限定旅行業者代理業を営むことができる旨規定されている。

　さて、21世紀に入り旅行業務でのインターネットでの役割が増すと、インターネットでの旅行情報の提供は、単なる広告や情報提供の場合もあるが、そこから意思表示をし、意思表示を受ける行為につながる例もみられるようになってきた。インターネット取引では、こういうサイトを、オンライント

ラベルエージェント（OTA）やメタサーチとよぶが、一般に前者は自らが旅行契約の当事者になるのに対し、後者はそこから旅行業者や運送・宿泊機関にリンクし、契約は旅行者とその旅行業者や運送・宿泊機関との間で直接締結される。しかし、これが旅行業に該当するかわかりにくいところがあるので、2007年12月、旅行業法施行要領に「ＩＳＰ（インターネット・サービス・プロバイダー）等が運営するウェブサイトを介して旅行取引を行う場合は、遅くとも予約入力画面から予約確認画面に移行する際（すなわち、予約入力画面に入力された情報を送信する際）までに、旅行者と旅行業者又はサービス提供事業者との間での取引となる旨が明確に表示されている場合には、ＩＳＰ等の旅行業の登録は不要とする」という項目が加えられた。あわせて、旅行者がいくつかのサービスの中から選択して旅行計画を組み立てるいわゆる「ダイナミックパッケージ」は、募集型企画旅行に該当するという項目が加えられている。

　しかし、海外OTAについては、日本の旅行業登録を有していないケースがほとんどで、現実問題として観光庁もその監督に限界がある。そのため、観光庁は、2015年6月、ウェブサイトにおける適切な表示のあり方について「オンライン旅行取引の表示等に関するガイドライン」を策定し、適正な取り組みを促している。

　2017年6月に公布された「通訳案内士法及び旅行業法の一部を改正する法律」は、2018年1月に施行された。これは、訪日外国人旅行者の急増にともない、地方への誘客を進めながら、地域独自の自然や文化を体験できる旅行商品の提供を促進していくことやランドオペレーターの業務の適性化を図ることを背景としている[28]。

　この改正での主要な改正点は、旅行サービス手配業の登録制度と地域限定旅行業務取扱管理者の創設である。これまで、BtoBの事業であるランドオペレータは旅行業法による登録の対象外であった。しかし、2016年の規制改革実施計画で通訳案内士の「業務独占規制の廃止に伴い団体旅行の質が低下することのないよう、訪日旅行商品の企画・手配を行っているランドオペレーター等の業務の適正化を図る制度を導入する」[29]ことが示されたことも

あり、報酬を得て、旅行業者（外国の旅行業を含む）のため、旅行者に対する運送等サービス又は運送等関連サービスの提供について、これらのサービスを提供する者との間で、代理して契約を締結し、媒介をし、又は取次ぎをする行為を行う事業である「旅行サービス手配業」については登録をしなければならないこととなった。ただし、上述の経緯から日本国外の当該サービスについての同行為などは除かれている。

　また、地域限定旅行業務取扱管理者については、従来の総合・国内の旅行業務取扱管理者試験より試験範囲を絞った地域限定旅行業務取扱管理者試験が2018年度より実施されている。旅行業の登録のために必要な資格の難易度を下げることで、より地域限定旅行業への参入を促すことが可能となる。

（廣岡裕一）

注

1) 公益社団法人日本観光振興協会HP（ホーム ＞ 協会の概要 ＞ 沿革）
https://www.nihon-kankou.or.jp/home/gaiyou/history/（閲覧日：2020.10.02）
2) 2017年3月31日失効
3) 内閣官房、1964では、フンチカー博士の『ソーシアル・ツーリズム－その性質と問題』を田中喜一教授が翻訳したものとして、ソーシアル・ツーリズムは、「ツーリズムの分野において経済的に弱い社会階級による旅行の参加から生ずる関係及び現象の全体」（824頁）であるので、「旅行に多くの人々が参加するか、または大量の集団が参加する」あるいは「集合的な旅行及び滞在の組織が個人的な移動と対照される」（822頁）マス・ツーリズムとは区別される、とする記述を掲載している。このように、ソーシャルツーリズムは、マスツーリズムと同意ではないとしても、その推進はマスツーリズムに負うところが大きく結果としては、マスツーリズムを促すことになるといえる。
4) 国土交通省HP「観光政策審議会」
https://www.mlit.go.jp/singikai/unyusingikai/kankosin/kankosin.html（閲覧日：2020.10.11）
5) 「新全国総合開発計画(増補)」昭和44年5月30日閣議決定、一部改訂昭和47年10月31日閣議決定。https://www.mlit.go.jp/common/001135929.pdf（閲覧日：2020.10.11）
6) 1987年7月より、海外旅行者の携帯品の免税金額枠が10万円から20万円に引き上げられている（財務省　財務総合政策研究所財政史室『昭和財政史－昭和49～63年度』第7巻　「国際金融・対外関係事項・関税行政」東洋経済新報社、2004、661頁）。
https://www.mof.go.jp/pri/publication/policy_history/series/s49-63/07/07_1_2_03.pdf（閲覧日：2020.10.11）このことも黒字減らしに貢献する。
7) 観光政策審議会「平成7年6月2日今後の観光政策の基本的な方向について」（1995.6.2）https://www.mlit.go.jp/singikai/unyusingikai/kankosin/ kankosin39.html（閲覧日：2020.10.11）

8)　　第156回国会衆議院本会議会議録第4号2003年1月31日、第156回国会参議院本会議会議録第4号2003年1月31日
「国会会議録検索システム」https:// kokkai.ndl.go.jp/#/（閲覧日：2020.10.18）より

9)　　国土交通省『グローバル観光戦略』（2003）
https://www.mlit.go.jp/kisha/kisha03/01/010129/010129.pdf（閲覧日：2020.10.18）

10)　　「観光立国推進基本計画」平成19年6月
https://www.kantei.go.jp/jp/singi/kanko2/kettei/070629/keikaku.pdf（閲覧日：2020.10.18）

11)　　国土交通省HP平成17年2月7日「通訳案内業法及び外国人観光旅客の来訪地域の多様化の促進による国際観光の振興に関する法律の一部を改正する法律案について」http://www.mlit.go.jp/kisha/kisha05/01/010207_2_.html（閲覧日：2008.2.28）。

12)　　同上参照。

13)　　観光庁「通訳案内士のあり方に関する懇談会の設置について」（2008）
https://www.mlit.go.jp/common/000059038.pdf（閲覧日：2019.9.3）

14)　　観光庁「通訳案内士のあり方に関する検討会設置要領」（2009）
https://www.mlit.go.jp/common/000058989.pdf（閲覧日：2019.9.3）、観光庁「通訳案内士のあり方に関する検討会の設置について」（2009）
https://www.mlit.go.jp/common/000058990.pdf（閲覧日：2019.9.3）

15)　　観光庁「第8回通訳案内士制度のあり方に関する検討会【資料2】制度の法的枠組み（案）」（2015）http://www.mlit.go.jp/common/001092601.pdf（閲覧日：2019.9.3）。

16)　　観光庁「第11回通訳案内士制度のあり方に関する検討会【資料3】通訳案内士制度を巡る状況及び今後の対応について」（2015）
http://www.mlit.go.jp/common/001122819.pdf（閲覧日：2019.9.3）

17)　　観光庁「第12回通訳案内士制度のあり方に関する検討会【資料2】規制改革会議の検討状況について」（2016）http://www.mlit.go.jp/common/001122871.pdf（閲覧日：2019.9.3）。

18)　　第13回国会衆議院運輸委員会会議録45号1952年6月17日、前掲、国会会議録検索システム。

19)　　第24回国会参議院運輸委員会第11号1956年3月22日、前掲、国会会議録検索システム。

20)　　名古屋地裁昭和48年3月30日判決（昭和44年（わ）第3499号、昭和46年（わ）大1859号、損害賠償請求事件）『判例時報』700号、3頁。

21)　　名古屋高裁昭和49年11月20日判決（昭和48年（ね）第204号、昭和49年（ね）第195号、損害賠償請求酵素・道府帯控訴事件）『判例時報』761号、18頁。

22)　　東京地裁昭和43年11月25日判決（昭和42年（わ）第3377号、宿泊料金など請求事件）『下級民集』19巻11・12号、726頁。

23)　　第65回国会衆議院運輸委員会第11号1971年3月16日、前掲、国会会議録検索システム。

24)　　前掲、第65回国会衆議院運輸委員会第11号。

25)　　企画手配旅行契約は、手配旅行契約の旅行者が手配を委託する契約に加えて、手配する旅行の企画を旅行業者に委託する契約である。後述のように2005年施行の改正で、受注型企画旅行契約に発展解消されている。

26)　　第132回国会参議院運輸委員会第5号1995年3月10日。前掲、国会会議録検索システム。

27) 観光立国推進戦略会議「観光立国推進戦略会議報告書」(2004)。
https://www.kantei.go.jp/jp/singi/kanko2/suisin/dai5/041130houkoku.pdf （閲覧
日：2020.10.25)
28) 観光庁「「通訳案内士法及び旅行業法の一部を改正する法律案」を閣議決定」
(2017.3.10) https://www.mlit.go.jp/kankocho/news05_000226.html （閲覧日：
2020.10.25)
29) 「規制改革実施計画」(2016)
https://www8.cao.go.jp/kisei-kaikaku/suishin/publication/160602/item1.pdf（閲覧
日：2019.9.6)。

第2章

旅行業の機能と役割

1. 旅行業の定義と登録制度

1. 旅行業の定義

　大学生などの就職活動における企業の人気度を測る就職企業ランキング（文系総合）を見ると、上位に旅行業大手のJTBがあり、他の旅行業や観光関連企業が多くみられる。しかし、一般に日本の観光産業、取り分け旅行業についての正確な知識や理解がどれほどあるのだろうか。

　本章では、まず旅行業という仕事についての枠組み、すなわち、旅行業の定義や登録制度、旅行業の仕事の中身（主たる業務内容やその業態）についての理解を深めつつ、これまで果たしてきた機能や役割について整理する。

　まず、旅行業の業態について考えてみる。「旅行する」という行為は、簡単に言えば、旅行者（旅行をしたい人）が自分自身で計画を立て、必要であれば、宿泊施設や運送機関等に予約し、旅行を実施すれば完結するものである。では、旅行業とは旅行や旅行者にどの様に関わり、生業としているのであろうか。

　日本の旅行業を規定する法律は、旅行業法であり、旅行業法（以下本章では「法」）第2条で旅行業を「報酬を得て、次に掲げる行為を行う事業（専ら運送サービスを提供する者のため、旅行者に対する運送サービスの提供について、代理して契約を締結する行為を行うものを除く[1]）をいう」と定義している。具体的な行為内容は法第2条第1項各号に規定している。

　要約すると、旅行業とは、旅行者と運送機関（鉄道、航空機、船舶等）または宿泊サービスの提供施設（ホテル、旅館等）との間に立って、旅行者が運送

または宿泊サービスの提供を受けられるように運送等サービス（座席や部屋等）を手配したり、旅行商品（座席や部屋そして自然や人文観光資源を組み合わせ商品化したパッケージツアー等）を企画したり（これらは、基本的旅行業務）、これらに付随する行為（基本的旅行業務に付随した、送迎やガイド、通訳等）の手配をさす。

　また、旅行業法では、旅行に関わる事業を旅行業以外に旅行業者代理業、旅行サービス手配業としてそれぞれ業務範囲等を規定している。

　旅行業者代理業は、旅行業者を代理して、旅行業者が委託する範囲の旅行業務を行うことができる[2]。例えば、旅行業者が取り扱う旅行商品（運送・宿泊の手配、パッケージツアー商品等）を旅行業者の代理人として旅行者に販売する行為（法文上の表現では、「代理して契約を締結する行為」）がこれに当たる。次に旅行サービス手配業であるが、これは旅行業法の2017年6月改正（2018年1月施行）により加えられた事業である。いわゆる地上手配業（ランドオペレーター業）のことであり、旅行業者から依頼され、運送サービスや宿泊サービス、その他の旅行関連サービスの手配等を行う行為である。旅行業法に新たに加えられた背景には、海外の旅行会社から委託を受けた国内の地上手配業者が手配する訪日旅行（インバウンド）に関わるサービスの一部に、旅行費用を抑えるために、半ば強制的な土産物店への誘導や資格のないガイドを手配したり、安全性に問題がある運送機関を利用するなどの問題が散見されたため、これまで規制のなかった旅行サービス手配業においても旅行業法で規定することとなった。そのため、ランドオペレーター業であっても、海外の地上手配をする業者は、旅行業法施行規則により、対象から外されている。

　このように、報酬を得て旅行者のために運送機関の座席や宿泊施設の部屋を手配したり、パッケージツアーと呼ばれる旅行商品を企画したり、販売するような場合には、その行為が旅行業に当たるため、ビジネスを始める前に、旅行業法が定める業務範囲に基づいて観光庁や都道府県知事に対して必ず旅行業登録（場合によっては旅行業者代理業登録、旅行サービス手配業登録）をしなければならない。

2.　登録区分と業務範囲

つぎに、旅行業の登録区分と業務範囲について、旅行業法により、取り扱いが可能な業務範囲を旅行業者登録区分（第1種、第2種、第3種、地域限定）に基づいて、定められている（図2-1参照）。

旅行業等の区分		登録行政庁（申請先）	業務範囲※1				登録要件		
			企画旅行		受注型	手配旅行	営業保証金※2	基準資産※3	旅行業務取扱管理者の選任
			募集型						
			海外	国内					
旅行業者	第1種	観光庁長官	○	○	○	○	7000万(1400万)	3000万	必要
	第2種	主たる営業所の所在地を管轄する都道府県知事	×	○	○	○	1100万(220万)	700万	必要
	第3種	主たる営業所の所在地を管轄する都道府県知事	×	△(隣接市町村等)	○	○	300万(60万)	300万	必要
	地域限定	主たる営業所の所在地を管轄する都道府県知事	×	△(隣接市町村等)	△(隣接市町村等)	△(隣接市町村等)	15万(3万)	100万	必要
旅行業者代理業		主たる営業所の所在地を管轄する都道府県知事	旅行業者から委託された業務				不要	-	必要
観光圏内限定旅行業者代理業（観光圏整備実施計画において認定を受けた旅館等）		観光圏整備計画における国土交通大臣の認定	旅行業者から委託された業務（観光圏内限定、対宿泊者限定）				不要	-	研修修了者で代行可能

※1：業務範囲について
　募集型企画旅行　→　旅行業者が、予め旅行計画を作成し、旅行者を募集するもの（exパッケージツアー）
　受注型企画旅行　→　旅行業者が、旅行者からの依頼により旅行計画を作成するもの（ex修学旅行）
　手配旅行　→　旅行業者が、旅行者からの依頼により宿泊施設や乗車券等のサービスを手配するもの
※2：旅行業協会に加入している場合、営業保証金の供託に代えて、その5分の1の金額を弁済業務保証金分担金として納付（カッコ内が弁済業務保証金分担金の金額）。
　また、記載された金額は年間の取扱額が2億円未満の場合であり、以降、取扱額の増加に応じて、供託すべき金額が加算。
※3：旅行業の登録に当たり、行政庁は、申請者が事業を遂行するために必要な財産的基礎を有することを確認する。

図2-1　旅行業等の登録区分と業務範囲

出所：国土交通省観光庁ホームページ
（http://www.mlit.go.jp/kankocho/shisaku/sangyou/ryokogyoho.html　閲覧日：2019.9.18）

なお、登録とは、「一定の法律事実又は法律関係を行政庁等に備える公簿に記載すること」（内閣法制局、1993、1000頁）。である。しかし、登録の要件が法定され、登録の拒否について行政庁に裁量が認められている場合の登録制は、許可制に近い役割をもっている。ただ、登録制においては、要件が一義的に法定されるなど、行政庁の裁量の余地は狭い（芝池、2001、139頁）。

第1種登録をした旅行業者は、海外および国内の募集型企画旅行（パッケージツアー）の企画・実施・販売、海外および国内の受注型企画旅行の企画・実施・販売、そして手配旅行等、旅行業務全般の取り扱いが可能である。第1種から第3種旅行業の各登録区分の業務範囲は、募集型企画旅行の催行（実施）の可否（海外、国内を含めて）を基準として設定されている。催行（実施）

可能範囲が広がるほど、ビジネスに対する責任が重くなる。

　地域限定旅行業は、地域観光資源の活用や多様化する観光客への対応から、「着地型旅行」商品（旅行者を受け入れる地域側が、地域の観光資源を基にした旅行商品や体験プログラムを旅行者へ提供する旅行形態）の企画・実施の担い手となる事業者の新規参入を促す観点から、2013年4月に創設された登録区分であり、その業務範囲は、企画旅行および手配旅行のいずれについても、事業者の営業所のある市町村の区域、これに隣接する市町村の区域および観光庁長官が定める区域内に限定される（森下、2018、31-34頁）。

　旅行業者には登録に当たって一定の財産的基礎が要求されるとともに、そうしたいわば一般債権者の担保となる一般財産とは別に、旅行業務に関する取引に基づき生じた債権の担保となるものとして、営業保証金の供託義務が旅行業者には、課せられる（三浦、2006、106頁）。もっとも、現在、多くの旅行業者は旅行業協会に加入している。これらの旅行業協会に加入している旅行業者は、弁済業務保証金分担金を旅行業協会に納付すれば営業保証金の供託が免除される（法第53条）ため営業保証金は供託していない。旅行業協会は、加入している旅行業者の旅行業務にかかる取引によって生じた債権に関し弁済をする業務を実施することが義務づけられている（法第42条第3号）。これを弁済業務と呼ぶ。具体的には、弁済業務保証金制度として、旅行業協会は加入した旅行業者に、取引額に応じた一定金額の弁済業務保証金分担金の納付を義務づけ、旅行業者と旅行業務に関し取引をした者に対し、旅行業協会が当該旅行業者に代わって営業保証金制度と同額の弁済を図るものである（JATA、2020、32頁）。現行の弁済業務保証金分担金の額は営業保証金の5分の1の額であるが、旅行業務に関し取引をした者に対して弁済される限度額は営業保証金と同額となる。

　さて、ではどうして旅行業法という法律によって旅行業を規制する必要があるのだろうか。一言でいうと消費者保護の観点からである。旅行業法は、国民が安心して旅行できるよう、不適格な者が旅行業を営むことを防止し、消費者が旅行業者と公正な取引ができるよう取締り、規制する法律である。すなわち、旅行商品（サービス）は形がなく、しかも代金前払いが原則であ

ることから、消費者にとっては極めてリスクが高い取引（契約）である。したがって、国は、消費者保護を目的に、悪徳業者や不良旅行商品を排除する必要があるという観点から導入したのである（長谷、1997、220頁）。

　ここ数年、日本国内で旅行業登録や旅行業者代理業登録をしているいわゆる旅行会社は（旅行業者＋旅行業者代理業者）合わせて1万業者前後で推移している。

2. 旅行業の仕事の中身（業務内容）

1. 企画旅行と手配旅行

つぎに旅行業の仕事の中身（業務内容）について考察してみよう。

　旅行業者は、旅行者に対して、企画旅行と手配旅行という2つのタイプの旅行サービスを提供することになる。

　まず、企画旅行とは、旅行業者が、旅行の目的地及び日程、旅行者が受けることができる運送または宿泊サービスの内容、旅行者が支払うべき対価（旅行代金）に関する事項を定めた旅行に関する計画（プラン）を作成し、旅行者と契約を結ぶ旅行（パッケージツアー）のことを指す。また、企画旅行は2種類あり、中でも、あらかじめ旅行業者が旅行（プラン）を商品化し、パンフレット等を通じて不特定多数の消費者対象に募集するものを「募集型企画旅行（市販されてるパッケージツアー商品）」と言う。もう一つは、旅行者からの依頼により、旅行プランを作成し商品化するものであり「受注型企画旅行（オーダーメード型パッケージ商品、例えば、修学旅行等）と言われる。

　一方、手配旅行は、旅行業者が旅行者から依頼されて、運送機関や宿泊施設、その他の旅行サービスの提供を受けることができるように旅行素材を手配する旅行のことである。

2. 主な旅行業者の事業形態

ここでは、旅行業者の事業形態を一般社団法人日本旅行業協会（JATA）[3]の分類手法に基づいて整理する。旅行業を販売対象別に「一般旅行者

表2-1　旅行業者の事業形態

	旅行業者の区分（種類）	定義（主な取扱い業務）	旅行会社例
一般旅行者 B to C	総合旅行系	広範な地域に販売ネットワークを有し、すべての旅行商品を造成、さまざまな流通チャンネルで販売	JTB、日本旅行、近畿日本ツーリストなど
	商品造成自社販売系	主に旅行商品（パッケージツアー）を造成し、基本的に自社のチャネルで販売	ワールド航空サービス、三越伊勢丹ニッコウトラベルなど
	メディア・通信販売系	主として、新聞広告や組織会員を通じて自社商品を販売（通信販売額が50％を超える）	阪急交通社、クラブツーリズムなど
	リテーラー	もっぱら、他社の企画商品（パッケージツアー）を販売、また団体旅行や個人の手配旅行を取り扱う	第3種旅行業など地域の中小規模の旅行会社に多い
	インターネット販売系	国内旅行宿泊や海外旅行素材を中心に、半分以上を自社サイトを通じて販売	i.JTB、楽天、リクルートライフスタイルなど
旅行業者 B to B	業務性旅行特化系	インハウス（商社等大手企業の関連会社として主にグループ企業等の、業務性旅行に特化	内外航空サービス、日立トラベルビューローなど
	ホールセラー	海外または国内旅行パッケージを造成し、主として自社以外のリテーラーへ販売	ジャルパック、ANAセールスなど
	海外旅行ディストリビューター	海外旅行素材（航空座席、宿泊等の仕入れ手配やこれらがセットになったユニット商品）を旅行会社に卸売り	ユナイテッドツアーズ、フレックスインターナショナル等
	海外ランドオペレーター	主に日本の旅行会社の依頼を受けて、海外旅行者の目的地での地上旅行手配を取り扱う	ミキツーリスト、クオニイトラベルなど

出所：一般社団法人日本旅行業協会（JATA）『旅行業を取り巻く環境と旅行業経営分析』（旅行業経営分析（経営フォーラム2011資料）19頁）での分類を基に作成

（Business to Consumer＝B to C）」と「旅行業者（Business to Business＝B to B）」に大別した上で、表2-1のような9の業態（旅行業者の区分）に分けている。

3. 旅行業の基本的機能と役割

　戦後、日本において観光に関わるビジネスは、旅行業を中心に展開され、成長を遂げてきた。そして、その機能や役割は時代とともに変化してきた。ここでは、戦後すぐの時代から、規制緩和やインターネットという情報通信

技術が進展し、社会生活に普及している現在に至るまでの代表的な旅行業の
機能と役割について整理する。

1）代理機能（購買代理と販売代理）

　まず、旅行業は、基本的な機能として代理機能を備えている。したがって、
旅行会社のことを「旅行代理店」と呼ばれることが少なくない。では、旅行
会社は、誰に代わってどのような行為をなすのかについて考えてみよう。

　一つは「旅行者の代理人」としての機能である。消費者が、旅行に関する
情報を得がたい時代には、プロとしての情報力と手配力によって、「旅行者の
代理人」（購買代理機能）として、運送機関の座席の予約や切符の発券などの
業務を行い、旅行者への利便を提供していた。この「旅行者の代理人」とし
ての機能については、「旅行業法」においても、旅行業の基本的な機能として
位置づけられている（岡本他、2009、128頁）。そして、購買代理をすることに
より、旅行業務取扱料金を旅行者から得ることになる。

　他方、旅行素材である座席や部屋を提供する運送機関や宿泊施設などは、
サプライヤと呼ばれ、自らの座席・部屋などの旅行素材販売の多くの部分を
旅行業者に委ねていた。これが販売代理機能であり「旅行サービス提供機関
（サプライヤ）の代理人」としての役割を意味している（岡本他、2009、128頁）。
そして、旅行業者は、販売を代理をすることにより、サプライヤから販売手
数料（コミッション）を得ることになる。従来型旅行業全盛の時代には、サプ
ライヤ（航空会社やホテル等）の多くは、自前の販売チャネルをほとんど持つ
ことなく、旅行素材（座席や部屋）の流通の大部分を旅行業者に依存してい
た。当然、販売手数料として、膨大な流通経費が発生していたが、自前で販
売チャネルを持つことに比べるとはるかにコスト面でのメリットが大きかっ
たのである。

　一方、旅行業者にとっては大きな収益源であった。この時代には、サプラ
イヤ、旅行業者双方の相互依存関係が成り立っていたのである。しかし、21
世紀に入る辺りから「旅行サービス提供機関（サプライヤ）の代理人」として
の役割が大きく変化し、縮小してゆく。理由は、情報通信技術（ICT＝

Information & Communication Technology）の進展、普及である。サプライヤは、旅行業者を飛び越えて、パソコンやスマートフォン等情報通信機器のOn Lineを介して、直接消費者と結びつくことが可能になったのである。この現象は、サプライヤにとって低コストで効率的な流通システムを獲得することになり、ビジネス上、焦眉の急であった流通コストの大幅な削減につながったのである。また、On Lineでの旅行素材の消費者への直接販売は、インターネットの特性をフルに活用できる販売環境でもある。つまり、マルティメディア環境（文字・映像・動画・音声等）を利用した時間や空間（場所）を飛び越えた、インタラクティブ（双方向性）、リアルタイム（即時処理）型の情報やサービス提供であり、そのコストは他のメディアに比べて極めて安価である。サプライヤによるOn Lineを通じての旅行素材の販売によって、これまで旅行ビジネス流通構造の中で培われてきた旅行業者とサプライヤとの相互依存関係が大きく崩れることになった。すなわち、旅行業者によるこれまでの単純な販売代理人としての役割が必要とされなくなったのである。

　他方、新たな旅行業モデル、店舗を持たないOnline Travel Agent（以下OTAとする）の出現である。OTAのビジネスモデルは、これまでの単純な旅行素材の販売代理人ではなく、顧客の視点に立ち、顧客の購買行動をいかに支援できるかという発想のもと、自社のサイト上に複数社の旅行素材情報を提供し、顧客が素材の情報（価格や内容等）をもとに比較検討した上で、選択できる仕組みである。新たな中間流通業とも言える機能の登場である。

2）旅行商品造成・販売機能（市場創造機能）

　旅行業にとって最も重要であると考えられる機能として、旅行商品造成・販売機能がある。運送機関や宿泊施設などの旅行素材をあらかじめパッケージ化し、地域の観光素材等に付加価値を加え、1つの旅行商品として企画・造成し、不特定多数の消費者に向けて販売する機能である（募集型企画旅行）。前述したように、従来型の代理機能は、旅行者等の委託を受けて手配する受動的な業態であったのに対して、商品造成・販売機能は旅行業者が主体的にマーケティング活動等に基づいて、地域を商品化し、集客・販売するもので

ある。市販されているパッケージツアー（募集型企画旅行）がこれに相当する。新たに商品化されたパッケージツアーが、その目的地や旅行素材の組み合わせの独自性・新奇性によって、新たな顧客を開拓し、これまでなかった旅行市場を創造する可能性を生む（岡本他、2009、129頁）。このような旅行業による旅行商品の開発と市場への提供は、新しい市場を創り出す効果があることから、旅行業の商品造成販売機能には「市場創造機能」も同時に備わっていると考えられる。例えば、旅行業者がある種の戦略的な重点商品を市場に提供することによって、これまで旅行マーケットの対象とはされてこなかった客層が生まれ、以後、新しいマーケットとして成長してゆくケースがある（岡本他、2009、129頁）[4]。日本の観光立国実現に向けて地域創生をキーワードに旅行業の「市場創造機能」に期待がかかるのである。

3. 旅行取引の公正維持のための規定

1. 取引準則

旅行業者と旅行者との間で締結される旅行契約は、本来、私人間の行為であり、私的自治の原則、契約自由の原則から国家が介入すべきものではない。しかし、旅行業務に関する取引の公正の維持、旅行の安全の確保、旅行者の利便の増進を図るという旅行業法の目的と達成するには、行政による取締りが必要になってくる。このように、行政上の考慮から一定の行為を禁止または制限し、その違反に対して刑罰や行政上の不利益を課す規定を取締規定という（内田、2008、277頁）。

旅行業法では、旅行業者等が旅行者と取引をする際に遵守すべき事項を定めているが、これらは一般に取引準則と呼んでいる。ただし、このような取締規定に違反した行為自体についての私法上の効力は必ずしも否定されるわけではない。

ここでは、取引準則として、旅行業約款、旅行業務取扱料金と登録票の掲示、取引条件の説明・書面の交付、広告、外務員証と旅行業務取扱管理者証についての概要を示す。

2. 旅行業約款

　約款とは、不特定多数の者（多くは消費者）と定型的な契約を行う者（企業等）が、あらかじめ契約条項を定めておくものである。これにより、定型的な事項については個別に交渉する必要がないため、多量の取引が迅速に処理することが可能になる。しかし、消費者側は、約款の契約条件に応じるか、契約しないかの選択しかないことになる（このような契約を附合契約という）。また、原則として、約款の内容を知らなくても、約款を契約の内容とする旨の合意をしたとき、個別の条項についても合意をしたものとみなされる。このように、約款は企業側が一方的に作り、原則として、消費者側がその内容を知らなくても拘束力が認められるため、企業側に有利な内容になるおそれがある。そのため、法律でその内容を規制したり認可を要することとされたりしている場合が多い。

　旅行業法においても、旅行業者は、旅行業約款を定め、観光庁長官の認可を受けなければならないと定められ、観光庁長官が認可をしようとするときの基準が示されている（法第12条の2）。

　旅行業約款は、それぞれの旅行業者が定め認可を受けることが原則だが、観光庁長官及び消費者庁長官が定めた標準旅行業約款と同一のものを定めたときは、認可を受けたものとみなされる（法第12条の3）。旅行業者は、標準旅行業約款を採用すれば、自ら作成する必要がないため負担が小さくなる。また、旅行業約款は、特別な理由がある場合を除き、標準旅行業約款と同一のものにするようにと、通達で求められたこともあって多くの旅行業者は、標準旅行業約款を自らの約款としている。

　しかし、標準約款制度は、事業者が安易に標準約款に依存してしまい、自由競争社会に不可欠な創意工夫の余地を奪うきらいがある（三浦、2006、140頁）。多くの旅行業者が標準旅行業約款を採用しているということは、取引条件の基本的な部分において、それぞれの旅行業者の差別化を困難にしている。ただ、最近では、標準旅行業約款ではとらえきれない旅行取引に対し、観光庁のホームページ示された個別約款の雛形に基づいて個別約款を申請し、その認可された約款で取引が行う旅行業者もある（4．6個別約款参照）。

なお、実際の旅行契約の多くは、標準旅行業約款をもとに締結されているが、現在の具体的な旅行契約の概要については後述する（4. 旅行取引参照）。

3.　旅行業務取扱料金と登録票の掲示

　旅行業者等は、企画旅行に係るものを除く旅行業務の取扱いの料金を定めて、旅行者に見やすいように掲示しなければならない（法第12条の2）。

　旅行業務取扱料金とは、旅行業者が自ら提供するサービスの対価として旅行者より収受する料金である。旅行業者の自ら提供するサービスの対価とは、旅行サービス提供機関により提供されるサービスの部分以外の手配料金、添乗サービス料金等をさす。これらは、企画旅行契約では、旅行サービス提供機関と契約を自己の計算において締結するため、旅行業者が旅行者と契約を締結する際の旅行代金は旅行業者によって包括（パッケージ）されて定められるため、明示しないが、手配旅行契約では、明示される。

　旅行者は、旅行サービス提供機関に支払う費用以外にいくら費用が必要とされるか、が契約締結前に知らされないと安心して取引ができないので、旅行業者等に旅行業務取扱料金を掲示することが義務づけているのである。

　標識の掲示とは、旅行業者等が実際に登録を受けた者であることを示す手段である。旅行業者等の営業所には、正方形に近い形をした青地（海外旅行を取り扱う場合）か白地（国内旅行のみの取り扱い場合）の標識を掲示しなければならない（法第12条の9、旅行業法施行規則第31条）。

4.　取引条件の説明・書面の交付

　旅行業者等は、契約を締結しようとするときには、取引条件の説明を行い（法第12条の4）、契約を締結したときには、書面の交付を行わなければならない（法第12条の5）。

　取引条件の説明は、一部の例外を除いて書面を交付して行わなければならない。また、契約締結後の書面の交付は、原則として契約書面を交付する方式で行われる。具体的に記載すべき事項は、それぞれ旅行業者等が旅行者と締結する契約等に関する規則（以下、本章では「契約等に関する規則」）第5条、

第9条）に定められているが、それぞれの事項には、共通するものが多い。

　法文上からは、契約締結の前後に同じような内容の書面を交付しなければならないことになる。しかし、実際には、契約締結後の書面は、取引条件の説明書面に記載された事項を領収書など加えることで満たし、あらためて交付しないこともある。これは、旅行業法施行要領でも認めるところである（同要領第十二）。

　なお、旅行業者等は、旅行者の承諾があれば、これらの書面の交付に代えて、電子情報処理組織を使用する方法等で行うことができる（法第12条の4第3項、第12条の5第2項）。

5. 広告

　旅行業法では、募集型企画旅行の広告（法第12条の7）と誇大広告（法第12条の8）について規制している。前者の対象は、募集型企画旅行のみであるが、広告の表示方法（契約等に関する規則第12条）と広告の表示事項（契約等に関する規則第13条）を定めている。後者は、旅行業務についての広告全般が対象となる。契約等に関する規則第14条により、誇大広告をしてはならない具体的な事項を示している。

　旅行の広告は、契約締結前には、「旅行商品」そのものを手にとって見せることができないゆえ、「旅行商品」内容を示せる唯一のものといえる。したがって、適正である必要があると同時に複雑なものになる。そのため、観光庁では、旅行業法や旅行業者等が旅行者と締結する契約等に関する規則より具体的な基準を通達「企画旅行に関する広告の表示基準等について」を定めている。また、旅行業協会では、広告の適正化と信用向上の一助に資すため「旅行広告・取引条件説明書面ガイドライン」により、作成基準等を詳細に示すことによって旅行業者を啓蒙している。

　また、広告については、旅行業法のみならず不当景品類及び不当表示防止法（景品表示法・以下本章では「景表法」）からの規制も受ける。景表法では、優良誤認表示、有利誤認表示、その他一般消費者に誤認させる表示と指定された表示を不当表示として禁止している（公正取引、2019、32-33頁）。この法

律は、一般消費者の利益を保護することを目的とするものではあるが、その方法として事業者と消費者との取引において、消費者の適切な選択を阻害するおそれのある行為を制限及び禁止するもので（景表法第1条）、旅行業を総合的に捉えて消費者保護を目的としている旅行業法とは視角を異にする。そして、景表法に基づいて、「旅行業における景品類等の提供の制限に関する公正競争規約」、「募集型企画旅行の表示に関する公正競争規約」が、内閣総理大臣（景表法第33条により消費者庁長官に委任）及び公正取引委員会の認定を受け、また、これら規約の運用のため旅行業公正取引協議会が設立されている。

6.　外務員証と旅行業務取扱管理者証

　外務員とは、営業所以外の場所で旅行業務についての取引を行う者をいう（法第12条の6第1項）。営業所における旅行業務については、当該営業所に選任された旅行業務取扱管理者が、管理、監督を行うが、旅行業務の取引は、営業所内のみで行われるわけではない。しかし、旅行業務の取引は営業所外であっても、営業所内の取引とかわりはなく、旅行者の保護のためには、旅行業法の規制の対象とする必要がある。したがって、営業所外の取引においても、旅行業務取扱管理者が管理、監督を行う必要がある。つまり、営業所外で取引を行う外務員も営業所に所属し、その営業所の旅行業務取扱管理者が管理、監督の下で取引を行う必要がある。

　ただ、営業所に所属しているといっても旅行者には判別できないので、外務員証を携帯し、業務を行うときに提示することを義務づけている（法第12条の6第1項、第2項）。一方、外務員が独断で旅行者と取引を行った場合、その取引について所属する旅行業者等が責任を負わないと旅行者は、不測の損害を被るおそれがある。そこで、旅行者が悪意であったとき以外、外務員は旅行業務に関する取引の一切の裁判外の行為を行う権限を有するものとみなされている（法第12条の6第3項）。

　以上のように旅行業務取扱管理者は、営業所における旅行業務に関し管理、監督を行う。また、取引条件説明書面や契約書面には、旅行者の依頼があれ

ば旅行業務取扱管理者が最終的には説明を行う旨が記載されている（契約等に関する規則第5条、第9条）。その際、旅行業務取扱管理者は、旅行業務取扱管理者であることを証明する手段として、旅行者から請求があったときに、旅行業務取扱管理者証を提示することを義務づけている（法第12条の5の2）。

4. 旅行取引

1. 標準旅行業約款における旅行契約

　旅行業者と旅行者との旅行契約に関しては、すべて、旅行業約款により契約が締結されることとなっている。その旅行業約款は、前節で論じたようにほとんどの場合、標準旅行業約款が用いられているために、そのモデルに応じたかたちで契約されることになる。

　標準旅行業約款は、募集型企画旅行契約の部、受注型企画旅行契約の部、手配旅行契約の部、渡航手続代行契約の部、旅行相談契約の部からなる。このうち、基本的旅行業務を含むものは、募集型又は受注型企画旅行契約か手配旅行契約になる。したがって、実態的には、いくつかに分類できる「旅行商品」とその「販売」方法は、募集型企画旅行、受注型企画旅行、手配旅行のいずれかになり、契約の締結はそれぞれの標準旅行業約款に従うことになる。

　標準旅行業約款における募集型企画旅行契約とは、旅行業者が、あらかじめ、旅行の目的地及び日程、提供を受けることができる旅行サービスの内容、旅行代金を広告等により募集する旅行をいう（標準旅行業約款・募集型企画旅行契約の部（以下、本章では「募集型約款」）第2条）。一方、受注型企画旅行契約とは、旅行業者が、旅行者からの依頼により、旅行の目的地及び日程、旅行者が提供を受けることができる運送又は宿泊のサービスの内容、旅行代金を定めて実施する旅行をいう（標準旅行業約款・受注型企画旅行契約の部（以下、以下本章では「受注型約款」）第2条）。手配旅行契約とは、旅行サービスの手配を行う企画旅行契約以外の旅行契約になる。

　なお、渡航手続代行契約は、渡航手続代行料金を収受して、旅券、査証等

の取得手続、出入国手続書類の作成等を引き受ける契約（標準旅行業約款・渡航手続代行契約の部第3条）で、旅行相談契約とは、相談料金を収受して、旅行計画の作成、見積り、情報提供等を行う契約（標準旅行業約款・旅行相談契約の部第2条）である。

2.　企画旅行契約の内容と成立

標準旅行業約款では、企画旅行契約とは、旅行サービスの提供を受けることができるように、手配し、旅程を管理する契約であるとしている（募集型約款第3条，受注型約款第3条）。すなわち、企画旅行契約は、旅行者と旅行サービス提供機関との間の法律関係の形成と履行を目的とする事務処理契約で、すなわち手配の請負と旅程管理である（三浦、2018、52-55頁）といえる。

このように、企画旅行契約では旅行業者は、請負的性格を有する手配債務と委任的性格を有する旅程管理債務を負う。請負契約とは、仕事の完成を約束することで、この場合旅行業者は、旅行日程に従った手配を完成させる義務を負う。一方、委任契約は、善良なる管理者の注意をもって事務を処理する義務で、旅程管理は、募集型約款第23条及び受注型約款第24条で、「旅行者の安全かつ円滑な旅行の実施を確保することに努力し」と表されている。

このほかに、募集型約款第26条及び受注型約款第27条で、旅行業者には、旅行者が、疾病、傷害等により保護を要する状態にあるときに、必要な措置を講ずる「保護措置」義務がある。

募集型企画旅行契約は、旅行者の提出した申込金を受理したときに成立するとしている（募集型約款第8条第1項）。これは、申込み時に申込金を提出することが可能なアウトセールスやカウンターセールスという対面販売が想定されている。通常、電話で行われるメディア販売やオンライン販売では、申込みと同時に申込金を提出することはできない。そこで、電話等の通信手段による場合は、予約とし、提出された申込金を受理して契約が成立するとしている（募集型約款第6条）。つまり、予約の受付から申込金が受理されるまでは、本契約は成立せず、本契約が成立するかどうかは、旅行者が申込金を支払うかどうかによることになる。旅行者が旅行業者に支払う取消料につい

ては、本契約が成立してはじめて支払い義務が生じるため、予約が成立して
いても申込金が受理される以前であれば、本契約は成立していないので、支
払う義務はない。なお、オンライン販売では、オンライン上で旅行代金がク
レジットカードにより決済されることもある。また、従来のメディア販売に
おいても、銀行振込などを含めた申込金の支払いに代えてクレジットカード
で決済されることもある。このような、通信手段による申込みを受けて、か
つ、クレジットカードで決済する旅行契約は、通信契約と呼ばれクレジット
カードの会員番号等の通知をもって契約が成立する（募集型約款第8条第2項）。

　なお、受注型企画旅行契約も旅行者の提出した申込金を受理した時に成立
すること（受注型約款第8条第1項）が原則であるが、募集型企画旅行契約と
異なり、同じ行程を同時に旅行する複数の旅行者が契約責任者を定めて申し
込んだ団体・グループ契約の場合、申込金の支払いを受けることなく契約を
締結する旨記載した書面を交付することにより書面の交付により契約が成立
する（受注型約款第23条）例外も認められている。

　旅行者が、企画旅行契約を解除する場合、旅行業者は、取消料を収受でき
る。ただし、収受できるのは、原則として、国内旅行の場合は旅行開始日の
20日前（日帰り旅行の場合は10日前）から、海外旅行の場合は、30日前（募集
型企画旅行契約でピーク時の場合は40日前）からである（募集型約款第16条第1
項、別表第1、受注型約款第16条第1項、別表第1）。

3. 手配旅行契約の内容と成立

　手配旅行契約とは、旅行者の委託により、旅行者が旅行サービスの提供を
受けることができるように、手配をする契約をいう（標準旅行業約款・手配旅
行契約の部（以下、本章では「手配約款」）第2条第1項）。企画旅行が、旅行業
者の作成した旅行の計画の旅行サービスを手配するのに対して、手配旅行は、
旅行者が委託した旅行サービスを手配する。また、後述（4. 旅行代金参照）
のように、企画旅行契約では、旅行代金の内訳を明示しないが、手配旅行契
約では、旅行サービス提供機関の費用や旅行業務取扱料金の内訳を明示する。
したがって、団体旅行や複合手配であっても、旅行代金の内訳を明示しない

受注型企画旅行契約にしなければ手配旅行契約となる。もっとも、旅行業者が、運送機関や宿泊機関から契約締結代理権が付与されている場合で、旅行者が乗車券類、宿泊券のみを購入する場合等は、運送・宿泊契約だけが成立するだけで、手配旅行契約は成立しないという見解がある[5]が、標準旅行業約款では、これらの場合も運送・宿泊契約と同時に手配旅行契約が成立すると想定しているように思える。

　企画旅行契約も手配旅行契約も旅行業者が手配をする内容の契約であるが、企画旅行契約の手配債務は、請負的性格をもつのに対して、手配旅行契約の手配債務は、委任的性格であるといえる。これは、旅行業者が作成したものでない手配旅行の旅行の計画については、旅行業者はその手配の完成を約しえないためといえる。したがって、旅行業者は旅行サービス提供機関と契約の締結（手配の完成）ができなかった場合であっても、善良な管理者の注意をもって手配を行ったときは、債務の履行は終了し、旅行業務取扱料金を収受できる（手配約款第3条）。

　手配旅行契約の成立も企画旅行契約と同様、旅行業者の申込金の受理によって成立する。通信契約の規定も企画旅行契約と同様である（手配約款第7条）。ただし、書面による特約がある場合（手配約款第8条）、旅行代金と引換えに旅行者が乗車券、宿泊券等の交付を受ける場合（手配約款第9条）、契約責任者を定めた団体・グループ手配において申込金の受理なく契約を締結する旨を記載した契約書面を旅行業者が交付した場合（手配約款第20条）には、申込金の受理なく成立する。

　旅行者が、手配旅行契約を解除する場合、運送・宿泊機関等に対して支払うべき取消料、違約料等の費用のほか、旅行業者に対して取消手続料金、旅行業者が得るはずであった取扱料金を支払わなければならない（手配約款第13条）。

4.　旅行代金

　旅行者が旅行業者から提供を受けるサービスは、企画旅行契約及び手配旅行契約における手配サービスや旅程管理サービス等で、旅行サービスそのも

のではない。そして、旅行サービスそのもの及び旅行業者の提供するサービスそれぞれに費用が必要で、前者は旅行サービス提供機関への費用であり、後者は旅行業者への費用である。旅行者が、標準旅行業約款における旅行契約を締結する場合は、このいずれもを旅行業者に対して支払う。そして、これらの旅行者が旅行業者に支払う対価を旅行代金という。ここでは、旅行代金といわれるものには、旅行業者が自ら提供するサービスの対価と本来旅行サービス提供機関に支払うべきいわば「預かっている」対価が合わさっていることに注意しておく必要がある。なお、そのうち、旅行サービス提供機関が受取る対価のうちから当該旅行サービス提供機関より旅行業者に対して手数料が何％か支払われる。これは旅行サービス提供機関からみれば自らのサービスの「販売」のための費用ということができる。もっとも、海外旅行の場合は、旅行業者に対して手数料なしの価格が示されることが多い。このような価格のことを通常ネットと呼んでいる（これに対して手数料が含まれる価格をグロスと呼ぶ）。

　旅行代金は、企画旅行契約では、サービス提供機関への費用と旅行業者への費用を区別せずに、また、個々のサービス提供機関への費用の明細を示さずに表される。企画旅行全体について旅行業者が定めたひとつの対価のみが示される。したがって、旅行者には、提供を受けているサービスそれぞれの対価や旅行業者のサービスの対価にいくら支払っているのかはわからない。

　ただ、受注型企画旅行契約では、受注型企画旅行契約の申込みをしようとする旅行者からの依頼があったときに交付する企画書面に企画料金を明示することができる（受注型約款第5条）。企画料金が明示された企画書面の内容で成立した契約を旅行者が解除すれば、企画料金の明示がなければ取消料を収受できる期間になっていなくても、旅行業者は、取消料として企画料金に相当する金額を収受できる（受注型約款第16条第1項、別表第1）。

　なお、企画旅行契約においては、旅行業者の関与し得ない事由が生じた、やむを得ないときに契約内容を変更する場合や、著しい経済情勢の変化等により、通常想定される程度を大幅に超えて運送機関の適用運賃・料金が変更された場合以外は、旅行代金は変更できない（募集型約款第13条、第14条、受

注型約款第13条、第14条）。

　一方、手配旅行契約では、旅行業者のサービスの対価である旅行業務取扱料金は、あらかじめ掲示されており（3. 旅行取引の公正維持のための規定参照）、旅行サービス提供機関に支払う費用が区分されて示され、個々のサービス提供機関への費用も、その明細が示される。手配旅行契約は、代理、媒介、取次という行為を行うという点で旅行業者が値付けをすることができない（JATA、2020、147頁）。なお、手配約款第16条第3項では旅行サービス提供機関の運賃・料金の改訂や為替相場の変動等で旅行代金の変動したときに、旅行代金を変更することがあることが、手配約款第17条では、旅行代金として既に収受した金額とが合致しない場合に旅行代金を精算することが規定されている。

　もっとも、現実には、旅行代金の明細を示した場合、旅行業者の報酬がわかることになり、特に、ネットで旅行サービス提供機関から価格を示されている場合などは、約款の想定どおりでは、不都合が感じられることは推察できる。また、海外旅行においては、委託を受けた手配の海外地上部分をランドオペレーターに手配を代行させることが多く、この場合、旅行業者自身も個々のサービス提供機関の費用の明細は、わからないことがある。しかし、標準旅行業約款の考え方では、手配旅行契約では、旅行業者が値付けをすることはできず、旅行業務取扱料金を含めて包括した旅行代金を旅行者に示す場合は、受注型企画旅行契約にしなければならないことになる。

5.　旅行業者の責任

　旅行業者は、企画旅行契約、手配旅行契約の履行に当たって、当該旅行業者又はその手配代行者が旅行者の損害を与えた場合は、損害を賠償する責任を負う。なお、手荷物について生じた損害については、故意又は重大な過失がある場合以外は旅行者1名につき15万円に制限している。（募集型約款第27条・受注型約款第28条・手配約款第23条）

　企画旅行契約における旅行業者の債務は、前述のように手配債務、旅程管理債務及び安全確保債務といえるで、これらに不履行があれば旅行業者に損

害賠償責任が生じる。逆にいえば、旅行業者が管理し得ない天候や旅行サービス提供機関の過失から生じた損害は賠償しない。したがって、運送機関の事故や宿泊機関の過失により契約書面に記された内容が提供されない場合については、旅行業者に損害賠償責任はない。旅行業者は、旅行者が旅行サービス提供機関より被った損害についても賠償するといういわゆる第一次責任は、負わないのである。しかし、現実の旅行者の認識は、このような場合も旅行業者が損害を賠償してくれているものと考えている場合も多い（廣岡、2007、15-20頁）。

このような約款の規定と旅行者の認識とのギャップを緩和させる方策として、各企画約款では、特別補償と旅程保証を規定している。

特別補償とは、旅行業者の責任が生ずるか否かを問わず、企画旅行参加中に生命、身体又は手荷物の上に被った一定の損害について、あらかじめ定める額の補償金及び見舞金を支払う制度である（募集型約款第28条・受注型約款第29条）。これにより、事故等により旅行者が死亡した場合は、海外旅行の場合2500万円、国内旅行の場合は1500万円が支払われることになる（別紙特別補償規程第6条）。なお、旅行業者は特別補償の補償金等の支払いの対象となる損害をコントロールすることができないので、この支払いを担保するための特別補償保険がある。この保険契約が締結されていない場合、締結するよう業務改善命令の発せられることがある（法第18条の3第5号）。

一方、旅程保証は、契約書面に記載された契約内容に重要な変更が生じた場合で、旅行業者に責任が発生することが明らかである場合以外に、変更補償金を支払う制度である（募集型約款第29条・受注型約款第30条）。ただし、旅行業者に責任が発生しない場合でも対象とならない場合が規定されており、実質的には、運送、宿泊機関によるオーバーブッキング（過剰予約）による変更を想定しているものと思える。

手配旅行契約では、旅行業者の債務は手配債務のみであるため、善良な管理者の注意もって手配を行うことに過失がなければ責任を負わない。

また、手配旅行契約においては、旅程管理債務はないが、旅程管理と類似したものとして、契約責任者からの求めにより、添乗サービスを提供するこ

とがあるとしている（手配約款第22条）。これは、実質的に旅程管理に近いものであるが、添乗員が行う添乗サービスにおいて、企画旅行では企画旅行業者が引率責任者になる必要があるのに対し、手配旅行においては旅行者の希望に従い行う必要があることから、すべては契約責任者の指示に基づき提供されることになる（三浦、2018、299頁）。したがって、手配旅行契約における添乗サービスでは、契約責任者が添乗員に指示を行う際に適切な指示を行えるような情報を提供することに対しての善良なる管理者の注意義務があるものといえよう（廣岡、2007、10頁）。

6. 個別約款

　旅行業者と旅行者との旅行契約は、標準旅行業約款が用いられることがほとんどであるが、それにとらえきれない旅行取引に対応するための個別約款の雛形を観光庁のホームページでは示している。本来は、便益に応じた契約内容を旅行業者が自ら策定し、それを市場に問うという方式が理想であるが、それに対し旅行業者それぞれが答えていくことは、これまでも、行政指導はあるものの旅行業者が自ら旅行業約款を定め認可を受けることが可能であったにもかかわらず、そうした事例があまりなかったことからも、行政がガイドラインを示すことが現実的であると考えられるためである（廣岡、2007、193-194頁）。

　さて、先に、標準旅行業約款ではカバーしきれない旅行取引に対応するため個別約款を申請し、その認可された約款に雛形があることを示したが、2020年5月現在、観光庁のホームページ「旅行業法における各種様式＜旅行業約款の認可申請について」では、次の10例が示されている[6]。

　①現地発着約款（ランドオンリー約款）
　　　旅行開始地及び旅行終了地がいずれも海外である場合の企画旅行で、標準旅行業約款では、その取消料について想定していないため、別表第一の海外旅行に係る取消料表に当該企画旅行も対象として加えている。
　②クルーズ約款（フライ＆クルーズ約款）
　　　日程中に3泊以上のクルーズを含む海外発着の企画旅行の取消料につ

いて、クルーズ船会社が定める取消料が、標準旅行業約款の取消料より高額であったり、早い時期に設定されている場合があるため、当該企画旅行について標準旅行業約款とは異なる取消料を取消料表に定めている。

③クルーズ約款（フライ＆クルーズ約款）及び現地発着約款（ランドオンリー約款）

　①と②を合わせた約款。

④コンビニ約款（コンビニエンスストア等を使用した募集型企画旅行商品等の販売に関する約款）

　旅行業者の営業所以外の場所を使用して、募集型企画旅行契約の締結、運送等サービス提供機関の代理行為を行う場合、コンビニエンスストア等は単なる設備の設置場所であることを前提として構成された約款である。この約款は、運輸政策局観光部長通達「コンビニエンスストア等を使用した主催旅行商品等の販売について」で、コンビニエンスストア等を使用した主催旅行商品等の販売する約款を定め認可を得ることと示したもので、1997年6月から適用されている。

⑤受注型企画旅行契約約款（実額精算による取消料の設定）

　受注型企画旅行の取消料の設定について、企画書面に旅行サービス提供機関が旅行業者に課す取消料、違約料の実額を明示することにより、その実額を取消料と設定することができる約款。標準旅行業約款の取消料では旅行サービス提供機関の定める取消料、違約料を収受できない場合に対応できる。

⑥PEX運賃等の取消料・違約料を反映した取消料を設定することができる旅行業約款

　標準旅行業約款では、取消料を収受できない期間から航空会社に取消料を支払う必要がある　PEX運賃を利用する海外募集型企画旅行において、当該旅行においても、PEX運賃等の取消料・違約料を反映した取消料を設定することができる約款。

⑦宿泊施設がより高い等級のものへ変更になった場合に変更補償金の支払い対象としないこととすることができる旅行業約款

　　企画旅行で宿泊施設がより高い等級のものへ変更になった場合に変更
補償金の支払い対象としないこととすることができる約款。

⑧PEX運賃等を利用した募集型企画旅行の取消料の設定及び変更補償金の
　支払い対象の変更のための旅行業約款

　　⑦と⑧を合わせた約款。

⑨事業者を相手方とする受注型企画旅行契約約款（受注型BtoB約款）

　　標準旅行業約款では、旅行契約は旅行者と旅行業者が締結する前提に
　なっているが、実際は、旅行者が参加するために事業者が旅行業者と旅
　行契約をする例も考えられる。この約款では、受注型企画旅行契約にお
　いてこのような場合に対応できる。また、事業者とは、特約を結び標準
　旅行業約款の取消料表の上限を超える取消料を設定できる

⑩個人包括旅行運賃を利用した募集型企画旅行の取消料設定のための旅行
　業約款（国内募集型IIT約款）

　　2020年より、国内航空において、空席に応じて航空運賃が変動すると
　ともに、従来より、早期に発券時期や取消料が設定される「個人包括旅
　行運賃」が導入されたことに対応するための約款。本約款では、旅行契
　約締結後、標準旅行業約款で取消料が収受できる以前に旅行契約を解除
　した場合でも、その時点において航空券取消条件を適用した場合の航空
　券取消料等の額以内の取消料を収受することを可能にしている。

（小林弘二・廣岡裕一）

補記

本章第1節、第2節は、小林弘二（2020）「旅行業と観光」谷口知司・福井弘幸編著『広
がる観光のフィールド』晃洋書房、19-26頁の内容に加筆・修正をしたものである。

注

1)　バス等の回数券販売所のように、運送サービス提供機関の代理人としての発券業務
　　にのみ従事するような場合は旅行業には該当しない。
2)　例えばJTBという旅行業者の代理業者として登録を行い、JTBとの業務委託契約の
　　中で、業務を行う。
3)　日本旅行業協会（JATA：Japan Association of Travel Agents、一般社団法人）と
　　は、旅行業務の改善やサービスの向上を図り、旅行の促進と観光事業の発展を目指す

　　旅行業界団体のことである。

4)　例えば、海外ウェディングや中高年齢層向けの軽登山やトレッキングツアー等も旅行業の積極的な商品展開によって新市場を開拓した例である。

5)　三浦（2018、254・264-267頁、また、寺前（2006、216-217頁）及び寺前（2007、244頁）では、このような場合は、「運送機関又は宿泊機関と旅行者との間で、…運送契約、宿泊契約が成立し、旅行業者が介在する余地が無いとも考えられる」とした上で、旅行契約が介在するとすれば、取引条件の説明、同書面の交付、契約書面の交付などの義務が生じ、運送・宿泊機関等の直販と旅行業者による代理販売が競合する場合に、重要な競争条件の差となって表れる、としている。

6)　記載順序はHPの記載順による。観光庁HP
http://www.mlit.go.jp/kankocho/page06_000133.html、https://www.mlit.go.jp/common/001270676.pdf（閲覧日：2020.11.3）

第3章

インバウンド市場の変化と
訪日旅行ビジネス

1. 旅行市場の現状と国内旅行事業者のビジネス実態

1. 日本の旅行市場の現状

　観光庁編「令和二年版観光白書」によると、2019年1年間の日本国内での旅行消費額は、27.9兆円（2018年26.1兆円/前年比7.1％増）であった。内訳は、日本人の国内宿泊旅行17.2兆円（同15.8兆円/8.8％増）、同国内日帰り旅行4.8兆円（同4.7兆円/2.1％増）、同海外旅行国内消費分1.2兆円（同1.1兆円/9％増）、訪日外国人旅行4.8兆円（同4.5兆円/6.6％増）である。日本人旅行者の国内での旅行消費額（宿泊旅行・日帰り旅行・海外旅行国内消費分合計）は、2年ぶりに増加に転じたが、訪日外国人旅行者による消費額は、2012年以降増加し続けており、3年連続して日本国内における旅行消費額全体の15％を超えた（2019年は全体の17.2％であった）。また、2012〜19年にかけての旅行消費額内訳の推移を見ると（図3-1）、日本人分の旅行消費額はほとんど変わらず成熟状態を保っているが、この間、訪日外国人消費は1.1兆円から4.8兆円と約4.8倍に増加している（観光白書、2020、27頁）。そして、この訪日外国人消費の経済的なインパクトは、例えば、2018年の訪日外国人旅行消費額4兆5,064億円（インバウンド消費は物の輸出と同じ経済効果を導き出す）は、2018年、日本の年間製品別輸出額と比較すると、自動車に次いで2番目の規模に匹敵する（観光白書、2019、57頁）。このように、最近では、インバウンド消費が日本の消費経済全体を下支えするまでに成長した。

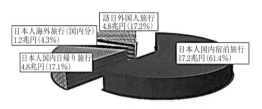

	2012年	13	14	15	16	17	18	19
日本人国内宿泊旅行	15.0	15.4	13.9	15.8	16.0	16.1	15.8	17.2
日本人国内日帰り旅行	4.4	4.8	4.5	4.6	4.9	5.0	4.7	4.8
日本人海外旅行（国内分）	1.3	1.2	1.1	1.0	1.1	1.2	1.1	1.2
訪日外国人旅行	1.1	1.4	2.0	3.5	3.7	4.4	4.5	4.8
合計	21.8	22.8	21.6	24.8	25.8	26.7	26.1	27.9

資料：観光庁「旅行・観光消費動向調査」及び「訪日外国人消費動向調査」より作成

図3-1　日本国内における旅行消費額

出所：観光庁（2020）「旅行・観光消費動向調査2019年年間値（確報）」
https://www.mlit.go.jp/kankocho/content/001342441.pdf　（閲覧日：2021.5.5）

　また、財務省が2015年に発表した2014年度（会計年度）の国際収支統計によると、訪日外国人旅行者による消費が貢献して、旅行収支（外国人旅行者が日本で使った金額から日本人が海外で支払った額を差し引いた額）は、なんと1959年度以来、55年ぶりに黒字となった[1]。その後も黒字で推移し、2019年は、2兆7,023億円（前年比11.8％増）と過去最高の黒字額を記録している（観光白書、2019、18頁）。このように日本の稼ぐ力の構造が大きく変わってきたのである。

　次に、出国日本人と訪日外国人の旅行者数の時系列推移に目を転じてみよう（図3-2）。

　まず、出国日本人旅行者数については、80年代後半から90年代後半まで成長軌道を描いてきた。しかし、21世紀に入ってからは増減を繰り返し、停滞していたが、2019年、ついに念願の2,000万人超え（2,008万人）を果たした。一方、訪日外国人旅行者数は、2003年のビジット・ジャパン・キャンペーン以降10年間で約2倍、2014年は約1,341万人にまで急増、2015年には、年間約2,000万人に迫る1,973万人を記録し、1970年以来45年ぶりに訪日外国人旅行者が日本人の海外旅行者数を上回る結果となった。そして、2017年2,869万人、2019年には3,188万人（観光白書、2020、16頁）（2003年の約6.1倍）、2020年、東京オリンピックを控え、訪日外国人旅行者4,000万人の政府目標

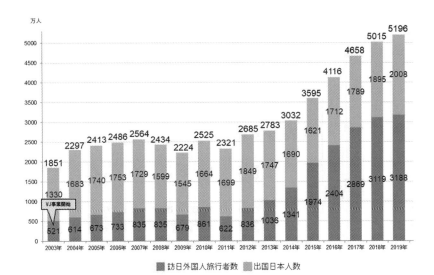

図 3-2　訪日外国人旅行者数・出国日本人数の推移

出所：日本政府観光局（JNTO）

https://www.mlit.go.jp/kankocho/siryou/toukei/in_out.html（閲覧日：2021.2.13）

数の実現が視野に入ってきたかにみえた。

2. 直近の国内旅行事業者のビジネス実態

　さて、このようにインバウンドが、急成長を遂げてきた市場環境下での国内旅行事業者のビジネス実態について確認しておこう。まず、国内旅行事業者の現況を直近の取扱実績の内訳（2019年度の旅行取扱実績）でみると、訪日外国人旅行者取扱額については、旅行業者の総取扱額全体の僅か約4.7％にすぎない。取扱額全体の約60.1％が日本人の国内旅行、約35.2％が日本人の海外旅行と全取扱額の約95.3％が日本人相手のビジネスで成り立っていることが分かる[2]。この数字が示すように国内旅行事業者は、構造的に収益の大半を日本人相手のビジネスに依存しており、成長分野であるインバウンド需要を十分に取り込めていないのが実態である。見方を変えると、ビジネス拡大の余地を十分残しているとも言える。

　ここ数年の国内旅行事業者のインバウンド取扱高の推移を見ると、前年比

で連続して大幅に増加していることが分かる（2013年度26.1％増、2014年度35.2％増、2015年度44.0％増、2016年度14.0％増、2017年度12.1％増、2018年度12.9％増、2019年度8％増[3]、なお、19年度はコロナ禍の影響を受けた第4四半期を除くと19％増である）。最近では、これまでの日本人市場に偏りすぎた収益構造を改め、今後も成長が見込むことができるアジア地域を中心としたグローバル市場に向けた積極的な事業展開が見られるようになった。例えば、外国系旅行企業とのM＆A（Mergers〔合併〕and Acquisitions〔買収〕）やB to B（企業間取引）を基本とした企画や手配業務に加え、訪日外国人FIT旅行者（Free/Foreign Independent Travel＝個人旅行形態）を対象としたウェッブサイト上での旅行商品の販売、海外における新規店舗の出店、目的地域（日本での到着地域）での外国人対象の販売拠点の開設等、B to C（外国人旅行者向けの直販ビジネス）への対応強化である。

　以上のように、直近（2019年末まで）の急拡大する日本のインバウンド旅行市場の現状と国内旅行事業者のビジネス実態について概観してきたが、状況が一変する。2020年1月に入るや、中国武漢に端を発するとされるパンデミック、新型コロナウィルスの世界的蔓延である。この騒動により、国外はおろか、国内の県境を越える往来さえ、制限が加えられる状況に陥った。これを機に、改めて想起させられたのは、旅のような人の往来においては、安心・安全が最も根本的な条件であり、地域の安心・安全を守るためには、国が移動に規制や制限を加えることもいとわないことである。他方、旅行の促進、取り分け国境を越えての往来、すなわち国際観光等の振興においては、規制を撤廃または緩和することが活性化の本質だということ、具体的には、国際間の移動手段である航空機等の乗り入れ（参入）規制や運賃規制の撤廃、査証の条件緩和等である。

　日本も21世紀に入ったころから「観光立国」実現に向けて、これらの規制を緩和あるいは撤廃するところから始め、短期間で今日のインバウンド需要の盛隆期を迎えることとなった。しかし、短期間での急激なインバウンド需要の膨張は、例えば、オーバーツーリズム現象や旅行サービスの品質劣化、観光産業の低い生産性、地域振興との乖離といった諸問題を、既にコロナ禍

前に顕在化させていた。コロナ禍は、このような課題を改めて、熟考させる機会を与えたのかも知れない。そこで、本稿では、コロナ禍終息後を見据え、あらためてこれまでの日本のインバウンドに対する発想を時系列に捉え検証するところから始める。

　具体的には、「インバウンド（訪日旅行）市場の変化と旅行ビジネス」をテーマに、インバウンド市場に影響を及ぼしてきたインバウンド政策の変遷過程を時系列に4つの段階で捉え、各政策の中身、そして政策に伴う旅行市場やビジネスの変化について検証する。なお、変遷過程の4区分であるが、近代化以降、現在に至る日本のインバウンド政策について、各時代特性を踏まえ、Ⅰ期＝黎明期（開国から終戦1868～1945年）、Ⅱ期＝復旧・再生期（終戦直後から大阪万博1945～1970年）Ⅲ期＝停滞期（貿易立国からバブル経済の崩壊1971～2002年）Ⅳ期＝飛躍期（観光立国に向けて2003～2019年）とする。

　そして最後に、コロナ禍終息後を見据え、既に顕在化しているインバウンドに関する諸課題への対応や、これからの日本における持続可能な観光発展に向けて、発想をどのように転換し、実践するのか、そして、あらためて求められる国内旅行事業者への役割や機能について言及する。

2.　インバウンド政策の変遷過程と
旅行市場及びビジネスの変化

1.　第Ⅰ期　インバウンド黎明期（開国から敗戦＝1868～1945年）

　明治維新直後のインバウンド政策は、開国による外国人の受け入れおよび対応に始まり、国内外の要請に呼応したものであった。例えば、外国人の国内旅行制限、不平等条約改正による旅行制限の撤廃、医療・学術目的に限定した政府公式観光ルート「Numbered Routes」の設定など国内や外交政策の補助的役割（渡邊、2004、68頁）を果たしていた。その後、世界的な潮流であった外貨獲得を目的とするインバウンド政策を国家政策の一つとして取り組むようになる。特に距離が比較的近く経済力の大きい国としてアメリカをマーケットとして重視した。

　当時のインバウンド政策の主体であるが、明治初期、政府内にインバウンド政策を推進する機関は存在しなかった。開国直後はホテルなど民間業者が個別に外客接遇を行っていた。日本の近代化が進展する過程で、外国人が自由に旅行できる法的な権利がまだ存在しなかったこの時期に、国際派の政治・経済分野の重鎮であった渋澤栄一、益田孝らが中心となり、民間レベルで国際交流が積極的におこなわれた。そして、外国人に対するもてなしを、商工会議所を中心に歓迎する姿勢を明確にし、1893年（明治26年）、外国人受入れを改善することを目的とする公的色彩の強い非営利組織「喜賓会」（Welcome Society）が創立された（JTB、2012、6-7頁）。喜賓会の設立は、日本のインバウンド観光振興の始まりであり、鎖国時代から開国、そしてようやく動き出した国際交流に向けて、時代の転換点であった。

　その後、国が主体となり積極的にインバウンド政策を推進、1912年（明治45年）になって、外国人観光客誘致と接遇を担うべく団体として「ジャパン・ツーリスト・ビューロー」（以下、ビューローと記す）が設立された。これが現在のJTBの創業とされる。

　ビューローは、鉄道院（後の鉄道省）が中心となって、旅行サービス提供機関である日本郵船、帝国ホテル、南満州鉄道などが会員として出資し設立された。その事業は、実質的には喜賓会の役割を引き継ぐ形となり[4]、外客誘致、海外への日本の宣伝、そして訪日した外客のあっせんが主要業務であった。しかし、鉄道省は、第1次大戦後のインフレや1923年の関東大震災等の影響で、景気が後退し、鉄道収入が減少するのに際して、鉄道収入増大に向けて鉄道旅行を奨励するようになる。このため、ビューローでも邦人旅客に対する乗車券類の代理販売を積極的に拡大する方針をとった。1927年には、代理販売収入が会員からの収入を上回った。1935年（昭和10年）ビューローは、鉄道省主催の団体旅行のあっ旋を一手に引き受けるようになるなど、旅行業的な事業としての取り扱い範囲を広げてゆくことになる。

　昭和初期になると政府内にインバウンド促進機関として、鉄道省外局「国際観光局」とその諮問機関「国際観光委員会」（1930年設立）が設置され、対外宣伝や国内観光事業の指導などを行い、インバウンド推進組織体制が確立

された。具体的には、「国際観光局」の下、半官半民の「国際観光協会」（1931年）と「ジャパン・ツーリスト・ビューロー」が外客誘致実施機関として活動を行った。海外宣伝、観光資源の保護と開発、観光施設の整備、国際観光ホテル等宿泊施設の整備、交通機関の整備、外国人への接遇改善など、積極的な活動が進められた（渡邊、2004、68-72頁）。

　しかし、その後の国際情勢の悪化により、1940年（昭和15年）になると鉄道省は「不要不急の旅行は遠慮して国策輸送にご協力ください」というポスターを各駅に張り出して、旅行の制限に乗り出すこととなり、娯楽的な旅行は制約を受け始める（JTB、2012、31頁）。また、海外観光宣伝は、「日本の国情宣伝」の色彩が強まったが、第二次世界大戦の開始により中断に追い込まれ、鉄道省国際観光局は1942年に廃止、国際観光協会も1943年に解散（（財）交通公社、2004、218頁）し、観光行政は消失した。また、時局に合わせビューローは、その名称を1942年に財団法人東亜旅行社、43年東亜交通公社と変え、また業務内容も占領地となった南方への事業拡大や旅館の経営に重点を置き、占領地域に対する文化宣伝業務を活性化させる等、戦争遂行に伴う事業（（財）交通公社、2004、34頁）に集約されてゆく。

2.　第Ⅱ期 インバウンド復興期（敗戦直後〜大阪万国博覧会＝1945〜1970年）
1）占領下のインバウンド＝1945〜52年

敗戦直後、連合国の占領下荒廃した経済環境の中で、資源のない日本にとって、インバウンドを中心とした観光事業の振興策は、外貨獲得、失業救済対策、文化国家建設への貢献をもたらす最も重要な国土・経済復興策として位置付けられた。そして、インバウンド政策の主体として、観光行政機関「運輸省鉄道総局業務局観光課」（1946年）が設置された（のちに1949年「運輸大臣官房観光部」、1955年「運輸省観光局」に改組される）。また、観光行政の総合的推進を目的に、1948年、「観光事業審議会」が内閣に設置された（1963年、「観光政策審議会」に発展）。

　他方、戦後の海外への宣伝は、一手に「財団法人日本交通公社」（旧ジャパン・ツーリスト・ビューロー）が担うことになったが、その後、公的な海外宣

伝活動は、「(財)国際観光協会」(1955年設立) が担い、「(特)日本観光協会」(1959年改組)、「(特)国際観光振興会」(1964年改組) に受け継がれた (渡邊、2004、70頁)。

また、インバウンド事業振興を助成する法律として、1949年に、外客接遇の向上を図ることを目的とした「通訳案内業法」が制定されたのをはじめ、「国際観光事業の助成に関する法律」、外国人旅客用宿泊施設整備のための「国際観光ホテル整備法」、1951年には、「出入国管理令」制定による入国手続きの簡素化、1952年、外国人旅行者保護を目的とした「旅行あっ旋業法」の制定など諸制度が整備された (白坂他、2019、94頁)。

2) 高度経済成長期のインバウンド＝
1952年(日本の主権回復)〜1970年(大阪万博)

1950年代後半から60年代前半にかけて、経済の自立と高度成長が軌道に乗り始めた日本は、東京オリンピックの誘致に乗り出し、成功する。そして、オリンピック開催に向けて、外国人客受入れ体制について早期の拡充整備の必要性が高まり、政府による観光計画が策定された。その1つとして、1956年に策定された観光事業審議会による「観光事業振興5カ年計画」(1957年度を初年度に1961年度を目標とする) が挙げられる。この計画では、観光地域・観光ルートの設定、資源の保護、交通施設の整備、対外宣伝活動の強化、接遇改善など、国内のハード及びソフト整備が総合的に計画されており、また同時期に政府が計画中であった「自立経済5カ年計画」との整合性も保たれ、経済計画としての性格も備えていた (渡邊、2004、70頁)。

この間、需要面では、日本が主権を回復した1952年を契機に、アメリカ人を中心[5]に72,000人であった訪日外国人旅行者は、東京オリンピック開催年の1964年には35万人、大阪万博の開かれた1970年には85万人と、国際的なイベント開催により、東京や大阪という日本の2大都市が世界の注目を集め、年平均10〜20％の伸びを示した。

一方、旅行業を中心とした供給サイドの動きでは、1954年から始まった豪華国際周遊観光船の来訪に合わせ、当時の日本交通公社 (現・JTB) が、欧

米の世界的な旅行会社からの団体手配旅行を請け負ったり、訪日した外国人に対して、「日光」「鎌倉」「箱根」「岐阜・鵜飼」等の定期スペシャルツアーを催行したりするなど、積極的なセールス活動を展開していた。また、1959年、訪日旅行への運送手段として、太平洋路線にジェット旅客機が就航することになり、航空機による訪日旅行者数が飛躍的に伸びた時期でもあった。1963年には、航空機での入国者は73.3％を占めるようになり、1969年には港からの入国者はついに10％を割り、航空機全盛時代を迎えた（JTB、2012、122頁）。

　増加する訪日旅行者に向けて、大手旅行各社は、インセンティブツアー（報奨旅行）や国際会議の招致、主催旅行商品の開発など、積極的な展開を図るようになる。当時、国内の大手旅行業者の訪日旅行者を取り扱う社内部署は外人旅行部と呼ばれ、米国を中心に欧州や東南アジアの富裕層や企業を対象としており、高収益を生み出す花形部門であった（岐部他、2006、33頁）。そして、このインバウンドの伸びに支えられ旅行各社は、今日にいたる旅行業ビジネスの基礎を築き上げていったのである。

・当時の各社のインバウンド営業戦略

　1963年、株式会社日本交通公社外人旅行部は「大量仕入＝大量送客」をベースとした低価格な主催旅行「サンライズツアー」を、64年3月から商品化することを内外に発表した。

　この商品の特長は、これまでの訪日外国人旅行と異なり、個人でガイドを雇ったり、様々な現地での旅行素材を自ら手配したりする必要がないこと、そして、これまでに比べて安価に、旅行素材がパッケージ化された商品として、旅程の手配を旅行業者に任せることができること。さらに、個人では訪れることが難しかった場所にも観光ができるようになったこと等である。また、この商品の販売手法は、海外エージェントだけでなく、国内の旅行業者も販売することができるという当時としては、先進的な外販（提携販売：交通公社と提携販売契約を結んだ旅行業者が旅行商品として販売する）手法を採っていた。この商品ブランド「サンライズツアー」は、現在に至るまで継続して販売されている（JTB、2012、123-124頁）。ロングセラーブランドである。こ

のような外国人対象の主催旅行商品として、日本交通公社主催の「サンライズツアー」のほかに、藤田観光主催のImperial Coachman Tours（1961開始）、阪急交通社主催のJapan Holiday Tour（1969年開始）などがあった（阪急、1991、107頁）。

　他方、新たな発想商品として、1964年6月には、交通公社による産業観光ツアー（テクニツアー）がスタートした。「日本の産業を見よう」をテーマに、英・独・仏・スペイン4カ国語で日本の風土や産業を紹介したパンフレットを作成し、在外事務所をはじめ在外公館、国際観光振興会、日本貿易振興会を通じて配布された。このツアーは、これまで社寺仏閣に偏りがちであった日本の観光から一歩進めて、当時外国人の間で話題となっていた日本の一流メーカーや大企業の工場施設、生産ラインを視察しようというものであった（JTB、2012、124頁）。現在の産業観光の概念は、すでにこの時代に構想し実現していたのである。

　また、1964年に創設された日本交通公社（現・JTB）の米国法人JTB International, Inc（JTBI）では、情報の提供、ツアーの販売、ホテル手配、現地旅行会社との連携、日本の7ホテル（日光金谷ホテル、帝国ホテル、横浜ニューグランドホテル、箱根富士屋ホテル、京都ホテル、ホテルニュー大阪、大阪グランドホテル）の予約代行（ホテルレップ）業務を開始しており、主に訪日を希望する現地人（米国人）を対象としたビジネスを展開していた。

・観光行政の変化の兆しと旅行ビジネス全般の流れ

　戦後の観光行政は、前述したように、外貨獲得・失業救済対策・文化国家建設への貢献をもたらす最も重要な国土・経済復興策として位置付けられていたインバウンド振興を中心としたものからスタートした。その後、1954年以降、高度経済成長の進展とともに、国民所得の増加、労働時間の短縮など、国民生活の安定化に伴い、余暇やレジャー活動の機会が増大すると国民大衆旅行への意識が高まり、観光そのものの振興や、国内観光の発展が観光行政の大きな目標として加わり、その理念や目的は、観光関連法規を総合化・一体化した「観光基本法」（1963年公布）（渡邊、2004、69-70頁）として示された。

　そして、1964年、日本人の海外渡航が自由化された。1968年には米国に次

ぐ世界第2の経済大国となり、外貨獲得を目的としたインバウンド誘致は、やがて国の政策上の力点からはずれ、国際観光の振興、すなわち、外国人旅行者誘致一辺倒ではなく、日本人の海外旅行を含め、相対的に国際親善の効果がインバウンド促進の意義として前面に押し出されてゆく（（財）交通公社、2004、2017頁）。

　軌を一にして、旅行ビジネスにおいても、前述したように、戦後早期に、日本の経済復興を図るうえで重要になると考えられた外国との貿易や経済交流を見据え、海外渡航業務や外国人旅行者のあっ旋などインバウンド関連業務をいち早く再開した。やがて、高度経済成長期に入ると、国民の所得水準も着実に向上し、旅行ブームが起こり、国内旅行を中心にマスマーケットが誕生した。この時期は、団体旅行が中心であり、特に職場旅行が大きな部分を占めた。

　60年代に入り、旅行を取り巻く環境も大きく変化する。国民の海外渡航の自由化（1964年）、ジャンボジェット機に代表される大型・大量・高速輸送時代の到来（1969年）、国際的な大型イベントである東京オリンピック（1964年）や大阪万国博覧会（1970年）の開催である。特に国際的イベント開催に向けて、高速道路網の建設、東海道新幹線の開通、航空機輸送の普及等の輸送基盤が着実に整備されていった。また、宿泊施設に関しても、増加が予想されるインバウンドに向けて、東京や大阪を中心にその周辺都市にもホテルブームが派生していった。

　1970年、大阪万国博覧会開催の影響もあり、インバウンドは前年比40％増の85万4,419人、そして、万国博覧会の入場者数は、国内旅行者数を含め、延べ6,400万人を超える来場者を記録し、インバウンド、国内旅行共に繁栄のピークを迎えたのである。

　他方、旅行各社は、東京オリンピック、大阪万国博覧会という大型イベント開催を見据え、これまでの需要発生ベースの代理販売業態から、新たに旅行をストックのきかない商品（サービス）であると見立てた旅行商品の企画・造成・販売に注力、受注生産方式（受動型）から見込み生産方式（能動型）へとビジネスの重点を移してゆく。すなわち、旅行は「あっ旋するもの」（旅行

あっ旋業）から「商品として販売するもの」（旅行業）へと大きく変容していった。そして、このような概念や手法の多くは、インバウンド事業から発生し、その後、国内旅行、海外旅行ビジネスへと伝播したものであった。

3. 第Ⅲ期　インバウンド停滞期
（海外旅行大衆化〜バブル経済醸成〜バブル崩壊・経済停滞期＝1971〜2002年）

1）70年代の旅行ビジネス（インバウンドからアウトバウンド需要拡大へ）

1970年、繁栄のピークを迎えたインバウンド市場（85万4,419人）であったが、翌年1971年には、万博需要の反動、ドルショック[6]による円高の始まり、そして大型観光船による東洋周遊や世界一周コースから日本寄港の除外[7]等により、訪日外国人旅行者数は前年比2割以上減少（66万715人）した。その後、インバウンド需要が1970年の数字を回復するのに1976年（91万4,922人）まで6年間を要することとなる。

このように、70年代は、それまで訪日客の主要送出国であった米国の景気低迷と変動相場制への移行による円高基調（US$の下落）により、訪日旅行が高額なものとなり、訪日意欲が減退、訪日客数も減少した。

一方、高度経済成長過程にあった日本では、国民所得の持続的上昇と自由時間の増大などにより、レジャーの大衆化・大型化をもたらした。特に70年、ジャンボジェット機[8]日本就航による大量高速輸送時代の到来は、海外旅行の大衆化を実現させた。具体的には、新しい運賃制度であるバルクIT運賃（Bulk It Fare＝座席一括買取り制包括旅行運賃）の導入である。この運賃を適用することによって、例えば、従来60万円であったヨーロッパ旅行商品が30万円に、ハワイ旅行は、30万円が15万円で販売できるという大幅な低価格化が実現した。また、外国為替市場での円高基調は、海外での旅行素材の仕入れ価格を押し下げる効果があり、航空運賃のみならず、ホテルの仕入れ価格、海外での食事や買い物などにもメリットをもたらすことになり、一気に日本人の海外旅行需要を押し上げた。インバウンド需要とは逆に日本人の海外旅行需要は本格的な成長期を迎えることとなった。1971年、日本の国際旅行市場において、インバウンド（66万715人）とアウトバウンド（96万1,135人）需

要が逆転した。その後、10年間でインバウンドはアウトバウンドの1/3となった。そしてこの逆転状況は、2015年まで44年間続くこととなる。

2）観光政策の転換と80年代の旅行ビジネス（テンミリオン計画の策定〜インバウンド不毛の時代＝1980〜2000年）

・テンミリオン計画の策定

　二度にわたるオイルショックを乗り越え、日本経済は安定成長を継続、輸出増加による貿易黒字はアメリカとの間で貿易摩擦を引き起こした。政府は貿易摩擦の緩和に向け、これまでの観光政策を改め、貿易収支の大幅な黒字を、海外旅行支出を増加させることにより[9]、国際収支のバランスを改善することを目的に、海外旅行倍増計画（テンミリオン計画）を策定する。これにより日本の観光政策は外国人誘致による外貨獲得から海外旅行振興による外貨消費へと方向転換した。この計画の具体的な数値目標は、1986年の日本人海外旅行者数552万人を1987年から5年以内に1,000万人にするというものである。超円高や好況などの追い風もあり、1990年に1,000万人に達し計画の目的は達成された。具体的な成果として、政府が期待したように、1986年に貿易黒字額の6.1％であった旅行収支の赤字が、1990年には33.5％まで拡大し、貿易黒字の1/3強を旅行収支の赤字で相殺するまでになった（運輸白書、1991、付表）。この間、日本の旅行業界は日本人を対象とした国内旅行及び海外旅行ビジネスに専心、インバウンド事業は合理化の対象となり、撤退もしくは縮小が相次いだ。

・インバウンド市場構造の変化と国内旅行事業者空白の時代

　他方、インバウンド市場の構造も変化して行く。すなわち、訪日外国人の発地国の変化である。1978年、アジアからの訪日客数が北米からの旅行者数を追い越した。そして、1979年1月の台湾での海外渡航自由化、そして韓国の段階的な海外渡航の自由化、1989年の完全自由化等によって、訪日外国人旅行者市場は、遠方の欧米諸国からこれら近隣のアジア諸国へと徐々に比重が移り、円高の進展による欧米諸国からの訪日旅行者の減少を補ってなお、インバウンドの全体としての増加基調を支えることとなった（（財）交通公社、

2004、220頁）。背景には、台湾、香港、韓国等アジア地域の急速な経済発展が挙げられる。

1985年には42％であったアジア地域からの訪日客比率が2000年には65％までに増大した（岐部他、2006、166-167頁）。なお、2019年現在のアジア地域の訪日客シェアーは82.7％である。

この間、香港、台湾、韓国等の国及び地域発訪日ビジネスは、自国系ランドオペレーターを日本で育成し、自主オペレーション体制を確立させた。一方、欧米からのツアーの地上（ランド）手配を主業務としていた国内旅行事業者は、手配実務、言語、コストの面でアジア地域発のインバウンド市場において、アジア系ランドオペレーターと太刀打ちできなくなり、国内旅行業界全体としてインバウンドへの関与が著しく低下した（岐部他、2006、166-167頁）。これが、今日、国内旅行事業者のインバウンド取扱い構成比率が極端に低い要因の一つである。国内旅行事業者は、85年のプラザ合意以降、円高基調による欧米からのインバウンド需要の減退、アジア系ランドオペレーターの台頭などにより、インバウンド事業からの撤退が相次ぎ、2000年までの15年間は、インバウンド空白の時代と言われるようになった。

・インバウンド、アウトバウンド、市場規模の格差拡大（1990〜2000年）

テンミリオン計画達成後の1991年、政府は新たな国際観光振興のための行動計画として「観光交流拡大計画」（ツーウェイ・ツーリズム21）を策定した。この計画は、1990年に海外旅行者数が1,100万人、インバウンド324万人と格差がついた日本の国際観光市場を踏まえ、日本人海外旅行の質的向上や訪日外国人旅行者誘致促進により観光交流客数のアンバランスを是正し、わが国の経済的地位に見合った国際的評価を目指したものであった。しかし、その後も円高進行を背景に、インバウンド需要は伸び悩み、海外旅行者数とのバランスはさらに拡大する。95年には、円高、ドル安がさらに進み、1US$=79円75銭という過去最高値を記録し、海外旅行者数と訪日旅行者数の差は過去最大の4.57倍にまで拡大した。

この間、日本経済は、バブル崩壊などにより、デフレ現象が進行し、失われた10年とも20年ともいわれるような深刻な経済的停滞状況が継続した。ま

た、東西冷戦の終結に伴う経済のグローバル化に伴う生産設備の海外移転による地場産業（地域経済）の空洞化など、これまで製造業立国日本を支えてきた社会構造が大きく変化した。

　1996年4月、観光交流による地域活性化を目的に、2005年までに訪日外国人旅行者数を700万人に倍増させ、観光交流による地域活性化（地方圏への誘客を促進すること）を目的とした「ウェルカムプラン21（訪日観光交流倍増計画）」が提唱され、その具体化のため、1997年「外国人観光旅客の来訪地域の多様化の促進による国際観光の振興に関する法律（外客誘致法）」が制定された。ここにきてインバウンド振興は再び観光政策の中心的な課題として浮かび上がってきた。

　さらに、2000年5月、「観光産業振興フォーラム」において、概ね2007年を目途に訪日外国人旅行者数を800万人に倍増させることを目標とする「新ウェルカムプラン21」が取りまとめられ、国・地方における外国人来訪促進施策の充実強化、民間の観光業界における外国人来訪促進のための取り組みの充実強化などの事項が盛り込まれた。（赤松、2007、5頁）

　一方、このような観光政策の再転換に対して、2001年、旅行業界を代表する日本旅行業協会（以下、JATAと記す）は、「旅行業から見た21世紀の活路」という副題でインバウンドツーリズム拡大に関する提言を以下のように行った。

　「日本の旅行会社は、業界全体として特に伸長著しいアジア市場の取り込みが遅れてしまい、後発企業としてインバウンド市場参入には困難が伴っていると現状を捉えている。そして、インバウンドへの関与が少なくなった理由として、外国人旅行事業取扱いが煩雑で収益が不安定であること、日本の旅行業法が外国人旅行に適用されず価格・サービス競争が極限化していること」、などを挙げている。

　その上で、「インバウンドは経済波及効果や社会的意義が大きく、国内観光地のレベルアップ効果、異文化との交流による教育効果、日本社会の国際化と国際交流に対する効果、国際平和への貢献など、国民生活の向上や日本の国際的地位の向上に直結する多面的な効果が期待できる」としている。

JATAは、旅行業界が上述の理由によりインバウンドへの関与が希薄になっていることを反省し、関連機関への提言を行うとともに旅行業界自らが取り組むべき課題として、①市場ニーズにあった新旅行商品開発②関連業界、訪問地との連携による受入体制の整備、プロモーションの増強③インバウンドビジネスの人材確保と要請④IT先端技術を活用した情報インフラの整備⑤その他インバウンド連絡協議会の設立等を掲げ、その実行を決意している（岐部他、2006、167-167頁）。

4. 第Ⅳ期 インバウンド飛躍期（観光立国実現に向けて＝2003〜2020年）

1）重要政策課題としての観光振興＝インバウンド重視そして観光立国宣言へ

　その後、21世紀になり、日本では本格的に観光振興政策が主要政策課題となる。

　2002年2月、第154国会における当時の小泉首相の施政方針演説で、観光振興が内閣の主要政策課題となる。内閣で取りまとめた「経済財政運営と構造改革に関する基本方針2002」では、経済活性化戦略のアクションプログラムの1つとして「観光産業の活性化・休暇の長期連続化」が取り上げられ、その中で外国人旅行者の訪日促進策として外国人旅行者の訪日を促進するグローバル観光戦略を構築する記述がなされている（観光白書、2003、58頁）。

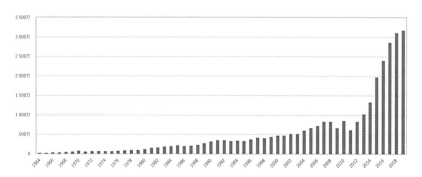

図3-3　訪日外国人旅行者数の推移

出所：日本政府観光局（JNTO）発表統計よりJTB総合研究所作成

　2003年、第156国会施政方針演説において小泉首相は、観光を国家戦略の1つとする「観光立国宣言」を行い、2003年を「訪日ツーリズム元年」と位置付けた。そして、2003年から、外国人旅行者の訪日を促進するための具体的戦略として、国、地方自治体及び民間が共同して取り組む、国を挙げての戦略的なビジット・ジャパン・キャンペーン（VJC）を展開した（観光白書、2003、64-65頁）。

　政府の観光振興重点化方針の背景には、人口減少や工場の海外移転等によって疲弊し空洞化している地方都市の存在と、膨大な財政赤字問題[10] があったと考えられる。国や地方の財政状況の悪化などから、これまでのような大規模公共投資による地域振興策は難しい。そのような状況の中、考案されたのが観光による地域振興策である。観光による地域振興は、大規模公共投資に比べ、投資額が少なく、経済・雇用波及効果が大きい。また地域の自助努力が求められる観光は、自らの地域を見つめ直す機会を得ることによる自信と誇りの醸成、そしてイノベーションへの期待、すなわち地域住民の活性化にもつながるという利点もある。緊縮財政を強いられる政府にとっては

観光立国の意義

1. 国際観光の推進はわが国のソフトパワーを強化するもの ⇒ 外交を補完

2. 観光は少子高齢化時代の経済活性化の切り札 ⇒ 高い経済効果

3. 交流人口の拡大による地域の活性化 ⇒ 雇用創出・地方創生の切り札

4. 観光立国により国民が誇りと自信を取り戻す ⇒ 国の価値の再認識

〜 観光交流人口の拡大による日本の再生 〜

図3-4　観光立国の概念図

出所：https://action.jnto.go.jp/wp-content/uploads/2017/12/1.（閲覧日：2021.2.13）

格好の政策選択であった。

　これまで日本では、混乱期[11] を除き観光は、重要な国家的政策課題とはされなかったが、2003年の小泉首相の「観光立国宣言」以降、重要な国家的課題（国家戦略）として位置づけられるようになった。

　そして、2006年には、観光立国推進基本法の成立、2007年、観光立国推進基本計画の策定、2008年には観光庁が設置された。この間政府は、掛け声だけではなく、これまでにない本気度を発揮し、インバウンド需要を決定づけると考えられる政策を実行に移す。すなわち、外国人受け入れに関わる着実な基盤の整備である。具体的には、国際航空運賃の自由化や外国籍航空会社の地方空港への路線開設や増便の原則自由化（LCCの地方への参入促進）、査証取得要件（観光目的）の大幅緩和等、自由化や規制緩和等の積極的推進だ。

　そして、このような政府の積極的な政策が功を奏し、2013年、当面の目標であった訪日観光客数1,000万人を達成した。前述したように、その後もインバウンド市場は成長を続け、2019年には過去最多の訪日外国人客数3,188万人、旅行消費額4兆8,113億円[12] を記録した。このように、2020年の東京オリンピック・パラリンピックを控え、日本におけるインバウンド市場はまさに飛躍期を迎えようとしていたのである。

2）政策課題としての観光による地方創生

　政府は、観光の持続可能な発展を見据え、2016年に「明日の日本を支える観光ビジョン」[13] を策定した。その中で、観光立国実現に向けて「全国津々浦々その土地ごとに、日常的に外国人旅行者をもてなし、わが国を舞台とした活発な異文化交流が育まれる、真に世界へ開かれた国」を目指すとともに、「観光は、真に我が国の成長戦略と地方創生の大きな柱である」と認識し、観光による地方創生を掲げている。

　同時に政府は、観光立国実現に向けて、喫緊の課題として、特定地域への旅行者の集中、すなわち、旅行需要の地域分散化を挙げている。有名観光地や大都市だけでなく、人口減少・少子高齢化に直面する地方都市・地域において、需要や雇用を創出する可能性のある観光交流人口を確実に取り込むよ

うにすることこそが、観光立国実現（地方創生）に向けての最重要課題であると捉えている。そして、旅行需要の地域分散化を促すためには、訪日リピータ層へのアプローチが必須であろう。同時に、訪日リピータ層の満足度向上のためには、旅行サービスの品質管理が求められる。そして、今後このような重要課題の解決に向けて利活用できるのが国内旅行事業者の役割や機能ではないだろうか。

3. 地方創生に資する国内旅行事業者の役割や機能

1. 訪日インバウンド旅行ビジネスの仕組み

日本におけるインバウンド旅行ビジネスの仕組みについて、あらためて振り返ってみよう。基本的に訪日インバウンドの需要（マーケット）は、海外にあり、それぞれ観光やビジネス（業務性旅行）、MICE[14]（企業などの会議・報奨・研修・展示会や見本市等）、教育等を目的として日本にやってくることでビ

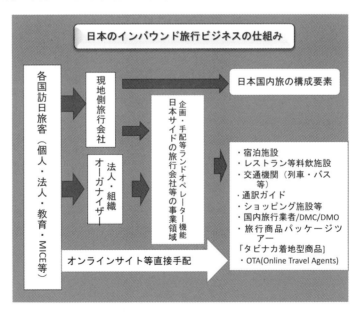

図3-5　日本のインバウンド旅行ビジネスの仕組み
出所：筆者作成

ジネスが成り立っている。基本的なビジネスの流れは図3-5の通りである。

　訪日旅行を計画している外国の旅行会社は、訪日旅行商品を造成して自国内で販売したり、旅行者の求めに応じて旅行素材の手配を行ったりする。国内旅行事業者は、海外の旅行会社から依頼を受け、ランドオペレーター（地上手配業者）としての事業、すなわち旅行商品を企画・提案したり、旅の構成要素である様々な旅行素材（ホテル、レストラン、鉄道、観光体験、ガイド等）の手配を行ったりする。そして、それらのサービスを仲介・提供することによって対価を得ることになる。

　次に、外国にある企業や組織（日系の現地法人を含む）が現地の旅行会社を通さず、企業や組織の旅行担当者であるオーガナイザーを通じて、直接日本の旅行業者等に旅行手配を依頼するケースもある。そして最後に、オンラインを通じての予約である。これは、多くの場合団体旅客ではなく、FIT（Foreign/Free Independent Tour/Travel）といわれる個人旅行者のリピータ需要が中心となる。グローバル市場に向けて開設されたネットサイト（国内外のOTA＝Online Travel Agentsであったり、単品旅行素材サプライヤであったり様々である）に個人がアクセスし、日本における旅行素材を手配・予約するものである。近年、こうした個人旅行需要がリピータ層を中心に増加している。

2.　国内旅行事業者のランドオペレーターとしての存在意義

　国内旅行事業者が、インバウンドビジネスにおいて主に関わることになるランドオペレーター（国内における旅行サービス手配業者）としての機能は、訪日旅行の品質に大きく関わり、顧客の満足度やリピータ層の獲得に直結する極めて重要な役割を担うことになる。

　しかし、現実には国内外の事業者による価格競争などが行き過ぎ、旅行を扱う事業者によって著しく品質レベルに差が生じている。このような現状を踏まえ、2013年、JATAは、訪日外国人旅客に対して旅行の品質を保証する目的で「ツアーオペレーター品質認証（保証）制度（Tour Quality Japan）」[15]を導入した。また監督官庁である国土交通省は、「訪日外国人旅客が増加する

ことにより、①旅行サービス手配業者（いわゆるランドオペレーター）に旅行手配を丸投げすることになり、安全性が低下する事案が発生したり、②訪日外国人旅行の一部において、キックバックを前提とした土産物店への連れ回し、高額な商品購入の勧誘等の実態があったりと、是正が必要」という旅行の品質向上化に向けた見解を示した。そして2018年、旅行業法を改正し、旅行サービス手配業者（ランドオペレーター）を営む事業者は、旅行サービス手配業を行う主たる営業所の所在地を管轄する都道府県知事の登録を受けることが必要となった。すなわち、悪徳業者の排除、訪日旅行の品質向上化である。これら旅の品質に関わる諸制度の導入は、持続可能な観光発展に欠かせない顧客層であるリピータ獲得に向けた、国内旅行事業者による高品質な訪日オペレーション実施につながるものと期待されている。

　では、具体的に国内旅行事業者等に、求められるランドオペレーターやDMC/DMOとしての機能について考えてみよう。

　国外の旅行会社などが、訪日旅行を企画し商品化する場合（B to Bの場合）、企画内容に基づいて日本国内での宿泊施設や交通機関等諸々の素材を手配することになる。その際、基本的には、サプライヤ（宿泊施設や交通機関等、旅行サービス提供業者）に直接予約することになる。しかし、より効率的かつ有利な条件での手配や、当該地域の最新かつより深い情報への期待、付加価値の高い商品造成やサービスも期待できるとして、現地での取引実績が豊富な地元ランドオペレーター（国内旅行事業者等）に依頼するケースも多い。

　一方、訪日リピータ層の増加を背景に顧客のFIT（個人手配旅行者）化が進んでいる。FITのような個人旅行者である場合（C to Bの場合）、図3-5のように直接オンラインを介してサプライヤのサイトやOTA（Online Travel Agents）、そして国内旅行事業者等のサイトにアクセスして予約をすることになる。具体的には、旅館等の宿泊サービスや列車等移動サービスの単品の旅行素材はもちろん、通訳ガイドやタビナカ旅行商品（タビナカ＝旅中＝旅行中のテーマ性のある体験型旅行商品等）の予約である。

　近年、訪日リピータ層を中心に、特にこのタビナカ体験型商品の存在や、品質の良し悪しが、地域への集客や消費に影響を及ぼしているようだ（観光

白書、2020、76-84頁)。そして、このタビナカ体験型商品の開発や流通(販売)機能こそが、地域に根ざし、地域社会や事業と連動した国内旅行事業者やDMC/DMO(Destination Management Company/Organization)のランドオペレーターとしての存在意義につながるものと考えられる。

3. 国内旅行事業者の成長戦略の一つとしてのグローバル化

日本の旅行市場は、戦後の人口増加、経済成長と軌を一にして成長軌道を描いてきたが、90年代に入り、バブル経済が崩壊、その後90年代後半以降は、国内・海外両市場ともに停滞、もしくは縮小傾向に転じた。

2010年をピークに、今後ますます進行する少子高齢化を伴う人口減少を考えると、今後も国内・海外旅行需要に高い成長を期待することは難しい。また、国内旅行事業者の構造的問題として、日本人に偏り過ぎたビジネス、すなわち日本人の国内旅行、海外旅行への依存度の高さが指摘されている。

一方、世界の旅行市場に目を転ずると、国連世界観光機関(UNWTO)の推計によると、2013年の国際旅客到着数は、約11億人、2020年には13億人を超え、2030年には約18億人になるとしている[17]。中でも経済成長が著しいアジア諸国への到着数の伸びは、2010年には約1.8億人であったのが、2020年には約3.2億人、2030年には約4.8億人に達し、世界の総到着人数の26.5%を占めると推計している。このように、アジア地域は高い経済成長や人口の急速な増加により旅行需要の拡大が予想されており、今後、世界の旅行関連産業の成長を牽引して行くものと期待されている(高橋、2013、291-292頁)。

訪日外国人旅行者数もマクロでみると、このようなグローバルな動向の中で増加しているものと考えられる。そして、国内旅行事業者のグローバル化は、日本の旅行市場の低迷とグローバル旅行市場の成長予測を受けて、成長戦略の1つと捉えられる(高橋、2013、293頁)。

国内旅行事業者は、このような日本の旅行市場を取り巻く外部及び内部環境変化に対応するため、これまでの日本人に偏り過ぎたビジネス姿勢を改め、成長分野であるインバウンド需要を含め、グローバルな市場で積極的に外国人に向けたビジネスに取り組もうとしている。例えば、図3-5で示した日本

のインバウンド旅行ビジネスの仕組みの中で捉えると、現地旅行会社の部分がグローバル市場に進出する日系の旅行業者が担うというイメージである。

　国内旅行事業者は、これまでも日本人の海外旅行を取り扱っており、その意味ではグローバルに事業を展開してきた。しかし、従来のグローバルな事業展開は、日本人海外旅行者拡大に伴う日本発のオペレーション業務、そして海外支店や営業所等の海外拠点を中心にしたランドオペレーター関連業務などである。あくまでも日本人海外旅行者を対象とした受け入れビジネスが中心であり、訪日外国人旅行のような、現地発現地マーケット対象の送り出しビジネスは、80年代後半以降は、前述したように、ほとんど取り扱ってこなかった。

　一方、ここで取り上げるグローバル戦略とは、グローバルに点在する国内旅行事業者の支店や営業所等の店舗や人材などの経営資源、そしてWebサイトなどを積極的に利活用して、各現地マーケット（現地人）を対象としたグローバル発日本向けを含む送り出しビジネスへの積極的な参入戦略である。

　今後、国内旅行事業者の積極的なインバウンド戦略として、先述したような国内地域での地域社会や住民、事業等と密着・協業したローカルな取り組み（DMC/DMOのような取り組み）と、もう一つは、外国人を対象としたグローバルな戦略とを連動させたグローカル（地球規模の視点で考え、地域視点で行動する）[18]な取り組みが必要になると考えられる。次節では、インバウンド市場の急成長等を背景に、積極的にローカル及びグローバル展開している旅行業者2社について、それぞれの具体的な戦略やグローカルな取り組みについて考察する。

4. 国内旅行事業者による新たなインバウンドビジネス

1. JTBのグローバル戦略と訪日事業の実際

　国内旅行業最大手であるJTBは、グローバル戦略について、「海外のグループ会社101社、グループの拠点39カ国509拠点を中心に、高品質でハイタッチな商品・コンテンツの提供による体験価値の促進を通じてグローバルブラ

ンドを確立する」としている。

　指針として、

①グローバルネットワークの構築（将来の成長が見込まれる有望市場に拠点
　を設置）

②特にアジアを中心に展開（日本発/日本着だけでなく、グローバル発、グロー
　バル着の双方向の人流を取り込む）

③着地事業の展開（DMC戦略をグローバルで展開する）

④市場に応じた競争戦略の策定（市場ごとに競合相手とその動向を見極め、競
　争戦略を策定する）

の4つを掲げ、海外の有望市場におけるM&A（Mergers/合併and Acquisitions/
買収）や合弁会社の設立を積極的に展開している（立教、2019、172-173頁）。

　JTBの海外での事業は、これまでも他社に比べ早期から現地マーケット対
象のビジネスに取り組んではいたが、量的には圧倒的に日本からの受入業務
が中心であった。しかし、これからは、世界各国で展開するJTBグループの
営業拠点からの送客を受けることによって、事業拡大を図ろうというもので
ある。つまり、グローバル戦略推進にあたっては、極力日本人市場に依存し
ない自立した旅行事業を増やしてゆくという考え方である。グローバル企業

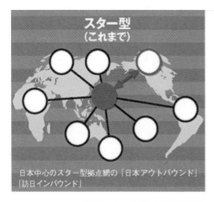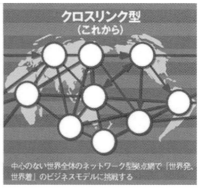

図3-6　JTBの新旧グローバルネットワーク概念図

出所：https://www.jtbcorp.jp/jp/colors/detail/0027/（閲覧日：2021.2.12）

として、JTBグループのグローバル発着のビジネスモデルの構築である。

　そこで、同社では2010年、グループ本社に新たな組織として「グローバル事業本部」を設置し、海外6地域[19]にある地域会社をすべてグローバル事業本部の傘下に位置付けた。これまで各地域が独自に行っていた事業展開についても、事業本部が管轄することになった。それに伴い事業を①「インハウス事業」（JTB（日本）からの海外旅行者の受入事業）②「インバウンド事業」（JTB（日本）以外からの旅行者の現地受入事業）③「アウトバウンド事業」（現地マーケット対象の発事業＝現地旅行者の国外旅行事業）の3つに分類し、それぞれの事業をグローバルレベルで収益事業として管理することになった。そして、これらの外国地域に加えて、「グローバル事業本部」の中にその中核的な企業として、㈱JTBグローバルマーケティング＆トラベル（JTBGMT＝訪日インバウンド機能特化型会社）を据えた。

　ちなみに2018年度のグローバル事業本部の売上高別事業構成は、①「インハウス事業」24.9％　②「インバウンド事業」29.6％　③「アウトバウンド事業」35.1％　④「訪日インバウンド事業」（JTBグローバルマーケティング＆トラベル分＝日本での外国人訪日受事業）10.4％[20]、となっている。

・訪日インバウンド事業とグローバルDMC（Destination Management Company）

　JTBの訪日インバウンド事業は、前述したように、㈱JTBグローバルマーケティング＆トラベルが担っている。同社は、日本におけるランドオペレーターとして100年を超える歴史と実績を背景に、訪日インバウンド機能特化型企業として、これまで欧米を中心とした数多くの顧客に日本の魅力を紹介してきた。そして、これからは日本におけるリーディングDMC（Destination Management Company＝以下DMCとする）として、個人旅行、MICE（企業インセンティブ、国際会議や大型イベント等）、観光性旅行、教育旅行などあらゆる機会を通して国際交流のベストソリューションを提供し、JTBグループのネットワークと連携しながらグローバルDMCを目指すとしている[21]。

　同社が提唱するグローバルDMCの考え方とは、JTBグローバルマーケティング＆トラベル社がこれまで手掛けてきたインバウンドビジネスと、M&Aや合弁で新たにJTB傘下入りした企業の地域ブランド、例えば、欧州地域で

の DMC、「ツムラーレブランド」やアジア地域での DMC、「ツアー・イースト・ブランド」、北米地域での DMC、「TPI ブランド」などの地域 DMC と連携することによって「グローバル DMC[22] ネットワーク」を構築し、それぞれの関係性を深めながら、グローバル展開、すなわち、世界発と世界着へと拡大を図って行くというものである。

　訪日インバウンドに当てはめると、JTB が掲げる海外6地域での事業（グローバル事業）と、日本の様々な地域で JTB-GMT が繰り広げる地域マネジメント事業（ローカル DMC）が連動、そして融合しながら「グローカル」に事業展開を図ってゆくことである。そして、この「グローカル」な事業展開の一例として、以下に記すような、FIT Solution 事業本部の新設などが挙げられる。

　2020年1月7日の JTB プレスリリース[23] によると、「近年の訪日インバウンド旅行の傾向として、「タビナカ（旅行中における）需要」の拡大が進んでいる。その背景として、市場の成熟化による旅行行動の FIT 化やリピータ化の進展が考えられる。その結果として、移動サービス、宿泊サービスに次ぐ第3の市場分野として「ツアー＆アクティビティ」（旅行中における現地での体

図 3-7　JTB グローバル DMC ネットワーク

出所：https://www.jtbcorp.jp/jp/colors/detail/0027/（閲覧日：2021.2.12）

験型旅行）サービスに注目が集まっている。

　JTB-GMTは、「タビナカ需要」の拡大に向けて、FIT solution事業本部を新設した。同事業本部では、JTBグループと全国の事業パートナーとのネットワークを活用し、OTAとのパートナーシップをさらに深化させ、「ツアー＆アクティビティ」商品の販売を強化するとしている。とくに、ツアー＆アクティビティのマーケティング、コンテンツ開発、商品造成・販売、オペレーションを一元的に実施、マーケット毎に最適なコンテンツや流通チャンネルを選択し、訪日外国人旅行者に対しタイムリーでスピーディーなソリューション提供を目指す。また、JTBグループの事業パートナーとのネットワークや大手OTAとの宿泊提携販売実績を活かし、全国の宿泊施設との協業により、宿泊とツアー＆アクティビティのセット商品を開発するほか、旅行業の枠組みを超え、訪日旅行者のFITニーズに対する新サービス開発にも力を入れる」としている。まさに、グローカルなビジネス展開の一例である。

2.　株式会社エイチ・アイ・エス（以下HIS）のグローバル戦略の実際

　HISは、旅行事業を中核にテーマパーク、ホテル、金融、地域事業、エネルギーなどの事業セグメントで斬新なアイデアを展開して成長を遂げてきた。競争環境が激化する旅行関連事業に対して、経営資源を集中しグローバル市場での優位性の確立を目指している。旅行事業では、「日本発海外旅行事業」、「日本国内旅行事業」、「訪日外国人旅行事業」、「グローバル発アウトバウンド（国外）旅行事業」、「グローバル着インバウンド旅行事業」などを展開、国内259拠点、グローバル拠点、70カ国、300都市、523拠点に張り巡らせたネットワーク網でサービスを提供している[24]。

　同社の事業戦略の特徴は、成長過程にある東アジアや東南アジア地域などに対しては、自社による店舗出店など積極的な展開を図り、一方、成熟市場である欧米地域では、自社で一から乗り出すよりも効率的かつ効果的な手法であるM&A方式による水平統合化で事業を拡大している。

　他方、航空機、クルーズ、テーマパーク、ホテル、バス事業など旅行関連

素材（事業）を保有・運営し、移動、宿泊、観光サービスの垂直統合化による事業展開も図っている。

　旅行素材を提供するサプライヤと旅行者の間を仲介してきた旅行業者が、自ら旅行関連素材（事業）を所有し、現地のランドオペレーターも傘下に収め、川上への垂直統合化を進めるとともに、店舗やオンラインなど、複数の流通チャネルを自社で展開し、川下への垂直統合化も進めている。

　同社の事業戦略の特徴は、川上、川下双方の垂直統合化によって、良質な旅行素材の安定的な確保、独自コンテンツの開発、価格交渉力の向上、情報の共有・活用のメリットが、国内外（グローバル）で生まれるという考え方である。

　HISは、これからのグローバル事業拡大について、「今後、海外出店を加速する同グループのホテル事業や、アクティビティ事業、レンタカー、ガイドなども、自社開発やM&Aでの取得、現地仕入れ強化で拡充し、HISのオリジナルコンテンツ商品（サービス）として充実を図る。その上で、現在開発中のオンラインプラットフォーム『グローバルインバウンドプラットフォーム』にそれらオリジナルコンテンツを掲載し、旅行者への直販（BtoC）はも

今後の取り組み　海外における旅行事業

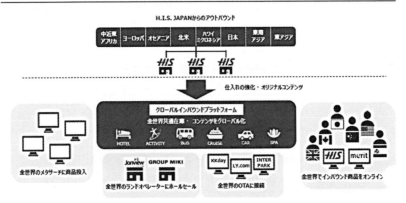

図3-8　HISグローバルインバウンドプラットフォームの概念
出所：HIS「2018年10月期決算説明会資料より」引用

ちろん、HIS（国内販売を含む）、国内外の同社グループ会社やその他グループ以外の企業とも連携を広げ、エクスペディア[25]などグローバルOTAにも接続できる流通網（BtoB）を構築する」としている。なお、『グローバルインバウンドプラットフォーム』は、2021年に本格稼働の予定で、既に2018年9月、インドに開発拠点を設置している[26]。

　同社は、グローバル事業において、今後特に拡充・強化したいとしているのは、タビナカ（旅行中を意味する）における体験型コンテンツ事業である。現在、訪日旅行事業においてこの役割の一部を担っているのがHISグループの㈱アクティビティジャパンである。

　同社は、日本全国約3,000以上の事業者との提携、約14,000プランの商品ラインナップにより、旅行者に「タビナカ」における新たな体験価値を提供している日本最大級のインターネットプラットフォーム事業者である。特に、訪日外国人の個人旅行化（FIT）による体験型プランの需要急増に対応すべく、サイトの多言語化と世界70カ国のHIS営業拠点、Webサイトが連携し、訪日外国人向け商品の造成・販売を強化している。同時に各地域のプロモーション事業（調査・マーケティング、Web構築、PR、イベント、地元事業者向けセミナーの実施など）を通じて、「その地域に見合った体験プランとは何か」「その地域ならではの誘客する仕掛けと仕組みづくり」など、観光による地域活性化のための取り組みも行っている。

　このように、HISもJTB同様、今後グローバル事業を中心に据えた経営戦略を描きながら、同時に日本などでの地域におけるローカル戦略を深化させようとしている。とりわけ、ローカルな地域との連携による独自性のあるタビナカコンテンツをグローバルに発信するプラットフォームの構築の必要性である。グローバルな視点で旅行市場の動向を探りつつ、ローカルと緊密に連携を取りながら対応してゆく「グローカル」な事業展開である。

5. 今後、国内旅行事業者に求められるグローカルな役割や機能、そして、コロナ禍後、観光に求められる新たな発想

　日本における持続可能な観光発展に向けて最大の課題と考えられているのは、特定地域への旅行者の集中であり、旅行需要の地域分散化が求められている。現在、日本のインバウンド市場は、訪日経験の少ない人々を対象とした大衆（大量）観光需要と、すでに日本への旅行を経験した訪日リピータ需要が混在した形で成り立っている。旅行需要の地域分散化は、主に今後益々増加が予想される訪日リピータ層に向けてのアプローチに有効である。この取組みには、訪日旅行に本物感（真正性）を求める彼らリピータ層の嗜好を十分に理解し、日本各地にごく普通に存在する様々な地域（地域に存在する素材を含めて）に対して、その魅力を引き出し、磨き上げ、彼らにとっての異日常的な日本的価値や空間を創造し国内外に正確にかつ効果的に情報を発信してゆくことが求められる。そしてこの役割を担うべく期待されているのが国内旅行事業者であろう（谷口他、2020、35-36頁）。すなわち、これまで日本人対象に培ってきた旅行商品づくりやシステムをベースに、地域の様々な事業関連組織や住民と連携して新たな旅行素材を発掘し、企画造成能力やマーチャンダイジング[27]の手法を生かし、本物感（真正性）のある商品を創造し、そしてグローバルな市場に向けて受発信できる流通チャネルを構築することである（立教、2019、188-189頁）。このように、国内旅行事業者には、グローバルな視点で旅行市場の動向を探りつつ、ローカルと緊密に連携を取りながら対応する「グローカル」な役割や機能が求められているのである。

　さて、原稿執筆中の2020年3月、コロナ禍の世界的蔓延である。この騒動により国外はおろか、国内の県境を越える往来さえ、制限が加えられる状況に陥った。そして、コロナ禍を機に、あらためて想起させられたのは、旅のような人の往来においては、安心・安全が最も基本的な条件であるということ。そして、観光先進国を目指す私たちが、地域の安心・安全に関わる「感染症を地域に持ち込ませたくない」等といった諸課題に対して、いかに応え

ることができるのか。そのためには、これまでの数や量に偏りすぎた観光（Tourism）に対する発想を、観光（Tourism）を観光客と事業者、地域との関係性を包含した概念として捉え、観光客は単なる「客」ではなく、観光（Tourism）を構成する主体の一つであり、彼らの行動によって、観光（Tourism）は、良くもなるし悪くもなるという発想に転換する必要があるのではないか[28]。すなわち、観光客の意識や行動にも一定の責任を持ってもらうことで、より良い観光地を作っていこうという発想「レスポンシブル・ツーリズム」の導入である[29]。特に観光に地域の異日常性を求めるリピータ層をターゲットにするのであればなおさらであろう。

　このような発想の転換によって、コロナ禍前、既に顕在化していたオーバーツーリズムや旅行サービスの品質劣化、観光産業の低い生産性、地域振興との乖離といった「観光が地域の生活環境を悪化させるであろう」現象、そしてコロナ禍中・後の「感染症を地域に持ち込ませたくない」といった地域の安心・安全に関わる問題が、改善の方向に向かう可能性がある。そして、コロナ禍後を見据え、日本の持続的な観光発展に向けて、国、地域、旅行業に代表される観光関連事業者、地域住民、旅行者といった観光に関わるすべての利害関係者には、これまでの数や量に偏りすぎた観光に対する発想を転換し、それぞれが責任を担うという「レスポンシブル・ツーリズム」の発想を取り入れた政策や事業、活動、行動が求められる。そして、新たな発想のもと、発地・着地間やグローカルにビジネス展開する国内旅行事業者には、観光に関わる利害関係者間の調整機能が期待されるのである。

（小林弘二）

注

1)　JTB総合研究所HP　https://www.tourism.jp/tourism-database/glossary/balance-of-international-tourism/（閲覧日：2020.9.30）
　　暦年で見た場合は、2015年が53年振りに1兆1,217億円の黒字に転じた。
2)　国土交通省、観光庁令和元年度主要旅行業者の旅行取扱状況年度総計（H.31.4月分〜R.2.3月分）によると総取扱額：4,291,301,561千円、訪日外国人の取扱額：199,619,981千円（約4％）、日本人海外旅行の取扱額：1,510,888,911千円、日本人国内旅行の取扱額：2,580,792,669千円である。
3)　観光庁「主要旅行業者の旅行取扱状況年度統計」各年次より推計。なお、2019年度

は第4四半期を除くと19％増である。第4四半期はコロナ禍の影響を反映している。

4)　喜賓会と新組織ジャパン・ツーリスト・ビューローは直接的には協力体制をとらず、ビューロー設立2年後の1914（大正3）年に喜賓会は解散した。

5)　第2次大戦後、米国は自由主義陣営のリーダーとしてマーシャルプラン（欧州経済復興計画）を打ち出しており、ドル不足に悩む諸国を救済する対策の一環として、自国民の海外旅行を積極的に奨励していた。この時期に多数の米国人が日本を訪れたのは、この計画によるところが大である。1963年ケネディーによる国際収支教書で観光収支の改善を柱としたドル防衛策がでるまで、この基調は継続していた。

6)　1971年12月、ワシントンスミソニアン博物館で先進10カ国蔵相会議が開催され、ドルの切り下げと為替変動幅の拡大（上下各1％→上下各2.25％）が取り決められた。金とドルとの交換率は、1オンス＝35US$から38US$へ引き上げられた（71年ドルの切り下げと為替変動幅の拡大、円は1US$＝￥360から￥308へ16.9％切り上げその後、72年2月、主要先進国は変動相場制へ移行した）。

7)　1970年12月に公布された海洋汚染防止法によって、大型観光船による東洋周遊や世界一周コースから横浜や神戸への日本寄港が除外された。

8)　米国ボーイング社の開発した広胴機ボーイング747型機、第3世代ジェット旅客機と呼ばれ、経済性、安全性に優れ、座席数もこれまでのジェット機の2倍以上あり、一気に大量高速輸送が実現した。他社では、DC10（ダグラス社）、L1011トライスター（ロッキード社）、A300エアバス（エアバス社）等がある。

9)　海外旅行支出は貿易における輸入と同じ効果を発揮する。国際旅行収支を大幅に赤字化することによって、貿易収支での黒字の減少に貢献するという考え方である。

10)　国債、借入金、政府短期証券を合わせた債務残高の総額である「国の借金」は2000年12月時点ですでに500兆円を超えていた。

11)　これまで論じてきたように、明治維新後の開国期や1945年敗戦後の混乱期である。

12)　観光庁消費動向調査（2020年1月17日プレスリリース）によると前年比6.5％増、訪日外国人旅行消費額（速報）は4.8兆円、7年連続過去最高を更新した。また、政府観光局によると、2019年の訪日外国人客数は、前年比2.2％増の3188万2100人であった。

13)　平成28年3月30日、内閣総理大臣安倍晋三が議長となった「明日の日本を支える観光ビジョン構想会議」にて策定された。その中で、訪日外国人旅行者数2020年4,000万人、2030年6,000万人等の新たな目標を設定。また、新たな観光ビジョンを踏まえ、行動計画として毎年、観光立国推進閣僚会議（主宰：内閣総理大臣）において「観光ビジョン実現プログラム」を決定するとしている。

14)　Meeting, Incentive Travel, Convention, Exhibition/Event の総称

15)　本制度は、事業者（ツアーオペレーター）の品質を保証することにより、訪日旅行の品質向上と、訪日旅行者が安全、安心で良質な旅行を楽しんで頂くことを目的として作られ国からも推奨された品質認証制度である。

16)　ツアーオペレーター業界の自主規制を通じて、旅行手配、旅程管理等の業務はもとより、事業者自身の「企業の法令遵守」、「品質管理・サービス水準」、「ＣＳＲ」の3つの側面から評価し、所定の基準を満たした優れた事業者を認証しようとするものである。認証される事業者が増加することにより、業界全体の一層の品質向上を通じて、訪日旅行者の増加とともにリピータ化につながることを期待している。

17)　観光物件、自然、食、芸術・芸能、風習、風俗など当該地域にある観光資源に精通し、地域と協同して観光地域作りを行う法人（企業）のこと（JTB総合研究所　観光用語集による）。

18)　UNWTO（2011）"Tourism Towards 2030", International Tourist Arrivals.
　　グローカル（Glocal）とは、マーケティング用語で、グローバル（Global：地球規模の、世界規模の）とローカル（Local：地方の、地域的な）を掛け合わせた造語で、「地球規模の視野で考え、地域視点で行動する（Think globally, act locally）」という考え方。グローバル化とローカル化を同時並行的に進めて、現地化しなければならないという日本企業の海外戦略の理念・ポリシーとして1980年代に発祥し、現在では世界的に環境問題、地域開発、政治、経済といったあらゆる分野で用いられている（J-Marketing. Net=JMR生活総合研究所サイト https://www.jmrlsi.co.jp/knowledge/yougo/my08/my0845.html（閲覧日：2021.2.17））。

19)　①米州＝北米／ハワイ／南米、②欧州、③アジア・パシフィック、④中国、⑤ミクロネシア、⑥韓国の6地域と日本である。

20)　2019年7月19日、㈱JTBグローバル事業本部への聞き取り調査による。

21)　㈱JTB グローバルマーケティング＆トラベルＨＰによる。
　　https://www.jtbgmt.com/jp/whoweare/whygmt/

22)　グローバルDMC＝それぞれの国や地域について、地域密着型企業として、豊富な資源や技術、ノウハウや専門性を所有し、価値ある旅行商品やイベント、輸送計画などを総合的にプロデュースすることで多様なサービスを提供する企業と位置付けている。

23)　2020年1月7日のJTBプレスリリースによる。

24)　数字で見るHIS（https://www.his.co.jp/company/number/）（閲覧日：2020.9.24）

25)　世界最大のグローバルOTAを運営する米国企業である。

26)　https://www.travelvoice.jp/　観光産業ニューストラベルボイス2019.6.9「HISのグローバル事業拡大のロードマップを聞いてきた、世界各地でタビナカ開発やBtoB販売の最大化など」

27)　消費者の欲求・要求に適う商品を、適切な数量、適切な価格、適切なタイミング等で提供するための企業活動のこと。

28)　『レスポンシブル・ツーリズム等の発想の転換で、地域が観光客を選ぶ時代を考察してみた』https://www.travelvoice.jp/20200430-145992（トラベルボイス 2020.4.30）レスポンス・ツーリズム的発想とは、端的に言えば、「誰でも来てくれる人はウェルカムです」という発想を切り替え、地域側で「来てほしい」人を明確にイメージし、そちらに誘導して行くことが重要になるという概念である。

29)　同上、HP（『レスポンシブル・ツーリズム等の発想の転換で、地域が観光客を選ぶ時代を考察してみた』）。

第4章

国内旅行ビジネスの変遷

1. 旅行ビジネスの発祥期【1912年以前】

1. 近代日本の幕開け

　江戸時代末期、米国ペリー艦隊の来航（1853年）後に日米和親条約を締結（1854年）、大政奉還（1867年）による政権返上、そして『明治』に改元（1868年）、近代日本は幕開けを迎えることになる。当時の海外渡航は、留学・公用・移民が主な目的であった。

　江戸幕府は海外渡航を解禁（1866年）にするが、欧米への使節派遣はそれ以前から行われていた。産業進展を紹介する博覧会の出展では、ロンドン万博（1862年）に伝統工芸品を初展示、パリ万博（1867年）にて正式参加、遣欧特使として徳川昭武他（約30名）が赴いている。また、オランダ・ロシア・イギリス・フランスなどへ留学生が送られていた。その後、明治政府は、欧米諸国との友好関係を深めることを主目的に、岩倉具視を特命全権大使とする使節団（約50名、1871年）を派遣、米欧を視察させている（旅の文化、2011、119・121・133頁）。

　日本人移民の始まりは1868年、アメリカ人商人の斡旋により、まずグアム（約40名）に、次いでハワイ（150名）のサトウキビ農場へ出発している。また、1908年には、ブラジル（791名）への移民が始まった。政府のこうした関与は、国内の失業問題や外貨獲得の意図が背景にあった（旅の文化、2011、169・237頁）。

2. 海運事業・鉄道事業の発祥

　幕末から明治初期にかけて、日本と海外の定期航路は、欧米の汽船会社によって先鞭がつけられた。イギリスのP＆O社（1864年）、フランス郵船会社（1865年）が上海〜横浜間を開設、また、アメリカの太平洋郵船会社はサンフランシスコ〜横浜〜香港間（1867年）、横浜〜神戸〜長崎〜上海間（1870年）に定期航路を開設している。その後、日本郵船会社が誕生（1885年）する（旅の文化、2011、149頁）。

　日本初の鉄道が品川−横浜間で仮営業を開始（1872年5月）、同年9月に開通した。続いて、大阪−神戸間が開業（1874年）、その後に京都まで延長（1877年）された。以後の鉄道建設は政府の財政難のため困難を極め時間を要したが、新橋−神戸間の東海道線は全通（1889年7月）した。一方、華族資本を中心に設立された日本鉄道会社をはじめ、私鉄が鉄道建設に積極的に乗り出したことにより、各地の鉄道網が急速に発達した。その後、鉄道国有法が成立（1906年）、私鉄17社を買収し幹線の国有化が完了する（旅の文化、2011、191頁）。

　日清・日露両戦争を機に、鉄道網はアジアへ拡大されていった。朝鮮半島では京釜鉄道・京義鉄道が開業（1905年）、中国東北部の鉄道網は南満洲鉄道株式会社（1907年設立）の経営下に置かれた。台湾では清朝時代の路線を引き継いだ縦貫線が完成（1908年）、さらに、日本からアジア大陸・シベリア鉄道を経由してヨーロッパへの鉄道輸送が可能（1911年）となった（旅の文化、2011、225頁）。

3. 旅行事業の発祥

1）日本旅行ー団体旅行を初めて企画催行ー

　滋賀県草津の南新助は、高野山参詣と伊勢神宮参拝、それぞれ100名前後の団体旅行を初めて実施（1905年11月）、鉄道を使った社寺参詣団体旅行の斡旋を開始した。草津駅構内営業・列車食堂経営業の傍ら、高野山参詣団並びに伊勢神宮参拝団のお世話をしたのが事業の開始とされている。その後、国有鉄道の貸切臨時列車を使った団体旅行を初めて企画（1908年7月）、草津駅

を出発、江の島・東京・日光・善光寺を7日間で巡る旅行を募集（応募者約900名）、2班にわけて実施している（日本旅行、2006、30-34頁）。

2）ＪＴＢ－外客誘致斡旋機関から誕生－

　明治時代は「欧米に追いつけ追い越せ」をスローガンに、官民挙げて日本中が富国強兵を目指していた。国家の礎石を進めながら、産業の育成と軍事力の強化に取り組み、日清戦争（1894年）、日露戦争（1904年）に勝利するがロシア帝国からの賠償金はなく、1907年秋から始まった世界的な恐慌にも巻き込まれ、日本の輸出産業は大きな打撃を受け、厳しい財政疲弊の状況にあった。鉄道院営業課長木下淑夫は、国際親善と国際収支改善の立場から、外客誘致斡旋機関の設立が急務であることを政府要人に進言、さらに、鉄道・汽船・ホテル・商社など関係機関に協力を要請、外国人客接遇の役割を

表4-1　旅行ビジネスの発祥期（1912年以前）

年	明治	国内・海外旅行関連【1912年以前】
1868年	元	明治に改元
1871年	4	岩倉具視米欧使節団出発
1872年	5	新橋－横浜間鉄道開通
1873年	6	金谷・カッテージイン開業（1893年に金谷ホテル開業）
1875年	8	修学旅行始まる。永清館（現栃木県矢板市立泉小学校）生徒45人寺山観音に詣でる。
1877年	10	第1回内国勧業博覧会（イベントの始まり、45万人参観）
1878年	11	富士屋ホテル（箱根）開業、英国人旅行家イザベラ・バード来日『日本奥地紀行』のちに刊行
1883年	16	鹿鳴館落成
1889年	22	大日本帝国憲法発布
1890年	23	帝国ホテル開業
1893年	26	貴賓会設立（1912年ジャパンツー・ツーリスト・ビューローへ）
1894年	27	日清戦争始まる 万平ホテル（軽井沢）開業、志賀重昂『日本風景論』刊行
1904年	37	日露戦争始まる
1905年	38	日本旅行会創立（日本旅行の前身）
1906年	39	鉄道国有法公布
1908年	41	第1回ブラジル移民（笠戸丸）

出所：『JTBグループ史 1912-2012』574-575頁を加筆修正

担ってきた貴賓会（1893年設立）の一部を受け継ぎ、ジャパン・ツーリスト・ビューローは誕生（現・JTB、1912年3月）する（JTB、2012、2頁）。

2. 国内旅行ビジネスの萌芽期・
海外旅行ビジネスの萌芽期Ⅰ【1912～1945年】

1. 社会情勢・経済状況と旅行ビジネス【1912～1945年】

　第一次世界大戦（1914年）が始まり、戦火を免れた日本は、主戦場となったヨーロッパ諸国への輸出を増大させ、空前の好景気を迎えた。嘱託案内所ではあったが、欧米主要都市に案内所網を張り巡らし、中国にも支部を設置、内外の博覧会場や避暑地などに臨時案内所を適宜開設している（JTB、2012、2頁）。

　日本旅行会は鉄道省・朝鮮総督府鉄道局・南満洲鉄道の後援により、第1回鮮満視察団を募集（1927年）、同年5月に臨時貸切列車で270名が出発、国内から朝鮮・中国東北部への旅行が実施されるようになった。また、修学旅行も鮮満旅行が隆盛となり、山梨県師範学校（1929年実施、18日間）のほか、滋賀・京都の師範学校も同様の修学旅行を実施した記録が残されている（旅の文化、2011、271頁）。

　満洲事変（1931年）が勃発、翌年3月に満洲国が建国されると、世界恐慌による農村の不況が深刻化、満洲への移民が大規模に行われるようになった。1945年の終戦までに送り出された農業移民は、一般開拓団（242,300名）、満蒙開拓青少年義勇軍（22,800名）、その他（4,900名）、計27万名（旅の文化、2011、267頁）が外地へ赴いた。

　戦前の旅行あっ旋業者は、関西に100社、関東には50～60社ほどの小規模な業者が存在したとされている。これらの多くは政府勧告（1941年）により解散・廃業したが、戦後に復活している（旅の文化、2011、323頁）。

2. 代売事業を中心に事業拡大

　外国人用乗車券の発売（1915年）は、乗車船券類代売事業の端緒となる。そ

の後、内外の船会社や海外旅行社との代売[1] が相次ぐことになり、旅行小切手の発行（1920年）など、事業範囲を拡大させた。クーポン式遊覧券（1925年）および一般邦人用乗車券の販売は、邦人の旅行熱の高まりを助長させ、斡旋の対象を外国人に限らず、一般邦人にも拡大することになった（JTB、2012、3頁）。

　ニューヨーク証券取引所の株価が大暴落（1929年10月）したことに端を発する世界恐慌を迎えていたが、外国航路を持つ日本の船会社だけでなく、日本へ航路を持つ外国の汽船との乗船券代売契約、トーマス・クック社との相互代理店契約を結んだほか、ニューヨーク（1928年）、ロサンゼルス（1932年）に出張所を開設するなど、事業拡大のための整備が進められた。また、1930年からは日本郵船の北米航路に職員を乗船勤務させ、船内で日本の案内や鉄道乗車券、ホテルクーポン券の発売を行い、訪日客に便宜を図っている（JTB、2012、3-4頁）。

　代売事業を中心に取扱い事業の拡大が推し進められ、旅行ビジネスの基盤が広く形成されていくことになる。

3.　邦人旅客向け斡旋業務の拡大

　1932年、鉄道乗車券代売手数料の交付、駅派出鉄道案内所業務の全面引受け、乗車券の無料配達、邦人部の新設など、邦人旅客向けの斡旋業務が一気に拡大する（JTB、2012、4頁）。団体業務を鉄道省から一手に受託（1935年）、それに伴い国内6支部と地方事務所を設置、定期券・回数券・団体券の発売（1938年）など、取扱い事業は拡大の一途をたどる。

　日中戦争（1937年）が始まり、日本は泥沼の戦時体制へ突き進み、訪日外国人数は激減した。その一方で、国の要請による特殊な集団輸送が増加、同時に中国大陸や南方諸国との親善、文化交流のための新たな任務を行った（JTB、2012、4頁）。東南アジア地域に旅行の気運を育成し、旅行を通じて親善を深め、文化の交流に貢献する旨の壮大な抱負を掲げ、南方や大陸へ積極的に事業を拡大した。南方には、新たな数十カ所の事務所を設けるとともに、国内・南方・大陸各地のホテル経営も手がけた（JTB、2012、5頁）。

表4-2 ＜国内＞「年表」（1912～1945）萌芽期

年	月日	国内旅行関連【1912～1945年】
1912年	3.12	ジャパン・ツーリスト・ビューロー創立
1925年	10.10	「クーポン式遊覧券」販売開始（鉄道と連結の自動車、旅館等の連絡回遊券）
	12.16	観劇券販売開始（プレイガイド社および歌舞伎座と契約）
1929年	4. 1	九州方面遊覧券発売
1932年	5. 1	船車券取扱手続施行（単独船車券）
	6. 1	鉄道省乗車券の販売と配達開始（東京、大阪）、普通配達無料、特別配達20銭
	11. 1	旅館券タリフ制定
1934年	4. 1	クーポン式船車券タリフ制定
1935年	7. 1	鉄道関係団体取締規則制定（従来鉄道省で主催の普通団体を引き受け取扱い開始）
	7.15	船車券タリフ制定
1936年	4.10	社寺券取扱い開始
1938年	3.10	東京万国博覧会入場券前売開始（抽選券付き回数券）
	12.20	国内主要案内所で省線定期券、回数券、団体乗車券発売
1939年	5. 1	主催団体取扱規則制定
	11. 1	大阪鉄道および南和電鉄乗車券代売開始
	11. -	邦人斡旋取扱手続、団体取扱手数料割戻規程制定
1940年	1.1	京阪電鉄、京都電燈、鞍馬電気、比叡山鉄道、江若鉄道、太湖汽船、愛宕山鉄道、嵐山汽船、京阪自動車、男山鉄道、宇治川汽船委託乗車券代売開始
	6.20	鉄道省委託乗車券類取扱手続制定
1941年	6. 1	鉄道省団体取扱い事務受託
1942年	11. 1	名古屋鉄道ほか15社委託乗車券販売開始
1943年	2. 1	学生定期乗車券一括販売事務取扱い開始
1944年	1. 1	旅館規程制定
1945年	11.28	東京鉄道局管内13駅（東京、新橋、品川、渋谷、新宿、池袋、横浜、中野、立川、上野、大宮、両国、千葉）に旅行相談所開設、社が事務を担当

出所：『JTBグループ史 1912-2012』574-589頁を加筆修正

表4-3　＜外地＞「年表」（1912～1945）海外萌芽期Ⅰ

年	月日	外地旅行関連【1912～1945年】
1912年	3.12	ジャパン・ツーリスト・ビューロー創立
1915年	2. -	鉄道院の「日満・日支各連絡乗車船券」および「日鮮満巡游券」を引換証で発行（東京案内所扱い）
1917年	6. 1	上海、天津、基隆、大連、青島各港行き連絡乗車船券販売開始
	12. -	日支連絡往復乗車船券、日支連絡団体乗車船券および鉄道院、郵船、商船連絡乗車船券販売開始
1918年	11.25	邦人に対する「日満連絡券」「日支連絡券」「日支周遊券」「日鮮満巡游券」販売開始
1919年	4. 1	邦人・外国人に対し日清汽船切符、満鉄乗車券、支邦国有鉄道乗車券、寝台券および急行券販売開始
1920年	11. 1	日本郵船委託乗船券および郵船、鉄道省連絡券販売開始
1925年	4. 1	朝鮮鉄道との代売契約締結
1927年	8. 1	シベリア経由欧亜連絡乗車券販売開始
1928年	9.13	満鉄専用乗車券引換証発行
1930年	6.15	台湾鉄道乗車券代売開始
	9.15	日本郵船切符代売契約締結
	11.25	ボーイング・システム航空券代売開始
	12. -	中国航空公司航空券代売開始
	12.13	鉄道省朝鮮鉄道線連帯券代売開始
1931年	1. 1	日本航空輸送航空券、遊覧飛行券代売開始
	6. 1	台湾遊覧券発売
	9.20	東亜遊覧券発売
1933年	3. 1	朝鮮総督府鉄道局委託乗車券取扱い開始
1936年	4. 1	朝鮮半島、旧満州団体用旅館券取扱い開始
	12. 1	トランス・コンチネンタル航空券引換証取扱い開始
1937年	1. 1	インツーリスト社委託乗車券取扱い開始
1938年	12.15	『満州旅行年鑑』発行
1940年	9. 1	朝鮮郵船委託乗船券代売開始
1941年	3. 1	中華航空委託航空券代売開始
	7. 1	台湾鉄道団体斡旋開始
1942年	2. -	諸官庁および公共団体の団体旅客取扱い開始（拓務省、移民協会等の開拓移民）
1944年	6. 1	東京駅および大阪市内発ならびに駅内案内所所在の地区発、朝鮮半島・旧満州行き連絡券の一手販売開始
1945年	2. 1	川崎汽船委託乗船切符代売開始（下関－麗水間）

＊現日本領土外への渡航を海外旅行（外地）ととらえ、国内旅行とは区別しここでは表記している。
出所：『JTBグループ史 1912-2012』574-589頁を加筆修正

3. 国内旅行ビジネスの成長期Ⅰ【1946～1960年】

1. 社会情勢・経済状況と旅行ビジネス【1946～1960年】

　第二次世界大戦の終結とともに、海外在留邦人の引揚げ、ならびに朝鮮・台湾に帰還する人への援護が問題となっていた。政府はそのための施策（1945年9月）として、舞鶴・呉・下関・鹿児島・佐世保・博多・浦賀・横浜・仙崎・門司の10港を引揚げ港に指定、各地からの引き揚げ船が次々に入港した。東南アジアや台湾、朝鮮南部などからの引揚げは、終戦直後から比較的順調に進んだが、中国東北部や朝鮮半島の北部などでは引き揚げに様々な苦難が伴った。集団での引き揚げが完了したのは1958年、その間、引き揚げ者の総数は約630万名、内260万名が旧満州・中国からであった（旅の文化、2011、317頁）。

　終戦後、国家再建へむけた、占領期に実施された財政金融引き締め政策「ドッジライン」（1949年2月）はインフレを収めたものの、国内需要や輸出を停滞させることになった。朝鮮戦争が勃発（1950年6月）、日本経済は巨額の特需収入と世界の軍拡気運による輸出の増大により、実質国民総生産がようやく戦前の水準に回復した（1952年）。戦後10年を経て国内経済は不安定期をようやく脱し、高度経済成長期への道を歩み始める（立教、2019、26-27頁）。

　旅行業に関する最初の法律「旅行あっ旋業法」（1952年7月18日公布、10月15日施行）の第1条では「この法律は、旅行あっ旋業の健全な発達を図り、日本人及び外国人の旅客の接遇の向上に資することを目的とする」とされている。「旅行あっ旋」という行為の定義、その業者の数を把握することから始まり、悪質な業者の排除がテーマとなった。まだ、産業あるいは業界として確立されていないと見られており、極めて取り締まり的色彩の濃い法律であった（立教、2019、37-38頁）。

　1955年以降、国際的な緊張緩和を背景に、世界経済は戦後最大の繁栄を記録した。国内経済も物価高騰を伴わずに大きく成長、個人消費の伸びも目覚ましかった。皇太子が成婚（1959年4月）、そのパレードの中継を見るために

NHKテレビ受信契約数は200万件を突破、白黒テレビ・洗濯機・冷蔵庫が「三種の神器」ともてはやされ、全国の家庭に普及していった（JTB、2012、76頁）。「ミッチーブーム」、すなわち皇太子の婚約・結婚にともなう社会現象が出現、新婚旅行は結婚に付随する行事として既に定番化していたが、この頃から女性の希望を優先した観光主体のコースが好まれるようになる。国鉄は新婚旅行用「ことぶき周遊乗車券」を発売、旅行あっ旋業者がこれに観光コースや旅館を組み合わせて利用者に紹介している（旅の文化、2011、369頁）。

　旅行素材の代理事業を支柱にしながらも、価値要素を組み込むなど、徐々に、新たな着想に努めるようになり、旅行会社は次なる段階へ昇華していくことになる。

2. 苦難の再出発

　戦後、日本交通公社が取扱った最初の仕事は、厚木飛行場に降り立ったダグラス・マッカーサー元帥をはじめとする進駐軍の斡旋（1945年8月30日）、また、大陸や南方地域からの復員軍人や一般邦人の引揚げ斡旋を引き受けていた。1946年、早くも修学旅行が復活、第1回国民体育大会が開催されるなど、スポーツ・宗教団体の大会や大祭が相次いで行われた。国鉄との協力、主催者側との緊密な連携のもと、輸送の確保、集客、斡旋に東奔西走する時代が訪れた（JTB、2012、38頁）。

　代売契約の拡大、船車券や旅館券の復活、図書販売その他の付帯事業など、積極的な自己収入拡大への道を開いていたが、財政金融引き締め政策「ドッジライン」（1949年2月）により、財源の大部分を占めていた国鉄代売手数料と政府補助金が停止、財政は致命的な打撃を受けた。停止されていた国鉄代売手数料は、国鉄の支援のもとに「割引」の名称で逐次復活、事業収入もようやく安定化が見通せるようになった（JTB、2012、39頁）。

　日本経済の上昇とともに旅行あっ旋事業は好調のうちに推移、戦前の「遊覧券」が「周遊券」[2]として復活（1955年2月）、高まりつつあった旅行需要と相まって、「周遊券」はその利便性と経済性により、爆発的な人気を呼んだ。さらに、「周遊券」超過手数料制度（1958年）が販売増に拍車をかけた。また、

ビジネス旅行需要に対応するチケット販売にも力を注ぎ、電話受注体制の強化、乗車券割当センターの設置などが進められた（JTB、2012、77頁）。

3. 国内団体旅行の復活

戦後の混乱期を脱した1950年代には、団体旅行も復活の兆しを見せるようになる。旅行会社も次々と復活・発足し、個人では困難な列車や宿泊の手配

表4-4　＜国内＞「年表」（1946～1960）成長期 I

年	月日	国内旅行関連【1946～1960年】
1946年	10. 1	日本郵船乗船券代売再開（この頃から主要船舶会社乗船券の代売開始）
1947年	6. 1	旅館予約券取扱手続制定
1948年	5.26	船車券取扱手続制定（「船車券」復活）
	6.28	クーポン券取扱手続制定
	10. 1	旅館券取扱手続制定（「旅館券」復活）
1949年	5. 1	写真クーポン取扱手続制定
	6. 1	国鉄委託乗車手数料、政府補助金停止
	6.15	観光券取扱手続制定（戦前の社寺券の拡張）
	9. -	一部乗車券類に「割引」設定（実質手数料復活）
1950年	4. 1	国鉄定期券に割引設定
1951年	2. 1	国鉄割引制度制定、実質手数料全券種に復活
	9.29	日本航空と代理店契約締結
1953年	1.15	国鉄割引額改定（戦前の水準に復帰）
1954年	3. 1	ホテル券取扱手続制定
1955年	2. 1	周遊券販売開始
	7. 1	日本ヘリコプター輸送委託航空券取扱い開始
1956年	1. 1	土産品業者に対する観光券取扱いを実施
	6.13	日本交通公社協定旅館連盟（公旅連）結成
	7. 1	「北海道周遊券」販売開始（均一周遊券第1号）
1957年	5. 2	手配補償金支払規程制定
1958年	4. 1	全日空総代理店業務取扱手続制定
1959年	4. 1	パッケージ・ツアー・クーポン取扱手続制定
	6. 1	「ことぶき周遊券」「空路新婚割引周遊券」販売開始

出所：『JTBグループ史 1912-2012』588-599頁を加筆修正

などの斡旋業務を請け負った。戦後の一般団体旅行のはしりとなったのは、善光寺の開帳や本願寺の法要などに伴う団体参拝と靖国神社の参詣である。鉄道の輸送力もまだ十分でなかったことから、全国で募集を行い、臨時列車を編成して一列車単位で動いた。1953年頃になると農家を対象とした団体旅行が登場、農機具メーカーが農協を通じて招待旅行を実施している。また、電器メーカーが専売店の店主を招待する旅行も盛んに行われ、信用金庫の積立旅行もこの頃から始まっている。このように、戦後の国内団体旅行は地域社会を基盤に立ち上がり、社会の復興や経済成長と歩みを同じくしながら隆盛となっていくのである（旅の文化、2011、349頁）。

　高度経済成長に伴い、拡大する旅行市場を狙う業者間の競争は次第に激しくなっていた。現在の大手旅行会社の多くは1950年代前後に設立され、収益性の高い国内団体旅行や海外旅行業務を中心に、一斉に勢力を伸ばしつつあった（JTB、2012、77頁）。

4. 国内旅行ビジネスの成長期Ⅱ【1961～1970年】

1. 社会情勢・経済状況と旅行ビジネス【1961～1970年】

　この時代は好景気を反映、旅行市場は一段と活況を呈した。池田内閣は「所得倍増計画」（1960年）を打ち出し、その後、日本経済は驚異的な成長を遂げた。所得の増大に支えられ、生活に余裕が生じた国民の間にレジャー志向が高まり、旅行需要に大きな変化が生まれた（JTB、2012、94頁）。奈良ドリームランド（1961年7月）、富士五湖国際スケートセンター（現・富士急ハイランド、同年12月）、苗場国際スキー場が開業（同年12月）、本格的なレジャーブームが到来し、行楽地に人が押し寄せ、大衆旅行時代の幕開けを迎えることになる。

　経済成長に伴う旅行需要の急速な伸長に応える必要性から、国鉄の輸送力増強が強く望まれ、質的には「座って行ける旅行」への要求が高まり、指定席の拡大が急務となっていた。また、空輸では、日本航空がコンベア880を就航（1961年）、ジェット機時代が到来することになる。その後、「観光基本

94

法」[3]（1963年6月）が制定され、1964年は大衆旅行時代の幕開けにふさわしい多彩な出来事が相次いだ。国鉄が本格的な座席予約自動化システムの運用を開始（1964年2月）、海外旅行が自由化（同年4月）、全日空が東京オリンピック聖火を国産旅客機（ＹＳ11）により日本各地へ空輸（同年9月）、オリンピック開幕直前には東海道新幹線が開通（東京—新大阪間）した（同年10月）。また、首都圏を中心にホテル開業が相次いだ（旅の文化、2011、395頁）。さらには、九州横断道路の開通（1964年）、名神高速道路の全線開通（1965年）、東名高速道路の全線開通（1969年）など、バス・自動車利用の移動環境が飛躍的に改善された。のちに、大型フェリーによる海路が加わり、ここに陸・海・空すべての大量高速輸送時代が実現する（JTB、2012、118頁）。こうした、鉄道の輸送力増強、航空便・航空路線網の拡大、車移動の環境改善により、旅行計画を比較的容易に立てられるようになり、それに伴い、旅の形態は、それまで主流であった団体旅行から、家族や友人達との小規模な個人・グループ旅行へ変わっていくことになる。

　高度経済成長を背景に旅行需要は急速に拡大、また、輸送機関や宿泊施設などの整備も進み、業界の情勢は目まぐるしく変化した。国民総生産（GNP）が資本主義国家のなかで米国に次ぎ第2位（1968年）となり、驚異的な経済成長から「東洋の奇跡」と称された。

2. 国内団体旅行の新たな段階

　国民の旅行に関する世論調査（内閣総理大臣官房審議室、1964年実施）によると、過去1年間に1泊以上の観光旅行者の参加形態は、団体旅行が60％、友人・知人との旅行が43％、家族旅行が31％、その多くが団体旅行参加者であることが分かる。同年、日本観光協会による統計では、職場仲間が37.5％、同業仲間が18％、地域グループが16％、農協が6.1％とした団体旅行の参加内訳を公表している。当時の観光旅行は、職場旅行を中心とした団体旅行が主流を占めていたことが伺える。さらに、財団法人日本交通公社実施の調査（1968年）では、東京都23区内に本社をもつ企業の500事業所のうち94％以上が職場旅行を実施、特に従業員1,000名以上の大企業の工場では

100％の実施率であったと報告している。その多くが、週末を利用した1泊2日、伊豆・熱海・箱根などの近郊を行先としていた。サラリーマンが帰属するコミュニティの優先順位が、地縁社会から企業社会への移行を読み取ることができる。旅行機会そのものがさほど多くなかった時代に、社員（職場）旅行は団体旅行の市場を牽引し、観光旅行の大衆化に影響を与えたといえる（旅の文化、2011、375頁）。

　社員旅行以外では、「東北三大夏祭観光団」などの特別企画旅行、主催旅行[4]・共催旅行の動きが活発であった。当時、労働省の要請により全国的に実施された集団就職者輸送斡旋（1963年以降）は、高度経済成長下の産業動向を反映（JTB、2012、96頁）、特異な形態の団体旅行であったといえる。

　アジア初となる万国博覧会が大阪で開幕（1970年3月）、当初予想をはるかに上回る6422万人の入場者（団体・個人）を国内外から集客、東京オリンピックと同様、この万博開催は多様な旅のインフラを整える契機となったが、それらが国内（邦人）の旅行者向けであったことはこれまでと大きく異なっている。このように旅行市場が活況となるなか、店頭だけではなく、渉外を重視する方針が打ち出され、「店頭・渉外」を明確に区分した（JTB、2012、119頁）、営業形態の分化がみられるようになってきた。

3.　国内個人旅行の商品化

　「チケット・エージェントからトラベル・エージェント」の旗印のもと、旅行会社の主体的な動きが顕著となり、「セット旅行」[5]の誕生（1962年9月）は旅行商品化の先駆けとなった。折からの旅行ブームは、旅行形態の家族・グループ化、そして個性化・多様化をもたらし、「セット旅行」は国内個人旅行部門の主力商品となる。この商品の特長は、それまでの主催旅行・共催旅行が主に個人参加の団体旅行であるのに対し、あくまで個人旅行そのものを商品化したことにある。好きな時に出掛けられ、一人旅の気楽さを味わえ、そのうえ良質という優れた商品特性が好評の理由であった。品揃えの豊富さ、さらに輸送・宿泊・サービスなどがセットされ、価格が明示されているという安心感が人気を支えた（JTB、2012、111-112頁）。

表4-5　＜国内＞「年表」（1961～1970）成長期Ⅱ

年	月日	国内旅行関連【1961～1970年】
1961年	1. 1	旅館券委託発売取扱手続制定
	7. -	全社船乗券の機械清算開始
	8.20	グリーン・クーポン取扱い開始（国民宿舎、ユース・ホステル等を対象）
	10. 1	旅行積立「国内旅行サービス預金」第一銀行と提携
1962年	4. -	客室保有を初めて実施（中部支社）
	9. -	「セット旅行」誕生。秋の「北海道」「十和田」発売
1963年	2. 1	客室事前仕入全国的に拡大
	2. 1	「新婚セット旅行」、各支社で連日設定
	4. 1	「沖縄セット旅行」設定、観光団催行方式のほか、新婚・家族・グループの販売システムを全社一本化
	10.25	オリンピック・東京大会入場券販売総代理店として入場券の国内販売開始
1964年	2.23	国鉄座席予約自動装置マルス101使用開始
	7. 9	「アロハで飛ぼう！南九州」を全日空と共催
	12. -	大学受験生用客室の予約開始
1965年	1. 1	「レンタカー・セット旅行」販売開始、ホンダと提携、国鉄とセット
	1.20	「ジャルパック」発売、手配代理店11社と企画・販売
	7. 1	「北海道立体均一周遊券」販売開始
	10. 1	「みどりの窓口」を営業所に設置
1966年	4. 1	「新幹線ハイセット」「ファミリーセット」発売
1967年	2.20	「エック」（エコノミークーポン）発売、第1号は「蔵王・天元台スキーエック」「南房総エック」（東京地区）、「熱海エック」（関西地区）
	6. -	「南九州旧婚旅行」実施
1968年	1.26	神社、仏閣に対する社寺券契約締結
	3. 1	全日空との共催商品を「日本の休日」と名称統一
	10.31	万国博第1期前売入場券販売開始
1969年	9.15	敬老旅行、特選28コース発売、4年目の敬老旅行デラックス化
1970年	4. -	個人、グループ旅客から旅行斡旋料収受決定
	6.15	貸別荘（信州、伊豆、富士、房総）、予約開始
	10.15	「G-4味覚クーポン」発売

出所：『JTBグループ史 1912-2012』598-611頁を加筆修正

　その後、国鉄の特別割引乗車券制度を利用した「エック」が誕生（1967年2月）、また、全日空との共催による「日本の休日」が登場（1968年3月）するなど、運輸機関との提携による商品化が相次いだ。販売体制面では、国鉄駅構内に名古屋駅旅行センターの開設（旅の専門店第1号、1968年10月）を皮切りに、全国主要駅に順次開設されていくことになる。また、東京と大阪に旅館・ホテル電話予約センターを開設、全支社にテレフォンサービスセンターを設置（JTB、2012、137頁）するなど、旅行大衆化の流れに対応する施策が矢継ぎ早に展開された。

5.　国内旅行ビジネスの成長期Ⅲ【1971〜1984年】

1.　社会情勢・経済状況と旅行ビジネス【1971〜1984年】

　ニクソン・ショックにより固定為替相場制が崩壊（1970年8月）、円高が進行する契機となり、日本経済は再び混迷の時を迎えていた。田中角栄内閣が誕生（1972年）、日本列島改造ブームが起こり景気は急激に回復基調となり、日中の国交回復、上野動物園に2頭のパンダが登場して話題になったのもこの頃である。景気の勢いは持続していたが、第4次中東戦争の勃発（1973年10月）による石油価格の高騰は、第1次オイルショックを招き、トイレットペーパーや洗剤などの買占め騒動が発生、幅広い物品が値上げされた（JTB、2012、172頁）。沖縄施政権が返還（1972年5月15日）、沖縄国際海洋博覧会が開催された1975年以降、国内のパッケージ商品は旅行会社を中心に開発され、まさにパッケージツアーが花盛りとなった（旅の文化、2011、397頁）。

　日本経済の高度経済成長は終焉、緩やかな景気上昇の過程に入り、既に国際競争力を付けていた輸出産業を中心に世界的な不況を乗り切った。その後、第2次オイルショック（1979年）に見舞われ、翌年にはイラン・イラク戦争が勃発、度重なる原油価格の高騰により個人消費や民間住宅投資が低迷するなど、国内経済は再び調整局面を迎えていた。こうした厳しい社会情勢・経済状況にあったが、東京ディズニーランドの開業（1983年4月15日）は国内旅行商品造成の新たな好素材となった。また、総合保養地域整備法（1987年施行）

によるリゾート施設・テーマパークの相次ぐ開業は、国内旅行市場拡大の契機となった。ユニバーサル・スタジオ・ジャパンの開業（2001年3月31日）以降、「テーマパーク」関連の旅行商品は国内旅行商品体系の中心的な役割を担うようになる。

2. 国内個人旅行の企画商品化

　日本交通公社は、万博の斡旋により業容を拡大させていたが、「ポスト万博」対策に腐心していた。国鉄が開始（1970年10月）した「ディスカバー・ジャパン・キャンペーン」[6] は、東京・名古屋・大阪などの大都市圏の若い女性を中心に新しい旅の創造を呼びかけ、旅行需要の喚起[7] に貢献を果たした。協賛金の分担を含めて全面的に協力、「味覚クーポン」「七五三千歳旅行」など、キャンペーンに対応する商品開発が進められた。また、テレビ番組『遠くへ行きたい』も同キャンペーンの一環としてスタート、国鉄・鉄道弘済会・週刊誌『女性自身』とともにスポンサーを引き受けている（JTB、2012、182-183・206頁）。当時、企画型旅館券[8] として「味覚クーポン」（1970年）を発売、「旅情」「憩」など、各種宿泊プランを登場させた。また、北海道・九州・沖縄をはじめとする地域キャンペーン商品を造成するなど、企画商品の体系が次第に整うことになる（JTB、2012、215頁）。さらには、家族やグループ旅行の増加傾向に即応するため、店頭販売機能を強化、新たな企画商品の造成に努めた結果、国内個人旅行市場における企画商品が占める割合は年々高まることになった。国内企画商品ブランド、「エース」（日本交通公社、1971年）、「赤い風船」（日本旅行、1972年）、「メイト」（近畿日本ツーリスト、1972年）など、各社共に国内企画商品のブランド化を推し進め、社会へ広く浸透させていくことになる。

　「ポートピア'81」（神戸ポートアイランド博覧会、1981年度開催）、そして東京ディズニーランドの開業が続き、それらに伴う企画商品の造成・販売は活発化した。また、当時流行したスキー旅行商品では、航空会社系「北海道スキー商品」に対抗するために3社（日本交通公社・日本旅行・近畿日本ツーリスト）が共同して「パウダースキー北海道」を企画・販売（1981年9月）したほ

か、国鉄の冬季臨時列車「シュプール号」利用の商品、スキー専業旅行会社が主催する「バス利用型スキー商品」など、旺盛なスキー旅行需要の獲得へむけた激しい顧客獲得競争が業界内のみならず、業界を越えて繰り広げられた。同時期、国鉄が熟年夫婦向けの「フルムーン夫婦グリーンパス」を発売、爆発的な人気を呼んでいる。

　東北新幹線の開業（1982年6月）、そして上越新幹線の開業（1982年11月）が続き、東北・上越地域の観光地図は大きく塗り替えられ、企画商品の造成・販売を通じ、新たな観光ルートが創出されることになり、この地域への旅行需要は喚起されることになる。

3.　総合旅行産業への道

　1970年代、日本交通公社、日本旅行、近畿日本ツーリスト、東急観光は、業界大手4社といわれた。国鉄の代売複数化が進み、これまでの日本旅行に加えて近畿日本ツーリスト、東急観光の両社が国鉄普通乗車券の代売を開始（JTB、2012、215頁）するなど、同業他社の動きも活気に満ちていた。

　日本交通公社は、国内・海外旅行部門を中心に、外人旅行部門、出版部門、その他関連部門（旅行スタンプ事業、地域開発事業、ドライブイン事業、レンタカー事業）など、旅行業および関連する諸事業の開発を進めていた。その上で、旅行代理店事業、厚生関係受託業務、流通・商事部門など、販売ネットワークの補完と高齢者の職場形成を目的に、㈱交通公社トラベランド興業（トラベランド）を設立（1971年2月）している。さらには、開発事業、宅地販売事業、別荘販売事業、旅館・ホテルコンサルタント事業のほか、サイパンをはじめとする環太平洋構想と称する海外事業の開発を担う、交通公社総合開発㈱を設立（1972年3月）した。両社の誕生をきっかけに、多様な関連事業を発展させた。（JTB、2012、198-203頁）。「JTBグループの総合旅行産業への発展の基礎づくり」（第3次長期経営計画、1973年）を目標に掲げ、旅行に関連する機能・役割を網羅的にカバーし、大規模な企業・グループの構築を目指しはじめた（立教、2019、33-34頁）。

　将来にわたり経営基盤を安定強化するためには、輸送と宿泊の取次的営業

表4-6　＜国内＞「年表」（1971～1984）成長期Ⅲ

年	月日	国内旅行関連【1971～1984年】
1971年	3. 1	「ミニ周遊券」販売開始
1972年	3. 1	「エース・ハイヤー」京都で運行開始
	10. 2	初のルート周遊券「東北」販売開始
1974年	4.25	「スポーツクーポン」設定、「エースゴルフ」発売
	7.20	沖縄海洋博前売入場券販売開始
1975年	1. -	「Call&Mail」システム（旅の通信販売）を東京、名古屋、大阪で開始
	4. -	「ローカル旅程ガイド」（全国51地区掲載）発売
	10. -	受験生客室予約自動化開始
1976年	1. -	社線自動予約システム開始
	4.12	「パーソナルホテルプラン」発売
	7.12	「ハーモニーホテルプラン」、全国9都市対象に発売
1977年	3. -	全国141支店に「1枚のきっぷから」コーナー設置
	6. 1	旅館における子ども宿泊料金、接遇内容を統一
	9. 1	エース商品について1000万円保障保険を設定
1978年	3. 1	全国29カ所に当日宿泊予約コーナー設置
	3. 3	「旅情クーポン」（高額宿泊商品）発売
	3. -	「宿じまん・団体プラン」発売
1979年	8.20	「四季の宿　憩クーポン」発売、中高年齢層の家族・グループを対象
1980年	3.19	ポートピア'81前売り券販売開始
	5.16	㈱サンアンドサン設立
	11. 1	「琥珀クーポン」発売、夫婦旅行を対象
1981年	10. 1	「フルムーン夫妻グリーンパス」取扱い開始
1982年	4. 1	JTB契約保養所システムスタート
1983年	9.17	つくば科学万博・第一期前売り一般個人向け入場券販売開始
1984年	2. 3	トラベランド、国鉄券（周遊・特価・団体）取扱い開始

出所：『JTBグループ史 1912-2012』610-625頁を加筆修正

体質からの転換を図り、魅力ある旅行商品と関連サービスを総合的に提供し、収益力を高める道を切り開かねばならなかった。やがて到来する本格的な余暇時代を先取りし、内外の需要を多面的に吸収し得る「総合旅行産業」を目指すことが重要視された（JTB、2012、180頁）。同業他社とは異なる事業多角

化を推し進め、長年培ってきた社会的評価や組織力を背景に、資本・知識集約型企業への転換を目指し始めた。

6. 国内旅行ビジネスの成熟期Ⅰ【1985～1994年】

1. 社会情勢・経済状況と旅行ビジネス【1985～1994年】

わが国は、バブル経済の絶頂と崩壊を経験する（1988年～1992年）。週休2日制の定着や個人消費の伸びにより旅行需要は高まり、1990年度は株価の下落や原油価格の高騰などの不安定要素があったものの、旅行業界には引き続きバブル景気の余韻が残り、「大旅行時代」と称される、大いに隆盛を極めた時期であった（JTB、2012、308頁）。

総合保養地域整備法（1987年、通称「リゾート法」）の施行は、国土均衡発展主義の思考と地域振興に悩む地方の思惑が合致、リゾートバブルの誘因となったといわれている。宇宙をテーマに「スペースワールド（福岡県北九州市、1990年）」、日本初の屋内型テーマパーク「サンリオピューロランド（東京都多摩市、1990年）」、森と湖をテーマに「レオマワールド（香川県丸亀市、1991年）」、オランダをテーマに「ハウステンボス（長崎県佐世保市、1992年）」、スペインをテーマに「志摩スペイン村パルケエスパーニャ（三重県志摩市、1994年）」ほか、全国各地にテーマパーク、リゾート施設の開業が相次いだ。同時期、豪華客船によるクルーズ旅行が流行となる兆しをみせはじめ、商船三井客船「ふじ丸」（1989年）、昭和海運「おせあにっくぐれいす」（1989年）、日本郵船「飛鳥」（1991年）が相次いで就航、邦人富裕層をターゲットに、本格的な「日本流おもてなし」を提供する日本船籍クルーズが運航を開始した。テーマパーク、クルーズ、温泉をはじめとする目的志向型の旅行が増加、旺盛な個人消費に後押しされ、旅行形態の多様化が進んだ。

この頃（1992年）を境に「日本の失われた10年」と評される低成長時代は始まった。バブル経済が崩壊、金融機関の不良債権問題が次々と表面化するなど、日本経済は混迷を深めた。不況の嵐が国内に吹き荒れ、大企業といえども倒産・破綻の危機に見舞われることになった。個人消費も冷え込み、消

費構造にも変化の兆しが現れはじめ、スキーツアー専業をはじめとする中堅旅行会社の倒産が相次ぎ、旅行業界も厳しい時代を迎えていた。明るい話題としては、サッカーの「Jリーグ」が誕生、地域振興とスポーツ、スポーツツーリズムの先駆けとなった（JTB、2012、346-347頁）。

　バブル経済崩壊後の低経済成長は慢性的となり、メディア販売（通信販売）を中心に「激安ツアー」が盛り上がりをみせるなど、「価格破壊」が流行語（1994年）となった。既に高度経済成長期のような取扱額増加を期待できるような状況にはなく、個人需要は海外旅行を中心に旺盛であったものの、法人需要は依然として回復の兆しは見えず、総じて厳しい状況が続いていた。こうした最中、阪神・淡路大震災が発生（1995年1月17日）、関西地域に及ぼした影響もさることながら、国民全体に旅行自粛ムードが広がり、国内の観光産業は大きな打撃を受けることになる（JTB、2012、366頁）。

2. 都心型から郊外型へ

　国鉄の分割民営化（1987年4月1日）は、駅構内から旅行営業所を撤退[9]させ、定期券の販売禁止[10]など、旅行業界を取り巻く環境を一変させることになる（JTB、2012、279頁）。販売額・営業収入への悪影響を懸念されたが、青函トンネルの開通、瀬戸大橋の開通、新千歳空港の開港など、大型交通インフラの整備が進み、さらには、「EXPO'90国際花と緑の博覧会」（大阪、1990年度開催）ほか、地方博覧会が国内各地で催されるなどの好素材に恵まれ、販売額・営業収入ともに堅調に推移することができた（JTB、2012、308-309頁）。

　学校の週5日制がスタート（1992年9月）、第2土曜日が休みになるなど、国内旅行の需要を喚起する要素がみられ、旅行形態は家族中心へと変化していった（JTB、2012、367頁）。一大マーケットであるファミリー層（家族）の消費活動場所は、都心から郊外へ移行、大型郊外ショッピングセンター、いわゆるリージョナルショッピングセンター（RSC）が登場する（立教、2019、35頁）。従来の主要駅前・ビジネス街・繁華街などの中心街店舗（都心型）から、郊外ショッピングセンターなどの集客施設内店舗（郊外型）へ、販売拠点の移行が顕著となった。

表4-7　＜国内＞「年表」（1985〜1994）成熟期Ⅰ

年	月日	国内旅行関連【1985〜1994年】
1985年	2.19	㈱ゆうゆう旅行企画設立、シルバー層を対象
	7.10	レンタカー商品「フライ＆ドライブ」発売
	10. 1	エース、国鉄「シュプール号」利用のスキー商品発売
1987年	4. 1	駅旅行センターの共同運営から撤退
	7. 1	北海道で列車貸切りによる「JTBパノラマ特急」運行（〜10.20）
	7. 1	エース、八重山・はいむるぶしで熱気球運航
	7.31	JR定期券委託販売打切り（一部大都市圏を除く）
1988年	9.21	JR、近畿日本ツーリストと共同で国際花と緑の博覧会入場券管理業務受託
1989年	4. 1	エース共同運行バス「北海道大自然号」運行開始、以降全国各地で運行
1990年	5.24	サンリオピューロランド（12.7オープン）の入場券販売総代理店獲得（7.20販売開始）
	10. 5	「部屋自慢の宿　貴賓室クーポン」「スイートルームプラン」、新宿泊プラン販売開始
	12. -	全国15支店にクルーズデスク設置
1991年	1.16	メディア商品「JTBの旅」を「旅物語」と名称統一
1992年	12. 1	「ウインターホテルプラン」、低価格設定商品の販売開始
1993年	3. -	「風土浪漫（Food-Roman）」、食事プランの販売開始
	4. 1	「バンケットクーポン」販売開始
1994年	4. -	エース・旅物語・Aユニットの共同企画による低価格戦略商品「たびりすと」販売開始
	11. -	日本文化をテーマとした全国共販エース「歴史街道」販売開始
	12.19	「JTB運転免許プラン」取扱い開始

出所：『JTBグループ史 1912-2012』626-643頁を加筆修正

　郊外型リテール機能[11]の強化に伴い、旅行会社の組織体制にも変化がみられた。店舗配置要員を縮小、店舗規模の小規模化に取り組み、全国津々浦々、郊外への多店舗展開を実現していった。店舗開設の流れは変容し、国内旅行商品体系もファミリー層を標的市場とする商品を中心に拡充された。

7. 国内旅行ビジネスの成熟期Ⅱ【1995～2011年】

1. 社会情勢・経済状況と旅行ビジネス【1995～2011年】

　旅の志向は団体から少人数（個人・家族）へ移行し、新たな旅先と旅のスタイルが求められるようになるなか、マス・ツーリズム[12] による環境の破壊や地域文化の崩壊への反省がなされるようになってきた。環境と開発に関する国際連合会議（UNCED、1992年）はサスティナブル・ツーリズム（持続可能な観光）を支持、バブル崩壊後の日本でも、1990年代半ば頃より、エコツーリズムやグリーンツーリズムが政策として取り上げられるようになる。欧米から持ち込まれたこれら概念を、日本の文化的な土壌にいかに融合させ、日本型のサスティナブル・ツーリズムを構築するかが大きな課題となった（旅の文化、2011、499頁）。

　1990年代後半、金融機関の信用低下、雇用不安の拡大などが重なり、企業の設備投資や個人の消費マインドが冷え込む厳しい時代であった。日本経済（2000年度）は、政府の金融、財政政策の効果やIT関連投資の拡大を受け、一時的にデフレスパイラル状況を脱したものの、雇用情勢の悪化や株価の長期低迷、流通や生命保険業界の大型倒産により、景気は低調に推移した。旅行業界は、海外旅行を中心に個人需要が堅調、法人需要にも一部業種で回復傾向がみられたが、インターネット販売の進展による競合の激化、さらには消費者の低価格志向など、業界を取り巻く環境は依然として厳しい状況にあった（JTB、2012、414頁）。

　インターネットをはじめとする情報技術の進展・普及により、メディア販売の波は、新たな段階、オンライン販売へと進化していくことになる（岡本他、2009、48頁）。

2. オンライン・トラベル・エージェントの台頭

　オンライン・トラベル・エージェント（OTA、非対面販売）の登場は、従来型旅行社（オフライン、対面販売中心）のビジネス・モデルに変容を迫る

ことになる。特に、海外OTAの成長は目覚ましく、「エクスペディア・グループ」（米国、1996年設立）、「ブッキングドットコム」（オランダ、1996年設立）、「トリップドットコムグループ」（中国、1999年設立）は世界旅行業売上高トップ3（2019年度）を占有、大躍進を遂げた。一方、国内OTAは、「じゃらんnet」（2000年設立）、「楽天」（2001年設立）が24時間・365日営業の利便性、低手数料率、ローコストオペレーション（人件費・固定費の低減など）を実現、情報化社会の進展に伴いその優位性を年々高めていた。旅行者の利便性と魅力的な宿泊料金、従来の旅行業者との契約に不満を持っていた施設や自社で在庫をコントロールできる自由度が魅力となり、会員数・契約施設数とも順調に増やし、インターネットでの宿泊販売を拡大していくことになる（安田、2018、216頁）。国内旅行ビジネスの大きな収益源である宿泊販売における占有率を高め、大手総合旅行会社の地位を脅かす存在へ成長していくことになる。

3.　成熟期を迎えた国内旅行ビジネス

　JTBグループは、成長著しい電子商取引（Eコマース）市場への対応を急いだ。㈱たびゲーターをソフトバンクグループと合弁で設立（2000年4月）、また、ビジネスホテルに特化したインターネット予約サイト「e-Hotel」の運営を開始（同年6月）、インターネット上での旅行商品の販売を開始した。さらには、コンビニエンスストアにおいて、マルチメディア端末の増強や端末操作性の改善、容量やコンテンツの拡大を図った（JTB、2012、416-417頁）。クロスチャネル戦略を推進しつつ、宿泊・レンタカー・国内航空券を組み合わせたダイナミックパッケージ「るるぶトラベルツアー」をリリース（2010年）、ホームページとの連動や広告宣伝を強化した（JTB、2012、502頁）。

　個人需要への対応では、国内航空運賃に幅運賃制度が導入（1996年）され、さまざまな割引運賃が誕生した（JTB、2012、385頁）。航空法改正（2000年2月）による全日空のバーゲン型運賃や日本航空のインターネット運賃など、航空運賃の多様化に対応した商品造成に注力し需要喚起に努めた。同時期、高速ツアーバスの企画・運行（募集型企画旅行）を始めたウィラー・エクスプ

レス㈱（2006年1月設立）は、格安な運賃プランを武器に若年者層を中心に需要を獲得、路線網を拡大した。また、豪華バスツアー（日帰りを含む）が熟年者層に支持され、高価格帯のバスツアーが多く商品造成されるようになった。

　教育旅行需要への対応では、新学習指導要領に基づき導入された「総合的な学習の時間」（2002年度以降）に対応した高付加価値商品「まな旅サポート・修学旅行」・「＠発見！修学旅行」を投入したほか、修学旅行用の企画商品「Sユニット」を開発した。また、生涯学習マーケット分野の開拓など、修学旅行・遠足・研修・留学を中心とした従来の教育旅行分野とは異なる切り口から、新たな商品・分野への取り組みを強化した（JTB、2012、439頁）。一般法人分野では、課題解決型営業モデル「J-mode」の定着を図り、同時にメジャー法人に対しては、JTBグループの総合力を活かした提案領域の拡大と取扱額の最大化を目的にプロデューサー型営業を推進した（JTB、2012、438頁）。また、ビジネストラベル領域の営業強化を目指し、㈱JTBビジネストラベルソリューションズとカールソン・ワゴンリー・トラベル（米国）との共同出資による新会社を設立（2001年1月）、オンライン発注を可能とする「総合出張管理システム」を開発し、法人の出張関連を含めた総需要の獲得に努めた（JTB、2012、417・440頁）。

　日本は人口減少社会に突入、低経済成長が続くなか、国内旅行ビジネスは成熟期を迎えることになった。時流に見合う価値創出へむけて、新たな事業分野への取り組みを強化、また、インターネットやマルチメディア端末を活用した旅行販売（非対面）への移行など、従来型旅行ビジネスからの変容を自ら求め、デジタル基盤の形成を中心に経営資源が投入されたことが伺える。

4．地域交流ビジネスの推進

　「総合旅行産業」から「交流文化産業」（2004年4月）へ、「人と人の交流を基軸に、お客様の課題解決や精神的満足の提供に関する提案を行うビジネス」と定義、単なる観光旅行に留まらない、様々な交流を積極的に創造・推進することにより、事業領域の拡大を図ろうとした（JTB、2012、460頁）。

　JTBグループ11社に地域交流ビジネス推進部署を設置（2007年度）、地域交

表4-8　＜国内＞「年表」（1995～2011）成熟期Ⅱ

年	月日	国内旅行関連【1995～2011年】
1995年	2. -	JTBホームページを開設
1996年	2.26	東京都内のサンクス100店舗にマルチメディア端末導入
	4. -	宿泊プラン総合カタログ「セレクト3000」をインターネットで発信
1997年	7.20	HTA販売、ミニストップ情報端末と接続開始（22日ヤマザキ、10月13日ファミリーマート、1998年2月3日ローソンの各情報端末と接続開始）
	10.13	HTAオペレーションセンター、開業（1998.4.1　中央HTA販売センター開設）
1998年	2. 3	HTA販売　ローソンのマルチメディア端末（Loppi）に旅行商品本格投入
	4.27	「JTB INFO CREW」サービス開始（6月10日、宿泊プラン販売開始）
	9. -	HTA販売、コンビニで全日空国内線の予約・決済開始、日本航空国内線の予約・決済開始（10月）
2000年	4.10	ヤフー・ソフトバンクイーコマースと合弁会社、㈱たびゲーター設立
	10. 1	体験型学習プログラムの商品名、「Let's　JTB（体験学習プログラム）」に決定、全国一斉営業開始
2001年	4.27	JTB、JR東日本、日本航空の3社共同で旅行情報サイト「えきねっとTravel」開設
	7.11	セブン-イレブンのマルチメディア端末に高速バス検索発券システム稼働開始、29路線でスタート
2002年	5. -	国際エコツーリズム年を機に、大人の知的好奇心型旅シリーズ「ファーブル」販売開始
	7. -	JTBバリアフリープラザ主催旅行商品「ソレイユ」、第1弾「ソレイユバリアフリーのお宿」取扱い開始
	10. -	エース全国共同運行バス商品JTB四国八十八カ所めぐり「癒しの旅・おへんろ紀行」を企画造成
2003年	6. -	デジタルパンフレット配信開始（「旅物語」など）
	9.16	銀座並木通りに高品質旅行専門店「ロイヤルロード銀座」オープン
2004年	8. -	非対面セールスセンター「JTB.comセンター」スタート
2007年	3. 1	i.JTB「るるぶトラベル」開設
	7. 1	全国初の着地型旅行商品「Rikkaおきなわ」販売開始、Rikkaおきなわコンタクトセンター設置
2008年	3. -	JTBホームページに「着旅」（現地体験プログラム紹介）開設
	4. 1	(株)モバたび設立、営業開始（6月携帯サイト「モバたび」開設）
	11. -	パナソニックサイクルテックと業務提携、「ecoバイク［旅チャリ］」のリリース事業を全国展開
2009年	4.10	全国着地型富裕層向け商品「日本の美を極める」47都道府県で販売
	9. -	フジテレビ「めざましテレビ」とタイアップ、中高生向け職業体験型教育プログラム開発
2010年	6. -	宿泊と航空券、レンタカーの組み合わせが可能なダイナミックパッケージ商品「るるぶトラベルツアー」販売開始
2011年	6. 6	JTB旅ホ連との連携商品「旅百話」をJTBホームページでWeb展開

出所：『JTBグループ史 1912-2012』642-671頁を加筆修正

流ビジネスを推進することにより、DMC（デスティネーション・マネジメント・カンパニー）という新たな企業像を確立することを目的とした。具体的な商品施策では、着地型エース商品の造成、環境に配慮した旅行の開発（JTB、2012、476-477頁）など、新たな成長分野の育成を目指し始めた。特に、地域交流ビジネスに関しては、国の新成長戦略の一つに掲げられた「観光・地域活性化」に対応する全社推進体制として、「47都道府県地域行政営業ネットワーク推進プロジェクト」（47DMCプロジェクト、2009年12月）を立ち上げ、このプロジェクトのもとでグループ本社と県庁所在地支店が連携、地域活性化事業をはじめとする地域交流ビジネスの推進を本格化させた（JTB、2012、501-502頁）。

　地域観光を担う新たな観光地経営組織「観光地経営体（日本版DMO）」[13] が2016年に登場、地方創生の動きに呼応し、その創設の動きは全国的に広まり、地方を中心に新たな観光地経営の仕組みが稼働を始めた（谷口他、2020、128頁）。新たな領域「地域交流ビジネス」の創造・推進にむけては、観光地経営体（日本版DMO）との協働活動を継続的に担い、「受地」側から魅力を創造・発信する見地が不可欠となっている。

8. 変容を続ける国内旅行ビジネス

　JTB 100周年事業推進委員会編纂（2012）『JTBグループ100年史　1912-2012』、旅の文化研究所編（2011）『旅と観光の年表』の史実を中心に、「旅行あっ旋業」から「旅行業」へ、そして「総合旅行産業」を経て「交流文化産業」へ、時代と共に変遷する国内旅行ビジネスを考察した。

　国内旅行ビジネスは、社会情勢・経済動向・人口動態などと密接に関わりながら、変容を続け、成熟期を迎えた国内旅行市場の形成へこれまで貢献を果たしてきた。しかし、邦人を標的市場とする国内旅行ビジネスの後退が懸念されるなか、訪日外国人旅行者（インバウンドビジネス）を加えた、新たな機軸が必要であろうと考える。

　本格的な人口減少社会に向き合いつつ、新たな価値を社会に提示し、将来

にわたり変容を続ける国内旅行ビジネス、その主点を4つ示し、本章を締め括りたい。

①「商品戦略」・「流通戦略」の再構築【B to C領域】

　オンライン・トラベル・エージェント（OTA、非対面販売）は、24時間・365日営業の利便性を最大の武器に、その優位性を拡大、国内旅行市場における占有率を高め続けている。さらには、「Airbnb（エアビーアンドビー）」（米国、2008年8月設立）は日本法人を設立（2014年）、新たなビジネス・モデル（シェアリング・エコノミー・ビジネス）を展開、既存旅行会社の脅威になりつつある（安田、2018、243-251頁）。こうした情報通信技術の進展に伴う社会変容を受け入れつつ、消費者視点に立脚した、人でなければなしえない価値を提供する「実感価値商品」造成への傾注（高付加価値化）のほか、「感動のそばに、いつも」[14]を実現するためにも先進的なデジタル基盤を活かした流通ネットワークの再構築に挑むべきである。

②「ソリューション・ビジネス」の深化・拡大【B to B領域】

　旅行ビジネスの原点ともいえる法人営業は、歴史上の講・参拝団体の手配・斡旋をはじめ、近代旅行業の基本機能の要となるノウハウ・スキルを蓄積し、旅行業がビジネスとして成立していく過程で大きな役割を果たしてきた（立教、2019、130頁）。出張関連業務の効率化・合理化、出張コストの抑制・削減、危機管理を総合的に取扱うなど、法人顧客の課題解決を目指す「ビジネス・トラベル・マネジメント（BTM）」や「福利厚生事業」（アウトソーシング・ビジネス）などの事業を深化・拡大、新たな市場機会の獲得を目指すべきである。社員旅行・報償旅行・視察旅行・販売促進旅行などを含む、法人顧客の「課題解決」を目指したこれまでの領域に加え、法人顧客の「価値向上」を目指す領域の深化に挑み、変容する「ソリューション・ビジネス」領域の先導者的な役割を期待したい。

③「観光教育」領域の開拓

　新設科目「観光ビジネス」（2022年度以降）が全国の商業高等学校において開講される。観光立国の流れを踏まえ、「教育を通じてより良い社会を創る」という目標を学校と社会が共有、連携・協同しながら、新しい時代に求めら

れる資質・能力を育む「社会に開かれた教育課程」の実現を目指している（商業高校、2019、14頁）。さらに、『観光甲子園』（JTB特別協賛）、全国の高校生が180秒の観光動画制作を競い合う大会は、SDGs時代の観光を探求しつつ、世界中のツーリストに日本全国各地の魅力を伝える事業として、応募校数・応募件数の拡大が続いている。こうした観光事象をフィールドとする観光教育の歴史はまだ浅い段階にあるが、地域への誇り（地域愛の醸成）・地域への貢献（観光振興）・教育的な効果（観光教育）が期待される、まさに実社会が求めている実学教育である（福本他、2011、2頁）。こうした「観光教育」領域におけるビジネス開拓活動を通じて、国内旅行ビジネスの一翼を期待される「地域交流ビジネス」の創出、そして日本社会の将来を担う「有為な人材の育成」にむけて、教育旅行分野の新たな展開を望みたい。

④これからの旅行会社に求められる資質

　多くの旅行会社は、これまで消費者目線で地域を目的地（デスティネーション）として捉え、「発地」で旅行商品の造成・販売を行ってきた。しかし、邦人人口の減少に歯止めが掛からない状況下、「発地」に限った事業活動を担う旅行会社は、営業エリア内の人口減少に伴い取扱額の減少が避けられない現実にある。「受地」の事業活動を新たに加えて取扱額の減少を食い止めていくのか、もしくは、これから新たな事業活動へ取り組み始めるのか、大きな決断を迫られる時を迎えつつある。

　着地型観光では、「受地」となる地域が主役となり、地域の魅力を活かした商品コンテンツを開発していくことが重要となる。これは、地域側の視点から、地域が観光客に提供したいものを提供するという、いわゆる「プロダクトアウト」の考え方である。この場合、マスマーケットというよりは地域特性に合わせ、ターゲットを明確化し、独自性の高い商品が主流となる。具体的には、地域の隠れた魅力を発信し、ストーリーとして商品化した体験・交流型のツアーが商品の中心になる（立教、2019、187頁）。旅行会社は、企画造成能力やマーチャンダイジングのノウハウなどを通じ、着地型旅行商品の流通チャネルの確立を期待されている。

　「発地」に限った事業活動から今こそ脱し、「受地」見地の多様な事業活動

へ視野を拡げ、観光地域づくり、商品コンテンツの開発、そして地域交流ビジネスの創出にむけて、これまで培ってきた旅行会社の専門的知識を集積し、コンサルティング力を発揮し続けることに挑まなければならない。地域社会に根ざし、「地域の価値向上」を地域とともに目指す、これからの旅行会社に求められる資質の一つと考える。

（福本賢太）

注
1)　運送機関などのために、旅行者に対して運送サービスの提供について代理して販売する行為。各種乗車船券や航空券などをその代理人として販売する行為のことである（北川、2008、159頁）。
2)　出発地に戻ってくることができる一枚ないし一綴りの乗車券である。周遊券の原型は1925年のクーポン式遊覧券（発駅から着駅までの乗車券・旅館券などをセットにした便利な通し切符）である。周遊券は観光の大衆化への牽引力となったが、それは観光が手軽な旅行商品となる礎ともなった（長谷、1997、141頁）。
3)　1963（昭和38）年法律107号。観光に関する国の政策の基本方針、政策の目標、必要な施策を示している（長谷、1997、220頁）。
4)　旅行業を営む者が、あらかじめ、旅行の目的地及び日程、旅行者が提供を受けることができる運送又は宿泊サービスの内容、並びに旅行者が旅行業を営む者に支払うべき対価に関する事項を定めた旅行に関する計画を作成し、これに参加する旅行者を、広告その他の方法により募集して実施する旅行をいう（長谷、1997、137頁）。
5)　運輸・宿泊機関の座席や客室などをあらかじめ確保し、旅行全体をセットしておいて、個人旅行客を募集する旅行をいう（長谷、1997、137頁）。
6)　1970年10月から展開された国鉄によるキャンペーンのキャッチコピーである。積極的展開期間約1年間と長期にわたるこの企画で国鉄が使用した媒体やイベントの多様性そして話題性は、観光を目的性よりもテーマ性に訴えPRするということの効果を刻印づけるものであった。日本や日本人のアイデンティティの再確認、日本人の心の原郷の再発見を希求する動きが活発化した（北川、2008、171頁）。
7)　若い女性が観光旅行の主役となるきっかけをつくった。このころ発刊されたananとnon-noは、旅行記事を掲載し、これらの雑誌を手にした若い女性が観光地に溢れ、アンノン族と呼ばれた。これにより、小京都と呼ばれる町などが認知されていくことになる（岡本他、2009、19頁）。
8)　旅行会社が販売契約をしている協定旅館のなかから、時流に合わせたテーマを設定の後、協賛する旅館を募り、特別なパンフレットを作成し、販売する旅館券をいう（長谷、1997、141頁）。
9)　日本交通公社（24センター）、日本旅行（47センター）、近畿日本ツーリスト（8センター）、東急観光（4センター）が撤退した（JTB、2012、305頁）。
10)　国鉄が分割民営化される直前の定期券は、国鉄の窓口と18の旅行会社で販売されていた。日本交通公社の一括扱いの企業数は全国で1400社に上っていた（JTB、2012、305頁）。
11)　ホールセラーが企画・造成・卸しをしたホールセール（募集型企画旅行＝旧主催旅

行）商品を小売（リテール）する機能をいう。リテール機能の最大の発揮は、販売網の拡充策と顧客対応サービスの向上策にあり、それらの成果が、販売収入の増大となって現れ、企業発展につながる（長谷、1997、135頁）。

12）「大衆観光」と訳出されることが多い語である。いわゆる団体旅行がその形態を代表するものとして認識されているが、商品としての観光旅行の大量消費を前提とした大量生産をいう（北川、2008、223頁）。

13）　国（観光庁）は、『地域の「稼ぐ力」を引き出すとともに地域への誇りと愛着を醸成する「観光地経営」の視点に立った観光地域づくりの舵取り役として、多様な関係者と協同しながら、明確なコンセプトに基づいた観光地域づくりを実現するための戦略を策定するとともに、戦略を着実に実施するための調整機能を備えた法人』、と説明している（観光庁HP、2019年 https://www.mlit.go.jp/kankocho/page04_000048.html （閲覧日：2019.9.28））。

14）　創立100周年（2012年3月12日）を迎えたJTBグループが、次の100年における長期的・安定的成長を実現するために「2020年ビジョン」を策定、日本の地域が持つ観光素材に国内外から訪れたくなるような新たな価値を生み出し、旅行会社自らが旅行需要をつくり出す「交流文化事業」を推進していくことを掲げている。そのブランドスローガンを指す。

第5章

海外旅行ビジネスの変遷

1. 海外旅行ビジネスの萌芽期Ⅱ【1945〜1960年】

1. 海外旅行ビジネスの基盤整備期

　戦後の海外渡航は、政府が認めた商用・公用の業務渡航、スポーツ交流、留学などに限り再開された（1947年）。欧米系航空会社が輸送にあたり、国際航空運送協会[1]（IATA）の代理店として認可された事業者7社が国際航空券の代売業務を担当した（旅の文化、2011、389頁）。IATA代理店の認可制度は、海外旅行ビジネスの礎を築く契機となった。

　阪急交通社の海外旅行業務は、大阪梅田の阪急航空ビル1階に「パン・アメリカン航空会社代理店」の看板を掲げた案内所として営業を開始（1948年2月22日）、パンナムとの契約成立（同年4月7日）と同時にITS（International Transportation Serviceの頭文字）部を新設、阪急交通社（旧・京阪神急行）にITS部が生まれた。わが国初の貨物取扱代理店（同年6月20日）、また、日本初の旅客取扱代理店（同年11月13日）として認可されている。この当時、旅客は全く期待できないため、貨物が中心であった（阪急、1991、14-19頁）。同様に、日本通運の海外旅行業務は、外国航空各社と旅客代理店契約を結んだ1950年頃に始まる。日本航空㈱の国内旅客および貨物代理店（1951年）、また、日本ヘリコプター輸送㈱の定期旅客輸送の開始（東京〜大阪間、1954年）に伴い、その旅客・貨物の代理店となった。この旅客代理店業務を円滑に遂行するため「旅行あっ旋業者」に登録（1955年2月25日）、のちに観光業務、両替商業務に進出している（日通、1962、749-750頁）。

　日本航空㈱（1951年8月）・日本ヘリコプター輸送㈱（1952年12月）、相次ぐ

表5-1　海外旅行ビジネスの基盤整備期

年	月日	旅行業・航空業・法規の成立
1948年	2.22	阪急交通社（京阪神急行ITS部）
1951年	8. 1	日本航空
1952年	7.15	航空法
	7.18	旅行あっ旋業法（1971年「旅行業法」へ改正）
	12.27	日本ヘリコプター輸送（1957.12全日本空輸と改称）
1955年	2.25	日通旅行（日本通運、旅行あっ旋業者の登録完了）
	9. 1	近畿日本ツーリスト（日本ツーリスト㈱・近畿日本航空観光㈱合併）
1956年	1.31	東武トップツアーズ（東急観光㈱）
1959年	6.10	国際旅行業協会（JATA）発足

出所：各社社史などより筆者作成

日系航空会社の設立、「旅行あっ旋業法」（1952年7月）の成立、大阪空港（1958年3月）・東京国際空港（1958年7月）の全面返還、さらには国際旅行業者協会[2]（1959年6月）の発足など、海外旅行ビジネスを取り巻く基盤の整備が一気に進んだ。

2. 海外団体請負旅行の開始

　日本交通公社は、本格的な業務再開（1950年）後、米軍基地派出所での軍人・軍属への海外旅行業務（1951年以降）を主に取扱い、ピーク時（1957年）には全社海外旅行取扱件数の6割強を占めた。また、皇太子訪英の斡旋（1953年）を担うなど、スポーツ団体、一般民間団体の海外取扱件数は年々増加していた（JTB、2012、40頁）。

　こうした情勢を背景に、海外旅行部を設置（1956年）、海外団体請負旅行を開始（1959年）した。従来の海外旅行業務は、団体といえども航空券とその他国際運輸機関の切符代売が主な業務であった。請負旅行の取扱い開始に伴い、運輸機関の手数料収入以外に、斡旋収入、海外の旅行業者、ホテルからの手数料も加え、収入率を高めることが可能となった（JTB、2012、78頁）。こうした海外団体請負旅行の開始は、代売業から自ら主体性を持ち、旅行を

表5-2　＜海外＞「年表」（1946〜1960）萌芽期Ⅱ

年	月日	海外旅行関連【1946〜1960年】
1948年	11.13	IATA旅客代理店として他6社とともに、わが国で初めて認可される
	11.30	ノースウエスト航空と代理店契約締結
1949年	1.19	アメリカン・エキスプレス社と代理店契約締結
	2.10	パン・アメリカン航空と代理店契約締結
1950年	10. -	東京丸ビル内案内所にパン・アメリカン航空の航空券引換証を設備、代売開始（海外旅行業務始まる）
1951年	9.29	日本航空と代理店契約締結
	10. -	トランスワールド航空と代理店契約締結
1955年	12.28	トーマス・クック社と代理店締結
1957年	2. 1	NON-IATA国際航空旅客取扱い開始
1958年	4. 1	全日空総代理店業務取扱手続制定
	4.18	インツーリスト社向け旅客取扱い開始
	8.14	チェドック（チェコ）と業務契約締結
1959年	1. -	オルビス（ポーランド）と業務契約締結
1960年	7. 1	旅行倶楽部と三井信託銀行提携による海外旅行積立募集開始

出所：『JTBグループ史 1912-2012』588-599頁を加筆修正

商品化する旅行業への第一歩であった。

2. 海外旅行ビジネスの成長期Ⅰ【1961〜1970年】

1. 活況を呈する海外団体旅行

　政府は国際的な為替自由化の流れを受け、「貿易為替自由化計画大綱」（1960年6月）を公表した。海外への渡航では、邦人に対する渡航制限免除範囲の拡大、貿易業者・輸出品メーカーの業務渡航制度を発足、ビジネス関係・報道関係・貿易団体の業務渡航を許可、沖縄旅行の自由化促進などの措置が講じられ、外貨枠も大きく拡大した。海外旅行業務は本格的な成長期に入り、特に海外団体旅行、とりわけ請負旅行の増加が顕著であった。また、近い将来、海外旅行の自由化が実現するとの期待感が広がり、金融機関の間で海外旅行のための積立預金がブームとなった（JTB、2012、125-126頁）。

　海外拠点の整備では、日本交通公社は米国現地法人JTB International,Inc.（JTBI）を設立（1964年1月）、支店網を整備、ヨーロッパ・オセアニア地域の事務所開設と併せて、営業拠点を急ピッチで拡大させた（JTB、2012、96-97頁）。同時期、画期的な海外団体旅行、チャーター機を利用した商品が登場した。近畿日本ツーリストは、ヨーロッパを対象に航空機チャーター旅行を実施、3000人の旅行者を送客した。東京オリンピック参加選手団を日本へ輸送した帰路便を利用、ピストン輸送で大量送客を実現している（岡本他、2009、36頁）。

2.　海外パッケージツアーの誕生

　一人1回500ドルの外貨制限付きを条件に、海外観光旅行が自由化（1964年4月）された。海外渡航の自由化に伴い、航空会社や旅行会社はパッケージツアー[3]を販売、航空会社の路線網は拡大、割引率の高い「GIT運賃」[4]の導入がはかられるなど、海外旅行者を取り込む動きが活発となった（旅の文化、2011、389頁）。

　交通と宿泊をセットにしたパッケージツアーは、航空会社の自社路線販売企画として登場する。先鞭をつけたのはスイス航空、「プッシュボタン」（1964年7月）の商品名でヨーロッパ7カ国11都市を訪問する19日間のツアーを販売した。半年後には、日本航空が「ジャルパック」を発表した（旅の文化、2011、397頁）。のちに、ホールセール業務を担う㈱ジャルパック（1969年4月、設立時の名称：旅行開発株式会社）を設立している。

　このように、航空会社主導で誕生したパッケージツアーという形態は、その後、旅行ビジネスの変革に伴い、徐々に、旅行会社イニシアティブのパッケージツアーへ移行していくことになる（岡本他、2009、38頁）。

3.　ホールセラー・ランドオペレーターの誕生

　日本航空は、キャリア主導のホールセール会社の設立を目指す「トラベル・エア構想」（1967年3月）を打ち出し、大手旅行会社などに参加・協力を要請するが、日本交通公社は自らがホールセラー[5]となる道を選択する。「ミ

ニ・ハニー・シリーズ」（1968年4月）の販売を契機にホールセール業務に乗り出し、その後、日本通運との提携で「ルック」を誕生させた。旅行業の主体性を主張して選んだホールセールの道は当初険しいものであった。ホールセール業務に進出したものの、社内の意思がひとつにまとまっていたわけではなく、一部には「日本航空とコトを構えるべきではない」という慎重論も依然として残っていた。社内外を説得しホールセール商品「ルック」を軌道に乗せるためには、大変な努力と忍耐が必要であった。外国系航空会社と個別に交渉し、次第に協力をとり付けていくことに成功、多くが日本航空へのライバル意識を持っていたためである。その後、キャリア商品はジャルパックを除いてすべて姿を消した（JTB、2012、156頁）。やがて、業界内での追随が相次いだ[6]（JTB、2012、138頁）。同時期、海外現地手配を担うランドオペレーター[7]が誕生、㈱ミキ・ツーリスト（1967年7月）はその先駆者といわれている（安田、2018、116・124頁）。

4.　大量高速輸送時代に生まれた「バルク運賃」

　パン・アメリカン航空のジャンボジェット機（ボーイング747）が東京国際空港に飛来（1970年3月）、日本航空も同機種を太平洋線に就航（同年7月）させた。これまでの機材（DC 8）の3倍に相当する約500名の収容力は、大量高速輸送を可能としたが、座席利用率の向上が航空会社の新たな課題となった（旅の文化、2011、413頁）。

　その対応策として、新たに設定された「バルク運賃」[8]は、大幅な割引運賃の適応が可能となり、旅行代金はこれまでの半額程度となり、海外旅行が格段に身近な存在となった。パッケージツアー用に一定座席を買い取る旅行会社は、利益を上げるために商品開発やセールスに奔走、ジャンボジェット機の導入と相まって、海外旅行の大衆化が加速された（旅の文化、2011、409頁）。

　旅行会社は、これまでの手配請負型の受動的業態から、主催旅行商品の造成・販売という、より主体的・能動的業態へと変化していった。一方、消費者は旅行会社を通じてパッケージツアーに参加することによって、「信用」「情報」「時間的節約」「低価格」というメリットを享受することができた。ま

表5-3 ＜海外＞「年表」（1961〜1970）成長期 I

年	月日	海外旅行関連【1961〜1970年】
1961年	5. -	グレイハウンド「シー・アメリカ・チケット」販売開始
1962年	2. 2	トーマス・クック社扱い旅客取扱手続制定
	3. -	バルカン・ツーリスト（ブルガリア）と業務契約締結
	10. -	イブス（ハンガリー）と業務契約締結
1964年	4. 6	積立海外旅行第1陣（ヨーロッパ）出発、（ハワイ）出発（4月8日）
1965年	1.20	「ジャルパック」発売、手配代理店11社と企画・販売
	3. -	韓国国際観光公社との業務協定締結
	4. 1	「JTB海外旅行シリーズ」取扱要領制定
	4. -	日本航空と共催で「ジャルパック」催行開始
	10. 1	東ドイツ国営旅行社と代理店契約締結
1966年	3. 1	ヨーロッパ13カ国の乗車券・寝台券の販売開始
	4.12	海外旅行（沖縄を含む）に伴う渡航斡旋料金徴収手続制定
1968年	1. 1	「ユーレイルパス」（ヨーロッパ鉄道均一周遊券）販売開始
	4. 1	海外セット旅行「ミニ・ハニー・シリーズ」（「ハワイ・ミニ」「ハニー・ハワイ」「ホンコン・ミニ」）発売、海外旅行ホールセール商品第1号
	6. -	海外主催旅行の総合名称を「ルック」に決定
	7.11	ルック最初の商品内容発表（本年度下期分164本）、内42本は「ジャルパック」（台湾・沖縄、アンコールワット・東南アジア、ハワイなど）「ミニ」「ハニー」は78本
	11. 5	海外主催旅行ルックで日通と業務提携、覚書交換（11.11発表）
1969年	4. 7	ルック商品公式第1陣出発（ハワイ）
	11. -	バルク運賃（国際線旅客割引運賃）利用の「ルックライトヨーロッパ」発売、13日間29万8000円のコースが好評、臨時便追加設定（60%が初参加）

出所：『JTBグループ史 1912-2012』598-608頁を加筆修正

さに、航空会社、旅行会社、消費者の三者の共生関係が成立し、旅行の大衆化が実現してきたことが分かる（岡本他、2009、48頁）。

3. 海外旅行ビジネスの成長期Ⅱ【1971～1984年】

1. 高まる海外旅行の需要

外貨持ち出し枠の緩和、観光目的の数次旅券の発給、さらには大幅な割引航空運賃の登場など、1970年代の海外旅行需要を喚起、日本人の出国者数は著しい伸びを示した。

この結果、新興旅行会社がこの市場に参入するなど、既存各社も海外旅行部門を中心に大量の要員投入をおこない、旅行業界の業容は急速に拡大した。同時に、業者間競争は厳しさを増し、ダンピングや無登録業者など、業界の秩序を乱すような問題が発生するようになった。また、安易な旅行商品づくりにも社会的な批判が高まった[9]。このような様態を背景に、「旅行あっ旋業法」を改正、「旅行業法」(1971年) が施行された。また、JATAは業界の秩序と社会的地位の確立を目指し、旅行業綱領 (1974年) を作成している (JTB、2012、172頁)。

わが国の高度経済成長を背景に、海外旅行の需要は高まり続けた。特に、海外団体旅行の伸長は目覚ましく、これらの企画・造成・操配の全社統一体制を整え、量販体制の確立に向けた仕入れの一元化が進んだ (JTB、2012、173・215頁)。さらには、新東京国際空港の開港 (現・成田国際空港、1978年5月20日) は、海外航空路線網を拡大、座席供給量を飛躍的に増加させることになった。海外旅行が身近な存在となり、国民へ広く浸透していくことになる。

2. 低価格商品・格安航空券の登場

航空座席の供給拡大が続くなか、海外低価格商品・海外格安航空券が登場、単品素材の格安航空券を取り扱う専門旅行会社の設立が相次いだ[10]。

1980年代初頭、日本交通公社は米国・ハワイ方面の低価格商品を発売、さらに低価格化へ対応することを目的に、各地で個別に造成されていた低価格商品 (フレックス、X'ing、おおさかスペシャル、なごやスペシャルなど) を統一、

表5-4 ＜海外＞「年表」（1971～1984）成長期Ⅱ

年	月日	海外旅行関連【1971～1984年】
1971年	2. 1	「スチューデントレイルパス」販売開始
1972年	3. -	「ハワイ・バルク」大量仕入始まる
	7. 1	「スイスホリディカード」販売開始
1973年	11. 1	AMTRAKと代理店契約、米国鉄道乗車券販売開始
1974年	3. -	学生を対象とした海外旅行「フリーパック」発表
1975年	10. -	ルックの通信販売開始、新作成の「ルックカタログ」は送料込み1冊500円
1977年	1. -	ルック商品のパンフレット早期作成、商品体系を整理、商品類ごとの新ネーミング採用
1978年	3. -	JTBI、パンアメリカン航空と共同企画で「オリエント・スペクタキュラー・ツアー」運行開始
	12.12	「ルックチャーターウェイ」ITC第1便、福岡－香港、出発
1979年	10. 5	「ルック・中国友好の旅」催行開始
	11. -	「フレックスハワイ」催行（フレックスシリーズの始まり）
1980年	4.24	㈱トラベルプラザインターナショナル（以下TPI）設立
	5.25	AVISレンタカーと携帯、「エイビス・ディスカバー・ベスト」クーポン販売開始
	7.21	米国西海岸・ハワイ方面に「クロッシング（Xing)」販売開始（低価格戦略商品）
	8.11	JTBI、ハワイ・ワイキキのロイヤルハワイアンセンター1階に旅行サービスセンター開設
1981年	7.10	オリジナル企画「年金旅行プラン "ことぶき"」（海外旅行分）販売開始
1982年	10. 1	低価格海外旅行企画商品第2ブランドを「パレット」に名称統一して設定開始
	10. 1	海外旅行団体カタログ商品を「SKYキャラバン」と命名
	12.10	海外の旅行業者として初めて中国に駐在員事務所「北京事務所」開設
1983年	7.17	在外16拠点にFIT対応の日本語デスク設置（～8.31)
1984年	5. 1	「海外ホテルクーポン」取扱い開始
	12.31	ルック、パリ近郊で初の「ニューイヤー・イヴ・パーティー」開催

出所：『JTBグループ史 1912-2012』610-627頁を加筆修正

第2ブランドの「パレット」（1982年10月）を誕生させた（JTB、2012、216・273頁）。

　一方、㈱エイチ・アイ・エス（1980年12月19日、㈱インターナショナルツアーズとして設立、1990年に商号変更）は、海外への格安航空券と海外ホテルの手配に特化、学生・若者を中心に若年者層を獲得、FIT[11]（Foreign Independent Tour＝海外個人旅行）市場における圧倒的なシェアを築き上げた。また、アレンジが自由自在のパッケージ商品「Ciao（チャオ）」を導入（安田、2018、149-158頁）、海外旅行取扱額第2位（2019年度）の実績を誇る企業組織体へ進化している。

　航空会社は、販売しきれない残座席をGIT運賃以下の価格にて専門販売業者や新興旅行会社を中心に卸し、それらに一定の利益をのせた格安航空券が一般市場で販売されるようになる。あくまで、卸売価格は認可されているGIT運賃価格であり、のちに、割増販売手数料という名目で、販売額との差額を航空会社が補填したのである。このような不透明な商慣習が、やがて日本の旅行ビジネスのスタンダードとなっていく（岡本他、2009、46頁）。

　海外旅行の量販体制が確立、また、新東京国際空港の開港に伴う座席供給量の拡大が主要因となり、旅行業界は低価格競争の時代に突入することになる。

4. 海外旅行ビジネスの成長期Ⅲ【1985～1994年】

1. 拡大を続ける海外旅行市場

　先進5カ国蔵相・中央銀行総裁会議による「プラザ合意」（1985年9月22日）は、円高をさらに誘導、海外旅行者数を拡大させることになり、日本人の出国者数は500万人を突破（1986年）した。また、2泊3日の海外職場旅行が非課税（1987年1月）となり、グアム・サイパン・韓国・台湾・香港などが旅行先に加えられ（JTB、2012、278・279頁）、海外団体旅行の市場は飛躍的な拡大をみせた。

　政府は貿易摩擦緩和策の一環として、日本人海外旅行者数を5年間で1000

万人を目標に掲げる「海外旅行倍増計画」(テン・ミリオン計画、1987年9月)を運輸省が策定、政策的に海外旅行の促進がはかられた(JTB、2012、280頁)。日本交通公社は、北米・ハワイ・ヨーロッパ・オセアニア・アジアを中心に海外における独自事業の展開を加速(拠点の拡大、事業領域の拡大)、高まる海外旅行の需要と重なり取扱いを急拡大させていた。こうした情勢下、「ルック」誕生時(1968年)から継続してきた日本通運との業務提携を解消(1989年3月末)、独自ブランド「ルックJTB」を再発足させている。取扱人員は市場の伸びを上回る好調な状況にあったが、中東で湾岸戦争が勃発(1991年)、海外旅行熱は一気に冷めることになる(JTB、2012、292-297・309頁)。

2. メディア販売(通信販売)商品の登場

　これまで海外旅行市場の拡大を牽引してきたのは主に団体旅行、募集型パッケージツアー(店頭販売、ホールセール商品)であった。その募集型パッケージツアーの新たな販売手法、そして商品として登場したのがメディア販売商品である。

　メディア販売事業という旅行販売手法をシステム化し、本格的なメディア販売を開始したのは近畿日本ツーリスト渋谷営業所(高橋秀雄所長、1980年1月着任後)が最初といわれ、現存するクラブツーリズム『旅の友』である(安田、2018、171-172頁)。メディア販売商品とは、旅行会社がパッケージツアーを自ら企画造成、新聞広告(トラピックスほか)、旅行雑誌(エイビーロード・ブランカほか)、会員誌(クラブツーリズムほか)などの媒体を通じ販売する形態であり、通常店頭販売を行わず、電話・FAXのみで受注する販売手法を用いた商品である。すでに団体旅行が減少し、その代替マーケットとして個人旅行マーケットの開発を強いられていた多くの旅行会社は、膨大なコストを要する店舗の拡大よりも、比較的容易なメディア販売による営業拡大を選択したのである。現在では資金力を持ち、顧客の固定化に成功した一部の大手旅行会社が、旅行業の一つの営業形態としての地位を確立している(岡本他、2009、125頁)。

　しかしながら、業界の一部がこのメディア販売を積極的に展開した結果、

業界自体に多くの問題が蓄積されるようになる。それは、メディア販売が新規の個人顧客を獲得するためにとった刺激的な価格設定が、皮肉にも店頭販売の重要なマーケットであるホールセール商品市場との間に価格上の競合関係を生み、消費者の旅行価格への不信感が醸成されたことである。この問題は、当初は同じ企業内でも部門間の大きな問題となったが、やがて時代の経緯とともに、ホールセール商品市場とメディア販売商品市場はそれぞれ両立する存在として消費者の中に定着していった（岡本他、2009、125頁）。

3.　海外個人旅行（FIT）市場の拡大

　海外旅行の日常化・大衆化の進行に伴い、リピーター層（海外旅行経験者）が増加、「リピーター層の増加とともに『消費者主導で個人または小グループで動く旅行形態』、つまり、FIT化、個性化を生じ、海外旅行市場の質的変質が始まった」（米浪、1998、72頁）。

　海外旅行市場の拡大は、旅行需要の成熟を促し、ニーズの多様化・個性化をもたらしたが、従来のグループ型の旅行形態では、そうした消費者の要求に対応することが難しく、旅行者の「ツアー離れ」「個人旅行志向」を加速させる要因になっていた。「格安航空券」の海外旅行市場への浸透は、旅行者自らの責任において、自由に割安な旅を企てて、異国の地へ訪れることを可能にした。すなわち、旅行会社主導の時代から、旅行者主導の「選択の時代」への変化である（岡本他、2009、44-45頁）。

　さらには、24時間運用（旅客・貨物）を可能とする関西国際空港の開港（1994年9月4日）は、海外個人旅行（FIT）の市場拡大をより加速させた。

4.　海外企画商品の改革

　1990年代半ばは景気低迷により、招待旅行・職場旅行・業務渡航などの法人需要が大幅に減少するとともに、消費者の節約志向が強まり、旅行代金の低価格化が一段と進行した。こうした法人需要の低迷から伸び悩みが危惧された海外渡航者数は史上最高を記録するなど、個人需要が海外旅行市場を牽引しはじめるようになり、市場環境の変化への対応が求められるようになっ

表5-5 ＜海外＞「年表」（1985～1994）成長期Ⅲ

年	月日	海外旅行関連【1985～1994年】
1985年	12.18	㈱地球倶楽部設立
	12.19	㈱パシフィックミクロネシアツアーズ設立
1986年	4.-	海外個人旅行取扱いの手引「FITマニュアル」作成
	9. 1	ハイグレードな海外旅行商品「ロイヤルロード」販売開始
1987年	5.28	㈱ディスカバーワールド設立、自社ブランド「ディスカバーシリーズ」発売
1988年	2.22	㈱ジェイティービーワールド設立
	4.-	ヤング・リピーター対象に海外旅行第3ブランドスケルトン型商品「ナヴィ」設定、催行開始
1989年	4. 1	ルック、日通との提携を解消、「ルックJTB」として再発足
	4. 1	JTBワールド、ルックJTB・パレット等の主催旅行販売開始
1990年	6. 1	JTBワールド、ルックJTB専任コンダクターを専門社員化（業界初）
1991年	4.-	ルック、「車椅子で行くアメリカ・車椅子で行くカナダ」発表
	5. 8	北京で初の日本語観光バス「北京ニイハオバス」運行開始
1992年	5. 1	海外旅行営業部、クルーズ事務局設置
	11.-	国際オンラインネット完成
1993年	2.-	JTBワールド、高齢者・身体障がい者のパッケージツアー参加基準を明確化
	5.-	上期ルック、夏旅に子ども料金半額コース増設
	11. 1	TPI、欧州鉄道予約システム「ユーロネット」稼働開始
	11.-	ルックJTB、商品造成サイクルを3カ月ごとに変更
1994年	1.20	1995年度からルックとパレットの2ブランド制を廃止して「ルックJTB」一本化を決定
	4.-	現地販売型観光バス（オーストラリア「カンガルーサイトシーイング」、米国「ルックアメリカン」、ヨーロッパ「マイバス」）の販売拡充
	5.13	ルックJTB「化石の森」がツアー・オブ・ザ・イヤー準グランプリ受賞
	6. 1	海外ホテルの即時予約開始
	6.10	ルック、最高級シリーズ「ザ・クラブ・ヨーロッパ」発売

出所：『JTBグループ史 1912-2012』626-643頁を加筆修正

ていた（JTB、2012、348頁）。

　商品改革「新ルックJTB」（1995年度以降）では、価格・商品内容の3カ月単位での見直し、申込み間際化への対応、為替変動への対応など、市場の変化を的確に反映させることに取り組んだ。「高品質・本物志向・よき旅仲間との出会い」を商品コンセプトに、募集人数10名限定・4人以上で催行保証、航空座席はCクラス以上、名門ホテルに宿泊、一流レストランでアラカルトを中心とした食事内容、添乗員は経験10年以上のベテラン専任コンダクターを配置、自由に利用できるガイド付きセダンを用意する豪華パッケージツアーなど、富裕層をターゲットに高価格帯の旅行商品が拡充された。また、滞在先の利便性・快適性を高めるために、ハワイでは「'OLI' OLI」[12]システム、同様に、グアムでは「コンチャカード」[13]斡旋システムを開発・導入している。

　旅行会社間の競合が激化するなか、各社は知恵を絞り、標的市場（ターゲット）に見合う価値提供・価値創造に努め、販売拡大および現地斡旋のコスト削減に配慮しつつ、自社の優位性を確保する観点から他社商品との差別化戦略を強化したことが分かる[14]。

5.　海外旅行ビジネスの成熟期【1995～2011年】

1.　多様化・深化する顧客ニーズへの対応

　成熟期を迎えた海外旅行市場は、顧客ニーズ（熟年者層～若年者層）への多様な対応、さらには深化する顧客ニーズを満たす独自性の強い旅行商品の造成・販売が求められるようになる。

　熟年者層市場に専門特化する旅行会社、ニッコウトラベル（1976年9月24日設立）はパッケージツアーに「旅のゆとり度」を表示、ワールド航空サービス（1971年6月30日設立）は熟年者向けパッケージツアーの定着に貢献、こうした特定マーケット（熟年者層）で長年培ってきたノウハウを商品造成に反映、自社独自の付加価値を提供し顧客を獲得した（安田、2018、128-136・137-148頁）。また、異なる特定マーケット（若年者層）を基盤に、急成長を成

し遂げた旅行会社の代表格にエイチ・アイ・エスがある。他方、道祖神（1979年6月11日設立）はアフリカ旅行専門のSIT[15]（Special Interest Tour）ツアーの老舗、風の旅行社（1991年5月24日設立）はネパールツアーから始まったSIT専門旅行会社、専門地域・専門領域を舞台に独自性の強い旅行商品を提供し隙間（ニッチ）市場で顧客を獲得している（安田、2018、192-200・201-209頁）。設立以降、長年培ってきた商品造成のノウハウ、顧客の固定化・常連化に努めた結果、独自のポジショニングを各社とも今日築き上げている。

　これまで全方位的に旅行商品を提供してきたJTBは「ルックJTBの決心。」（2010年4月）を表明、航空会社（便）の指定・並び席の確約・ホテルの指定・現地みやげ店へのショッピング案内の全廃など、従来のホールセラーの慣習や内部論理[16]を一切排除し、お客様の視点に立つ、品質追求の商品造成を実現することを顧客へ約束している（JTB、2012、509頁）。

2.　ダイナミックパッケージの登場

　これまでスケールメリットを追求してきた旅行会社は、個性化・多様化する旅行需要を吸収しようと懸命に努めるが、海外旅行の低価格化という現実の前では十分な対応ができなかった。低価格で個性的な旅という、相反する2つの海外旅行市場の要求への対応が遅れていた（岡本他、2009、46頁）。

　2000年代に入り、情報技術の進展に伴いオンライン・トラベル・エージェント（OTA）の台頭が顕著となり、消費者は海外のホテル・航空座席を直接予約することが容易となり、FIT化が一層進んだ。海外OTAの主な販売手法であるダイナミックパッケージ[17]が日本のマーケットに受け入れられるようになった（JTB、2012、84頁）。一例では、楽天トラベルの人気商品、ダイナミックパッケージ「ANA楽パック」がある。ANAのフライト約900便と宿泊施設約20,000軒を組み合わせ、さらに、オプションでレンタカーとの組み合わせが可能、自分好みのフリープランを即時に作成できる特長を支持する顧客を獲得していった（安田、2018、217頁）。また、オーストラリア格安航空会社ジェットスターが関西空港に就航（2007年3月）以降、日系格安航空会社Peach　Aviation（2011年2月10日A＆F　Aviation設立後、同年5月24日商号

変更）など、格安航空会社（LCC）の新規参入が相次ぎ、圧倒的な低価格を武器に顧客を獲得し始めた。

　オンライン・トラベル・エージェント（OTA）が持ち味とするダイナミックパッケージの利点、加えて格安航空会社（LCC）のインパクトが重なり、これまでの旅行業界の勢力図は変貌していくことになる。

3.　電子商取引（Eコマース）市場への対応

　海外個人旅行の市場では、FITはもとより、パッケージツアーの分野においても、インターネット利用の直接販売（直販）[18] が拡大、また、自由度や独自性を求める消費者の志向が強まり、従来のインフラでは対応が困難となりつつあった。特に、航空会社が定めた正規割引航空券（PEX運賃）[19] の料金算出における検索性・効率化は、円滑な業務進行にむけて急務の課題となっていた。

　この課題の解決にむけて、JTBでは海外総合旅行販売体制を確立するための新たなシステムを開発、FIT販売の業務効率化を図り、航空券・ホテルなどの単品素材から企画商品に至るまで、継ぎ目ない販売体制の構築へ取り組んだ（JTB、2012、468頁）。特に、インターネットを通じた電子商取引（Eコマース）、非対面販売への対応を強化している。さらに、新ルックシステム「LOOKS」稼働による販売力の強化、デスティネーション・スペシャリスト（海外方面別専門資格）の取得推進によるコンサルティング力の向上、店舗・ホームページ・コールセンターを連携させたクロスチャネル戦略の推進、オンライン・トラベル・エージェント（OTA）とは異なる強みの発揮にむけて取り組み始めた（JTB、2012、478頁）。

　台頭するオンライン・トラベル・エージェント（OTA）には、企画商品の間際化対応、価格訴求型商品の造成、Web専用商品の造成など、あらゆる商品形態を積極的に投入し対抗策を講じた。また、自社サイトへの誘引力を高めるために、Web化への対応を一層強化した。インターネットを通じた電子商取引（Eコマース）市場の拡大は、海外旅行商品の造成面、そして販売面の再構築を迫ることになった。

表5-6　＜海外＞「年表」（1995〜2011）成熟期

年	月日	海外旅行関連【1995〜2011年】
1995年	4. -	JTBハワイ、斡旋に'OLI'OLIシステム導入
1996年	4. 1	ルックJTB、グアムに「コンチャカード」斡旋システム導入
	4. 1	ルックJTB、ディスカバーワールド主催開始
	4. -	JTB中国旅行「ユーラシア大陸横断1万2千km 50日間バスの旅」がツアー・オブ・ザ・イヤー'95グランプリ受賞
1997年	6. 6	ディスカバーワールド「エジプトを極める11」がツアー・オブ・ザ・イヤー'96準グランプリ受賞
1998年	2.16	海外格安航空券をJTB全店で販売開始
1999年	10. 1	海外主催旅行を取り扱うグループ会社全社がJATAボンド保証会員に
2000年	4. 1	FITにおける競争戦略強化を目的に「時価価格」導入、インターネット24時間受付け体制開始
	9.19	2001年度ニュー「ルックJTB」商品広告宣伝展開、カテゴリーを「レギュラー」と高級商品群「ロイヤル」に分離、廉価カテゴリーブランド「ルックJTB Slim」投入
2003年	6.19	海外個人旅行専門店「トラベルデザイナー新宿」オープン
2004年	2.28	「杜の賑い 台湾」、台北で初の海外開催
	7. -	JTBE、Webでホテルや現地ツアーを予約・発券できる「MYたび予約システム」（MKS）を稼働
2005年	2.19	韓日交流大祝祭「杜の賑いin 韓国」（韓国伝統芸能フェスティバル）、ソウルオリンピックホールで開催
2006年	9. 1	ルックJTB、web予約の店舗取次稼働
2007年	2. -	㈱i.JTB、JTBホームページで海外ダイナミックパッケージ「Navi（ナヴィ）」販売開始
	3.29	i.JTB「かんたん海外ツアー検索＆予約」リリース
2008年	1. -	JTB地球倶楽部、団塊の世代をターゲットにした「シニア留学」販売開始
	6. -	ロッテ・ジェイティービーの韓国国内旅行商品「あ〜大韓民国！」が韓国観光公社優秀推薦賞品に選定
	10.31	学生向けプロモーション全国展開、ルックJTB「ガクタビ」、エースJTB「ガクタビジャパン」
2009年	1. 7	iJTB、海外旅行販売サイト「トルノス」オープン
2010年	4. -	ルックJTB、商品改革「ルックJTBの決心」断行
	11.18	「メルコスールツーリズムアワード2010」でJTBグランドツアー＆サービスの「パタゴニア、エル・チャンデン2大名峰ハイキング11日間」がエコツーリズム賞、JTBメディアリテーリング「旅物語 悠々の南米3カ国周遊13日間」がメルコスール委員会特別賞受賞
2011年	9. 3	JTB西日本「地恵の旅」、ルックJTB「魅惑のメキシコ＆キューバ」「アエロメヒコチャーターで行くカリブ海の真珠キューバ」がツアー・オブ・ザ・イヤー2011の部門グランプリ受賞

出所：『JTBグループ史 1912-2012』642-673頁を加筆修正

6.　変容を続ける海外旅行ビジネス

　前章と同様、JTB100周年事業推進委員会編纂（2012）『JTBグループ100年史　1912-2012』、旅の文化研究所編（2011）『旅と観光の年表』の史実を中心に、「代売事業」から「パッケージツアー（ホールセール商品・メディア販売商品）」、そして「ダイナミックパッケージツアー」へ、時代と共に変遷する海外旅行ビジネスを考察した。

　海外旅行ビジネスは、社会情勢・経済動向・人口動態などと密接に関わりながら、変容を続け、成熟期を迎えた海外旅行市場の形成へこれまで貢献を果たしてきた。しかし、その先の将来像は見渡しづらく、消費社会の成熟、情報通信技術の進展、世界経済のグローバル化など、従来レベルの対応では困難な状況が訪れようとしている。こうした情勢にあるが、未開拓分野「グローバルビジネス」には新たな成長を期待でき得る「光」があると考える。

　世界を舞台に広がる商的機会・交流機会を捉え、新たな価値を社会に提示し、将来にわたり変容を続ける海外旅行ビジネス（グローバルビジネスを含む）、その主点を2つ示し、本章を締め括りたい。

①「差異緩和ビジネス」への挑戦

　旅行会社のグローバル事業は、これまで日本を中心に据えて、それぞれの国に対して1対1でアウトバウンドやインバウンドの事業を行ってきた。この従来型の海外拠点を「スター型」とすると、今後求められるのは「ネットワーク型」による海外拠点の経営といえる。「日本発、日本着」という考え方ではなく、「世界発、世界着」を目指すべきである（立教、2019、171頁）。

　ツーリズムのグローバル化に対して、旅行会社のビジネス・モデルや戦略も大きな変革を迫られている。大手旅行会社（JTBグループなど）においては、水平統合（展開）や垂直統合など各社の戦略に沿って経営効率を高め、国際的な競争に打ち勝とうと努めている（立教、2019、169頁）。こうしたトップダウン型の「グローバルビジネス」に対して、ボトムアップ型の手法を用いて「企業成長力」を高める動きが一方で見られるようになってきた。海外拠点の

現地情報力をいかして、旅行事業に留まらず、商社的なサービスを担う旅行会社（エイチ・アイ・エス）が出現し始めた。企業と連携し、調査活動事業では、現地調査・企業リストアップ・小売価格調査・市場調査・アンケート調査などを担い、支援活動事業では、現地アポイントメント取得代行・通訳翻訳サービス・テストマーケティング・海外赴任者サービスなどを提供している（安田、2018、155-156頁）。また、販路拡大や知名度向上を目指す企業との連携も視野に入れ始めている。

　異国間に生じる文化の差異（言語・情報・慣習・食など）、これら障壁を緩和する海外拠点のスタッフ（有能な人的資源）、そして拠点の立地、これらの資源を活かす新たな事業に取り組むべきである。誠実性・確実性・安全性・緻密さなどのソフト面を強調した「日本流」サービス対応を売りに、異国間の架け橋を担うサービス提供事業者の需要は、これまでの観光旅行者対応のみならず、商的分野（日本企業・外国企業・多国籍企業）への対応においても、今後高まるものと考える。「世界発、世界着」の人的交流、さらには商的交流を目指し、異国間に生じる文化的な差異緩和を実現するビジネス「日本流サービス提供事業者」を標榜し、限りない未開拓分野へ挑むべきである。

② 「差異価値提供ビジネス」への挑戦

　旅行会社は、パッケージツアーにより、サプライヤーが提供する旅行サービスを組み合わせた、新しい価値を創造し実現してきた。交通や宿泊をはじめとする旅行サービスの提供者、すなわちサプライヤーと消費者である旅行者の間にあって、それぞれのニーズを調整し適切に結び付ける機能と社会的役割を担ってきた。

　こうした機能と役割を商品化したものがパッケージツアーであり、そこには旅行会社によって与えられたテーマやシナリオが加わり、個人では実現できない価値を提供することを可能にした。海外旅行の自由化とともに至れり尽くせりフルパッケージ型商品、スケルトン型商品、高級商品、SIT商品、メディア販売商品など、さまざまな商品形態を生み出し、旅行の楽しさを開発・創造してきた。旅行会社側のイノベーションによって高度化してきたといえる（立教、2019、36頁）。

　旅行会社は、「旅の楽しさ」「交流の意義」「旅行体験の素晴らしさ」を社会に提示し、手軽に享受することができる仕組みを、パッケージツアーという形で提供した。まさに、この時期が旅行業の社会的存在意義を確実にした時期といえる（立教、2019、37頁）。こうした異文化環境の楽しさを増幅させる「文化の仲介者」という原点に立ち返り、まずは旅行会社本来の社会的役割・社会的存在意義を自ら再確認すべきである。

　「国」「地域」、個々が有する固有の文化、その差異価値を顧客が実感できる場の提供、さらには、相互交流を楽しめる場の形成など、個人旅行では成し得ない価値を創造していくべきと考える。海外の現地旅行会社と連携・協同、パッケージツアーに次ぐ「差異価値提供ビジネス」の創出を目指し、多様性・可変性を身にまといつつ、イノベーション（技術革新）の高度化へ挑むべきである。

（福本賢太）

注
1)　世界の国際航空輸送を営む民間航空会社で構成される同業者組合。1919年ハーグ条約により現在のIATAの母体が設立された。主な活動は、運賃調整・運賃精算および運送にかかわる標準方式の設定などである（北川、2008、9頁）。
2)　現在の一般社団法人日本旅行業協会（JATA）は、運輸大臣登録の一般旅行斡旋業者26社が共同して立ち上げた国際旅行業者協会を母体としている（北川、2008、129頁）。
3)　旅行会社が旅行者を募集するため、あらかじめ旅行に関する計画（旅行目的地、旅行日程、運送または宿泊サービス内容、旅行代金）を作成し、この計画に沿って実施する旅行をいう。旅行商品を企画する旅行会社は、交通機関や宿泊施設の大量仕入れ・販売により安価での商品提供が可能となり、旅行者側も安価で旅行ができる利点がある（北川、2008、194頁）。
4)　団体包括旅行の輸送部分（航空）に対して適用される団体用（主催旅行）の特別運賃（北川、2008、121頁）。
5)　自社の主催旅行（現在の募集型企画旅行）を造成し、他の旅行会社（リテーラー）に卸売専門で販売を行う旅行会社のことである（北川、2008、214頁）。
6)　1969年7月、ジェットツアーのホールセール専門会社、世界旅行㈱が設立された。ルック・ジャルパックに対抗して中堅旅行会社が結集し、中立不偏を標榜して、新しいホールセラーをつくったのであった。同時期、郵船航空サービス㈱のホールセール商品、ダイアモンドツアーが発表された。日本航空のトラベル・エア構想は1969年4月の旅行開発㈱の設立によって実現する。この結果ジャルパックは、旅行会社からの商品提供ではなく、同社独自の企画で催行されることになった（JTB、2012、157頁）。
7)　海外旅行を企画販売する旅行会社から依頼を受け、その旅行先の現地交通機関、ホ

テル、ガイド、レストランなどの手配を専門に行う旅行会社のことである（北川、2008、241頁）。

8)　バルク運賃制度とは、航空会社が40席以上を旅行会社に一括売りすることを条件に、大幅割引を適用するものである。例えば欧米間の場合、エコノミークラスでの往復は通常運賃の約6割引となった。この制度は、まず1969年11月に欧米間に、次いで太平洋線に適用された。東南アジア方面においても各種団体運賃制度が導入され、低廉な価格での旅行が可能となった（JTB、2012、187頁）。

9)　運輸省には、消費者からのクレームとして、パンフレットに取り消し料が明示されていないもの、取り消し料が明示されていても記述があいまいなもの、取り消し料が高すぎるものの存在などの点が多く寄せられた。また、もぐり業者の旅行あっ旋類似行為も多発していた（岡本他、2009、162頁）。

10)　現・DeNAトラベル（エアーリンクトラベル、1979年設立）、現・エイチ・アイ・エス（インターナショナルツアーズ、1980年設立）、IACEトラベル（アイエーシーイートラベル、1982年設立）などがある。

11)　個人で自由に海外旅行をすることをいう。海外旅行経験者（リピーター）の増加とともに、この種の旅行は増えている。通常、FITは格安な航空券手配のみか、運輸機関と宿泊の手配のみをおこなう（長谷、1997、139頁）。

12)　1995年4月、ホノルルにおいて、'OLI' OLIシステムがスタート、ハワイ滞在中のお客様の快適性をより高めるために開発されたシステムであった。各ホテルの近くに停留所を配置、現地の主要スポット間を10分間隔で運行する 'OLI' OLIトロリー、携帯電話 'OLI' OLIフォンの貸出しなどの装備面を充実した他、お客様情報の管理を 'OLI' OLIカードに一元化してホテルチェックインをスムーズにするなど、ハワイでのサービス体制を一新した（JTB、2012、378-379頁）。

13)　1996年4月、グアムにおいて、コンチャカードシステムを導入、ルックJTBの幹旋効率化とサービスの向上を図った。このシステムのコンセプトは、「お客様をお待たせしない」ということであった。ホテルへの送迎を混乗にし、最初に通関したお客様の乗車後20分以内に発車させるなど、空港～ホテル間のトランスファー業務を合理化したほか、お客様IDカードによってホテルのチェックインやDFSの入場などもスムーズに行えるようになった（JTB、2012、395-396頁）。

14)　1988年、ジャルパックは今までのハワイツアーの常識を覆す「わ、イキイキプラン」を発表、ホテルの部屋を前日からリザーブ、ホノルル到着後すぐにチェックイン、ハワイコースに革命をおこすダイレクト・チェックインを誕生させた。ジャルパックが始めたダイレクト・チェックインは、その後各社が取り入れている（安田、2018、113-114頁）。

15)　観光以外の特別な目的をもったツアーで、特定の関心（interest）を満たすためのツアーを指す。SITは、単なる物見遊山のパッケージツアーでは満足しない旅行者の多様なニーズを吸収するため、また定型化した商品に対する差別化として企画されている（長谷、1997、139頁）。

16)　過去の一例であるが、収益を確保するために、ツアー参加者を契約する現地みやげ店へ案内し手数料を収受するなどの幹旋行為がまかり通っていた。

17)　Webサイトに出発地・目的地・日程・人数を入力し検索することで、自社の予約在庫だけでなく提携する旅行会社や航空会社の予約システムに連動して最適な検索結果を提示し、航空券やホテルなどを組み合わせた割安なパッケージツアーをインターネットで予約・購入できるサービスを提供している（北川、2008、158頁）。

18)　インターネットの普及に伴い、旅行に関する情報の入手が容易となった。宿泊・航空・鉄道などの旅行素材提供事業者が、旅行会社を通さずに、直接販売することをいう。

19)　PEX運賃とは、航空会社が定めた正規割引運賃で、IIT運賃と異なり、旅行会社だけでなく航空会社も直接消費者に販売することができる個人向けの運賃である。英語ではPurchase Excursion Fareと呼ばれる。PEX運賃は、予約・購入期限、滞在日数、ストップオーバー回数などに制限があり、エコノミークラスの場合、低廉な運賃は予約変更ができないことや、取り消しには手数料がかかることが多い。マイレージ換算はプランによって違うものの100％付与のプランが多い。PEX運賃は、IIT運賃と同様に、1994年より導入された（JTB総合研究所HP「観光用語集」(2020) https://www.tourism.jp/tourism-database/glossary/pex/（閲覧日：2020.10.25))。

第6章

航空サービスの変化と旅行ビジネス

1. IATA（国際航空運送協会）と旅行ビジネス

1. IATA（国際航空運送協会）設立の目的

　1945年に57社の航空会社で設立した国際航空輸送協会（IATA）[1] は2020年現在、120カ国290社の航空会社が参加する組織にまで成長した。組織全体で世界の約82%の旅客を運び、世界の代表する航空会社が加盟し、旅客輸送と貨物輸送を担っている。

　では、このIATAの目的はどのようなものであるかを詳しくみてみる。IATAの重要な目的は大きく分けて次のように3つに分けられる。第一は安全かつ効率的航空運送の助成を行うことであり、第二に国際航空業務運営の円滑化の促進であり、第三として国際機関との協力を行うことである[2]。

2. IATAの役割

　IATAの具体的な役割は、空港でのハンドリング契約についての標準方式を定め、IATA代理店に対して航空券の発券のための精算方法を定めたBSP（Bank Settlement Plan）[3] により、効率的な債務の回収・保全を可能としている。また、ICAO（国際航空民間機関）[4] などの国際機関と共に航空の安全、法律的・経済的諸問題に取り組んでいる。

　さらに、航空会社は世界中に存在し、その商業活動はそれぞれの帰属する国家を超えて多国間に渡ることから、これに対応するために様々な機能を持つ必要があり、その内容は以下の通りである（ANA、2017、35-36頁）。

① 運賃調整機能

② 航空企業間の貸借関係の決済機能

③ 空港使用料の交渉

④ ダイヤ調整

⑤ 国家間に代わる国際統一

　近年になって、IATAに加盟せずに独自の運賃体系で販売するLCC（Low Cost Carrier　格安航空会社）[5] や新興航空会社の台頭や、オープンスカイ[6]、アライアンス[7] などの規制緩和によりIATA航空会社を取り巻く環境が大きく変化してきた。また、航空会社が近年流通の見直しを行ったために、航空会社にとっての旅行会社の役割や顧客の航空券購入・支払い方法の変化[8] など、IATAが長年に渡り維持・拡大してきたシステム自体を見直さざるを得なくなってきている。

3.　IATAが旅行ビジネスに与える影響

1）IATA運賃制度の変遷と日本の旅行市場

　IATA普通運賃は、IATA創設以来運賃の基準となってきたいわゆる正規航空運賃体系であり、全航空会社共通の運賃体系でもあった。しかしながら、航空市場における競争や規制緩和が進み、各航空会社が利用者のニーズに応じた多様な運賃を設定するようになり、普通運賃の存在が徐々に形骸化し、共通運賃を設定する意義が失われた。そこで2018年にIATA運賃調整会議（2017年6月）にて採択された決議に基づき正式にIATA運賃が廃止されることとなった。

　IATAはこれまで航空運賃を『普通運賃』（Normal Fares）と『特別運賃』（Special Fares）とに分け、『普通運賃』の設定は、現行運賃レベルを目安として政府認可を受けていた。これを上限運賃レベルとして、各種割引運賃の基準としていた。エコノミークラスの正規割引運賃の基準である「IATA PEX」[9] も時代の流れの中で設定され、その結果、航空会社が直接顧客に正規割引運賃を販売できるようになった。しかしながら運賃自由化以前は、正規割引運賃自体が高価格であったため、旅行商品造成素材としての「包括旅

行運賃」（IT運賃）が非公式でありながらも格安航空券として公然と市場に出回り、航空券価格が劇的に下がることになった。これにより結果的に個人旅行需要を押し上げることに貢献した[10]。

　しかし、旧運輸省は、1998年7月3日、日本発国際航空運賃について、①包括旅行運賃（GIT・IIT運賃）の下限撤廃、②航空会社が個別に設定するキャリア包括旅行運賃（キャリアIT運賃）の導入、③ペックス（PEX）運賃の下限額を一律IATA-PEX運賃の下方70％に設定する、などを「日本発国際航空運賃に係る制度改正」として航空各社に通達した（旧運輸省航空局長通達）。この運賃規制緩和の中で、ペックス（PEX）運賃の下限70％拡大は、日本市場で流通している脱法的な格安航空運賃に取って代わるレベルであり、航空会社は認可された正規割引運賃を格安航空券の実勢価格に近い価格で顧客に販売することが可能となったのである。この運賃制度改正は、価格設定次第では、確実にペックス運賃（正規個人割引運賃）のシェアを高め、旅行業者主導の流通政策から生まれた格安航空券の存在意義を低下させ、流通の主導権が航空会社へシフトすることを意味する。さらに直接販売のツールとしてのインターネットの普及や技術的進展を考えると、航空会社にとって焦眉の急である流通コスト削減に直結するものであった。

　その後、2008年1月28日、国土交通省は、日本発国際航空運賃に係る制度改正を行い、2008年4月1日よりIATA・PEX運賃の下方70％に設定しているゾーンの撤廃を航空各社に通達した。ここでやっと日本市場において、国際航空運賃（特別運賃）の自由化が実現、航空各社は需要に応じて割引運賃の価格設定を行えるようになった。同時に低価格運賃を売りにしているLCCの日本市場への積極的な参入も可能となり、その後の訪日外国人旅行者の増加にも大きく寄与したのである（岡本他、2009、55-81頁）。

2）次世代型IATA決済システムの導入（NewGen ISS）

　IATAは独自の決済システム（BSP）を将来に向けた新しい方式に変更することとなり、IATA代理店と航空会社間の決済における新しい枠組み「the New Generation of IATA Settlement System（NewGen ISS）」を2018年に導

入した。この新しい枠組みは1971年に導入されたIATAの決済システムBSPを新時代のBSPへと再構築したものである。

　新しいIATA決済システムでは、まずIATA公認の旅行会社を「グローバル」「スタンダード」「ライト」の3レベルに分け、世界の複数拠点でBSP精算が可能なグローバル型と、1カ国内のみのスタンダード型のほか、認定条件が軽いライト型の設定を行い、認定に必要な条件などの幅を広げることとした。ライト型では、決済手段は利用客のクレジットカードまたはIATAの電子ウォレット「イージーペイ（EasyPay）」[11]のみとした。さらに旅行会社の倒産などに備えるリスク管理の枠組みとして、発券額に上限を設定する「RHC = Remittance Holding Capacity」[12]制度の導入を行った。新しい決算システムは旅行会社にとっては取扱い額により決済方法を選択することが可能で、航空会社にとっては旅行会社倒産のリスクを回避することが大きな目的である[13]。

3）IATA代理店のカード使用の透明性を高める規定（TIP）

　次世代型IATA決済システムの導入に合わせて、旅行会社の決済方法をこれまで旅客のクレジットカード以外は原則禁止してきたが、「イージーペイ（Easy Pay）」を選択肢に加えることにより航空会社にとってリスクの低い取引環境を整えた。

　2019年4月1日よりIATAは「Transparency In Payments」（TIP）を全世界で導入すると発表した。この導入によりIATA代理店は代理店カードなどの「Alternative Transfer Methods（ATM）」（これまで支払いが認められていたカードの替わりに使用できる支払い方法）に関して、航空会社による利用可否をBSPlink[14]上で管理できるようになった。このATMにはIATA代理店経営者、従業員などの名義のクレジットカード、バーチャルカードナンバーを含んでいる。航空会社はこれまで旅客以外のカード使用をIATAの決議を理由に禁じてきたが、TIP導入で航空会社が設定した同意のポリシーを管理する機能が追加されたことに伴い、各航空会社が同意すればIATA代理店は旅客以外の名義のカードによる決済が可能となった。しかしながら国内では依

然、旅客以外のクレジットカード利用をJLならびにNHは禁止する通知を発出している[15]。

4）国際航空券を販売する新流通規格（NDC）

IATA（国際航空運送協会）が新たにXML[16]の通信規格である「NDC」（New Distribution Capability）[17]を発表した。これまで旅行会社が行う予約のほとんどがインフィニ、アマデウス、セーバー、アポロといったGDS（Global Distribution System）[18]を経由して行われており、その際に旅行会社が航空便の予約をGDSで行うとリファレンス（予約ナンバー）が返答されたり、代理店が航空券を発券すると航空券番号などが航空会社に送信されたり双方向で情報のやり取りが行われている。

現在は、航空会社とGDS間で予約発券などを行うためにIATAが規定しているTELETYPE（テレックスによる情報通信）もしくはEDIFACT（電子的データ交換の国際基準で同じフォーマットでの情報を交換する方法）という2つの通信規格があり、GDSはこれらを各航空会社との間で送受信することで、予約や発券が可能となっている。IATAが新通信規格を発表した一つの理由として、送受信できる情報量が従来の通信規格（TELETYPE/EDIFACT）と比較して格段に増えるからである。近年、アンシラリーサービス[19]など航空会社のサービスは、ますます多様化している。この多様化した情報量の多い情報の送受信が、新しい通信規格により可能となるように整備を進めている。

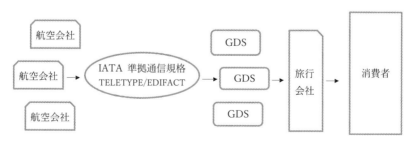

図6-1　IATA 準拠通信規格（TELETYPE/EDIFACT）
出所：『トラベルビジョン』2018年5月24日号をもとに筆者作成

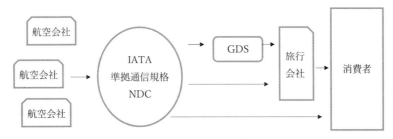

図6-2　IATA 準拠通信規格（NDC）

出所：『トラベルビジョン』2018年5月24日号をもとに筆者作成

これにより、旅行会社は将来NDC対応航空会社との直接接続が可能となり、その情報量のやり取りを格段に上げることにより、新たな販売商品造成などの可能性を広げることができるのである。

5）航空会社のGDS対策

航空会社がNDCに切り替える理由として、航空会社と旅行会社をつなぐ役割を担ってきたGDSの存在が大きく関わっている。

その一つ目の理由は、GDSコスト[20]の削減である。これまでGDSを通じて行う予約・発券はコスト的にもメリットがあったし、利用者側も航空会社ごとにそれぞれ違ったシステムを導入する必要もなく、双方にとって経済性・利便性の高いシステムであった。しかしながら、厳しい航空会社間の価格競争の中、GDS予約が全体の6割を超え膨大な予約・発券コストは航空会社の経営を圧迫するようになった。そこでGDSを介さずに新たな方式、NDCという方法がIATAにより考えられたのである。

二つ目の理由としては、アンシラリーサービスの販売である。近年、航空会社が顧客に提供できるサービス内容が劇的に増え、その販売自体が航空会社の収益に大きく貢献するようになった。例えばプレミアム座席の有料販売、空港ラウンジサービス、機内Wi-Fiの販売など多種多様なサービス提供が行えるようになった。このように、各航空会社が独自のサービスを提供し始める中、既存のGDS経由ではサービス提供を行うためのシステム構築に時間を要し、しかも文字（テキストデータ）での案内に限られていた。これに対して

NDCはサービス内容をビジュアル（写真、ビデオ映像）で伝えることが可能であり、顧客に対してより具体的に案内することができるのである。

　三つ目の理由としては、これまで多くの予約がGDS経由であったため、顧客データは販売したそれぞれの旅行会社が管理しており、航空会社はそれらの顧客データは、予約が完了した後に初めて知ることとなっていた。それゆえに、サービスを提供する側の航空会社が航空券販売時に、顧客に対して新たなサービスの提案ができない問題を抱えていた。NDCでは、顧客は航空券の販売開始時より、航空会社のシステムにアクセスすることとなり、航空会社は顧客を認識することにより、多種多様な提案を直接顧客に対して、予約開始時から行うことができるのである[21]。これは、航空会社が顧客に対して進めている「One to Oneマーケティング」[22] をより可能とするものである。

2.　日本の航空政策の変遷と海外旅行ビジネス

1.　わが国の航空産業保護政策と国内線規制緩和

　わが国の国内航空の大きな転換期は、戦後の国内航空体制の柱であった「45・47体制」の終焉であろう。では「45・47体制」とは、どのようなものだったのだろうか。

　その柱となったのは1965年に運輸省（現・国土交通省）に対して諮問委員会が提出した「わが国定期航空輸送のあり方について」[23] の答申で、そこでは「国内線を運営する企業における経営基盤の充実強化」が必要であり、そのためには「定期航空輸送事業は国際線1社、国内線2社を適当とする」と述べられている。わが国の国内線の航空会社は日本政府により戦後規制されていた。国内線を運行できる航空会社は3社に限定され、その路線・便数も規制され続けてきた。日本航空は国際線および国内の幹線、全日空は国内線と国際線の近距離チャーター便、東亜国内航空[24] は国内のローカル線および一部幹線というように、それぞれ政府によって割り当てられていた。

　時代とともに旅客数も格段に増え、1978年より米国で航空自由化が始まったことによる航空会社間の競争の激化と、それに伴う低運賃などの影響で、

わが国の航空規制の見直しの必要が迫られるようになった。1985年にはこれまでの「45・47体制」の見直しをはかり、運輸政策審議会答申[25]を経て、航空政策の抜本的改革が行われた。その内容は国際線複数社体制、国内線競争促進ならびに日本航空完全民営化の3本柱であった[26]。

これにより1972年より続いたわが国の航空産業保護政策であった「45・47体制」は撤廃されることとなった（運輸白書、1988、165-168頁）。

2. 国際線の複数社体制

これまで国際線の運航は日本航空1社に限られていたが、国際線短距離チャーター便に限られていた全日空は1986年東京（成田）－グアム線を皮切りに、国際線定期便の運航を開始した。また日本エアシステム（旧東亜国内航空）は1988年より東京（成田）－ソウル便を就航させ、続いてシンガポール、ホノルル便を開設した。

これにより国際線1社体制から3社体制となり、就航都市、便数も一気に増え利便性が向上したと同時に、一路線に複数社が相手国航空会社をも含め就航することにより、航空運賃低下を生むこととなった。

3. 日本航空完全民営化

戦後、わが国の航空体制を速やかに進めるために政府の出資で設立された日本航空は、国際線・国内幹線をナショナルフラッグキャリア[27]として運行した。その後、「事業の秩序を確立し、もって航空の発達を図る」という当初の目的を達成したことにより、同社の自主的かつ責任ある経営体制の確立を図るとともに、航空企業間の競争条件の均等化を図るため、日本国政府が「特殊法人等の廃止・民営化等及び独立行政法人の設立等に当たっての基本方針」に則り、1987年11月に完全民営化を行った。

これら一連の航空政策見直しによる規制緩和により航空自由化が進むなか、日本の航空業界も厳しい競争激化に直面することになり、さらなる合理化による効率性を高めた経営が必要となった。

4. 国内線新規参入とその影響

　わが国の航空産業保護政策であった「45・47体制」が1985年に終わりを告げ、日本航空が完全民営化されるなどの規制緩和が進む中で、1998年のスカイマークエアラインズや北海道国際航空などが新規参入したことにより、長きにわたる国内線3社体制が崩れ、航空産業は新たな時代を迎えることとなった。

　さらに2002年にはスカイネットアジア航空、2006年にはスターフライヤーが続いて新規参入を果たした。この新たな国内線参入により各種割引運賃が登場し、結果として低運賃が実現した。また同一路線複数社運行により定期便運航スケジュールが増え利便性も向上した。このことにより旅行業界は複数の航空会社の中から、顧客の需要に応じた多様な商品を安価に市場に提供することができるようになった。

5. 海外旅行ビジネスの本格化

　わが国の海外旅行ビジネスが転換期を迎えるのは、1964年に外為規制が緩和されてからであるが、海外旅行が盛んになり始めるのは航空関連の規制緩和が進み、さらに航空機が大型化したことによる。日本人の海外旅行者数の推移を見ると、1986年まで10％前後で推移していた海外旅行者数の伸び率が、1987・1988年には23％以上の伸び率を示した。

　また、1964年には127,000人であった海外旅行者が1990年には1000万人を超えるまでに成長した。この背景には航空機の大型化（ジャンボジェット、ワイドボディー機の就航）による経済性・効率性の向上に加え、1985年に「45・47体制」の終焉を迎え航空産業の規制緩和がいっきに加速し、日本航空の完全民営化や全日空、日本エアシステムの国際線新規参入など航空会社間の競争が始まったことによる。また相手国航空会社の日本乗り入れなどで海外航空路線がいっきに拡大し、競争による航空運賃の値下げで海外旅行商品の低価格化が実現し、海外旅行大衆化時代に突入した。

　一方、航空会社が提供する座席数の増大は価格的側面だけでなく、旅行業界が販売する商品自体にも影響を及ぼした。これまで、海外旅行は団体旅行

が中心であったが、多方面への豊富な座席供給は、団体旅行（一般団体旅行、褒賞旅行、修学旅行など）はもとより、各種パッケージ旅行、正規割引航空券ならびに格安航空券など、多種多様な商品群を生む結果をもたらした。

3. LCC登場と日本の観光政策

1. 国内LCC誕生への道のり

わが国におけるLCCの登場は2010年以降最盛期を迎えた。その背景として様々な要因が考えられる。日本がアジア各国との交流の推進や日本の役割や地位を高めようと2007年に打ち出された「アジアゲートウェイ構想」[28]のもと、オープンスカイ（空の自由化）による航空政策の転換期を迎えた。その後2010年5月に開かれた「国土交通省成長戦略会議」において、わが国の観光分野の優先実施項目として訪日外国人3,000万人プログラムの展開などが採択され、観光立国として具体的な取り組みが必要となった。その中で海外からの観光客輸送の大半を担う航空分野について、これまでの航空政策を抜本的に見直すために次の戦略が示された[29]。

① 日本の空を世界へ、アジアへ開く（徹底的なオープンスカイの推進）
② バランスシート改善による関西空港の積極的強化
③ LCC参入促進による利用者メリットの拡大

さらにこれらの戦略を推進するためには、付加価値を生み出す総合的な航空産業に脱皮するように航空業界自身が変わっていかなければならない。それとともに行政サイドにおいても関連分野との連携を図っていくことが重要である。

「アジアゲートウェイ構想」実現に向けて、アジアインバウンドの取り込みや国内観光需要の拡大といった観点からは、観光行政との積極的な連携が必要であり、また空港アクセスの改善といった観点からは、鉄道敷設やダイヤ改正などの鉄道行政との連携を図っていくことが必要であった。さらに、世

界と結ぶネットワークの充実、インバウンドの増加を図るために、国土交通行政のみならず、空港でのCIQ[30]をそれぞれ所管する各省庁の行政分野との連携が必要となっている。さらに加えて真に必要な航空ネットワークの維持という観点からは、各発着空港からの航空需要拡大に向けた取り組みや、インバウンドの受け入れ体制の整備といった地方自治体等地域との連携が必要となっている[31]。このように、LCCの日本国内への新規参入は、関係各省庁、自治体をはじめ関連企業等が環境を整備することにより初めて可能となった。

2. 国内LCC誕生

　これまで既存のFSC（Full Service Carrier）[32]を中心に行ってきた日本の航空政策は、1990年代後半に幾つかの新規参入の航空会社はあったものの、これまでのビジネスモデルを抜本的に改革するものではなかった。しかしながら、わが国の人材・技術力・観光資源など優れたリソースを有効に活用し、国際競争力を向上させるための「国土交通省成長戦略」の基本構想[33]において、観光産業、航空産業、空港施設が相互に機能して官民連携でインバウンドの推進が必要と述べられており、日本国内の航空産業が新たな時代を迎えることとなった。その構想を実現させるためには、LCCなどの新規航空会社の参入を促進し、主にアジアからのインバウンドを拡大することにより、観光需要を高める必要があった。

　その結果、2010年頃よりアジアから日本へのLCC乗り入れに続き、わが国でも幾つかのLCCが新たに設立された。その中でもエアアジア・ジャパンは日本のLCCの草分け的な存在であり、その後、関西空港（関空）、那覇空港を拠点空港としたピーチアビエーション（ANA資本）や、成田空港（成田）を中心にジェットスター・ジャパン（カンタス航空・JAL資本など）それに、成田を拠点とする春秋航空日本（春秋航空・JTB資本など）などが続いて就航した。新たに就航したLCC各社は低価格販売により、これまで取り込めなかった顧客層を獲得することに成功し、急速に成長するアジアをはじめとする観光需要を、ビザ発給要件等の緩和と相まって取り込むことができた。

3. これからのLCCが抱える問題

1) 増え続けるLCCの経営破綻

　規制緩和により新規航空会社の参入が容易になり、世界規模でLCCの台頭が進んだが、一方では市場規模以上に増えすぎたLCC間での過当競争、低運賃による収益性の悪化などにより、経営が悪化する会社も見られるようになっている。航空会社経営の特徴として、航空機など膨大な固定費を必要とし、その運用、維持管理にはさらなるコストが必要とされる。

　また、競争相手であるFSCは豊富な財政力をバックに資金を集中投下することにより、比較的財政的基盤の弱いLCCを市場から駆逐されることも見られた。しかしながら、SFCとの競争に勝ち抜いたにもかかわらず、環境の変化に対応できずに破綻した航空会社も多い[34]。

　これらの根本的な原因は、LCCは資金的余裕がないことに加えて、粗利益の低いビジネスモデルであるため、損益分岐点が高い搭乗率に設定されていることである[35]。この高い搭乗率を実現するには低運賃はもとより分かりやすい運賃体系、予約の手軽さなど利便性が求められ、安定した観光旅客需要が確保されていなければならない（杉山、2012、77-78頁）。

2) 不安定な国際情勢の中のLCC経営

　国際情勢は日々めまぐるしく変化しており、世界で起こる様々な出来事が航空・旅行事業に強く影響を及ぼすようになった。中でも、政治をめぐる国家間の問題、貿易不均衡などの経済問題、テロなどの治安問題、そして疫病（パンデミック）などの感染症問題など航空産業にとって、安定的な経営を行うことがますます困難になっている。

　近年、航空需要に大きな影響を及ぼしたものとして、日韓外交、経済問題に端を発したボイコットジャパンがあり、これにより2019年の訪日韓国人が対前年で25.9％落ち込み、558万人となった。その結果、日韓路線320便のうち207便が減便となり、日本全体では、座席数が34％減少した。香港民主化デモにより香港への需要も激減し、日本人香港渡航者数が2019年は、16.2％減の108万人まで落ち込んだ。過去においては、2004年に燃油の需給逼迫へ

表6-1　主なLCC破綻の歴史

航空会社	国籍	破綻時期	破綻理由
マックス ジェット	アメリカ	2007年12月	2003年に設立した全席ビジネスクラスのLCC オイルの高騰、競争激化により連邦倒産法第11章を適用し運航を停止
ATA航空	アメリカ	2008年4月	燃油費の高騰と米軍チャータービジネスの契約解除により倒産
オアシス 香港航空	香港	2008年4月	香港～ロンドン間を全席ビジネスクラス、その後バンクーバー路線を開設　燃油費の高騰で採算が取れず倒産
シルバー ジェット	イギリス	2008年5月	ロンドン～ニューヨークを全ビジネスクラスで開設したが、その後の燃油価格高騰により運航停止
ビバマカオ	マカオ	2010年3月	アジア、オセアニアに就航していたエコノミークラスのLCC 財政難で政府により営業免許取り消しにより破綻
エアベルリン	ドイツ	2017年8月	経営難とエディハド航空よりに支援打ち切りにより経営破綻
モナーク航空	イギリス	2017年10月	コスト圧力増大と競争激化で経営破綻
エーグル・ アズール	フランス	2019年9月	資金繰りが困難で経営破綻
XL航空	フランス	2019年9月	財務状況の悪化に伴う処置
トーマスクック 航空	イギリス	2019年9月	デジタル化への対応の遅れで新たな顧客層の取り込みに失敗
フライビー航空	イギリス	2020年3月	COVID-19による需要減少と資金調達の失敗
バージン・ オーストラリア	オースト ラリア	2020年4月	慢性的に赤字体質に加え、COVID-19による収入激減による経営破綻任意管理手続きを行う LCCとして運行開始したがその後FSCに転身
ジャーマン ウィングス	ドイツ	2020年4月	COVID-19による需要減少により親会社ルフトハンザ航空が運行終了を発表
ノックスクー ト・エアライン	タイ	2020年6月	COVID-19による需要減少により会社を清算すると発表　日本3都市に就航
エアアジア・ ジャパン	日本	2020年12月	COVID-19による需要減少により会社を清算すると発表　日本3都市に就航

出所：航空会社破綻情報を基に著者が作成（2020年12月現在）

の懸念で高騰し始めた燃油価格が2008年にピークとなり、表6-1のように、これが原因となって多くのLCCが破綻する結果となった。このように、航空需要は国際情勢の変化により敏感に影響を受け、安定的な航空経営を維持することが困難な時代となったのである。

　一般的にLCCは運行効率が高い反面、大手航空会社ほど経営に余力はなく、合理化などの対応手段も限られるので、経営破綻のリスクは高いという見解[36]がある。また経営危機に瀕した場合、大手航空会社に比べて政府の支援を受けづらいという側面もある。現実に、新型コロナウィルスが原因で経営不振に陥った、カンタス・オーストラリア航空は、オーストラリア政府支援の対象となったが、LCCであるヴァージン・オーストラリア航空は、2020年4月に政府援助の対象にならず経営破綻した。

　このように、国を代表するナショナルフラッグキャリアや各国の主要航空会社は、経営が悪化の折には政府による債務保証や公的資金の注入などの救済対象となり得るが、LCCなどは自助努力による再建ができなければ、破綻もしくは再編の対象になる可能性が大きい[37]。

3）慢性的パイロット不足

　LCCは小型・中型機を使用し、頻度の高い運行を行っている。そのため、LCC拡大とともに、それを運行するパイロットが大量に必要となり、その確保が問題となっている。

　これは、もともとバブル経済期に大量に採用したパイロットが、2030年には定年を迎える問題があったことに加えて、急激な航空需要の増大がこの問題に拍車をかけている。低コストによる運行をビジネスモデルとするLCCにとっては、不足するパイロットの確保のためのコスト増大は大きな負担となっていた。パイロットの養成には長期にわたる訓練を必要とし、将来の航空機需要に見合ったパイロット養成プログラムを計画的に世界的規模で行うことが、安全に航空機を運行するために必要不可欠である。

　おりしも2020年は新型コロナウィルス感染拡大により、世界的な航空需要の急激な低下とこれに伴う航空会社の企業規模縮小、航空再編成などにより、

当面の間、パイロットの余剰を抱えるが、中長期的にこの問題の抜本的解決に至ったわけではない。これまでこの問題を各航空会社は、パイロットの定年延長や、定年退職した自衛隊パイロットが民間航空会社に再就職する際の「計器飛行証明」取得に関する規定の緩和で乗り切ってきたが[38]、パイロットの高齢化と慢性的不足は、安全運航に直接関わることであるだけに、慎重な取り組みが必要とされる[39]。

4）地方都市を支えるLCC

　韓国は、わが国との間に多数の路線を持ち、コロナ禍を迎えるまでは、2社のFSCに加え、6社のLCCが運行していた。これらの航空会社は、日本の地方空港に就航し、日本の中小都市の観光資源を発掘し、日本の地方経済に大きく貢献してきた。LCCが就航した旭川、茨城、富山、小松、米子、北九州、佐賀、大分、熊本などの各都市では韓国線就航以来、順調に観光客数を伸ばすことができた。

　米子空港を有する鳥取県では、2019年約5万人（前年比41％増）の韓国人宿泊者を受け入れることに成功した。その後、日韓の輸出規制措置問題と、それに続く新型コロナウィルスの影響で、減便、運行停止となり、一気に観光客を失うこととなった。

　また、日本国内のLCCも新型コロナウィルスの影響で、大都市と地方都市とを結ぶ多くの路線の減便、運休に追い込まれ、ようやく軌道に乗りかけた地方都市の観光が暗礁に乗り上げる形となった[40]。

　これまで、わが国の地方都市再生の起爆剤として注目されてきたLCCの就航は、過疎化した地方都市の観光に大きく貢献してきた。しかしながら、これを頼りに地域観光を推進してきた地方都市は、LCCの減便や運行停止により、これまでの計画自体を抜本的に見直さなければならない状況に追い込まれた。

　日本国内のLCC各社も、一部路線を除いて運行停止もしくは大幅な減便を余儀なくされ、これらの輸送力を頼りに観光客を受け入れてきた観光地は、観光客誘致計画を見直さざるを得ない状況となった。このような中、日本政府は新型コロナウィルスにより低迷した旅行需要の回復や、地域の観光関連

消費の喚起を図るためのキャンペーンである「Go Toトラベル事業」を始めた。特に地方都市は、LCC就航を契機に観光を通じ経済再生を模索し始めた時期であっただけに、新型コロナウィルスの影響は大きく、LCC再運行のための航空需要の回復が必要であった[41]。

4. 予約システムが果たした役割とこれからの展望

1. CRSの登場とその役割

CRS（Computerized Reservation System）とは、旅行・航空業界における、航空座席やホテルなどの旅行商品の手配のためのコンピューター予約システムで、現在では、GDS（Global Distribution System）と呼ばれており、世界中の航空会社、ホテル、レンタカー、クルーズ、列車などの予約・発券などを行うことができるシステムである。

わが国においては、アクセス国際ネットワーク（アクセス）が提供している端末「AXESS」や、インフィニトラベルインフォメーション（インフィニ）の端末「INFINI」などのリージョナルCRS[42]が、日本地区において海外のGDSを、はるかに上回るマーケットシェアを持ち、世界中の航空会社の予約発券業務を取り扱っている。また、これらのCRSは航空会社の予約以外に、ホテルやレンタカーチェーンの取り扱いなども可能で、世界の旅行・航空業界をつなぐ総合旅行流通システムである。

CRSは航空会社の予約業務の電子化が端緒であり、その歴史は、1963年のアメリカン航空による「Sabre」稼働にさかのぼる。日本のCRSであるAXESSは1964年に、その前身である日本航空国内線電子座席予約システム「JALCOM」として誕生し、また全日空も1978年より「RESANA」、1988年からは「able-D」が国内線予約システムとして稼働していた。

CRSは、1970年代の大量航空輸送時代の到来により、予約取扱量の急増に伴って、これまで、電話やファックスなどで行っていた大量の予約発券業務を端末で、旅行会社が自ら行えるようになり、旅行業の流通形態にも大きな影響を与えた。米国では1976年に、アメリカン航空が自社CRSであるSabre

を旅行会社へ開放し、航空会社と旅行会社をつなぐ流通システムとしての運用を開始した。旅行会社も、予約手配業務の効率化と利便性追求からSabreを導入し、CRSは販売促進に主眼を置いた戦略情報システムとして、航空会社の営業システムの中核の地位を確立することとなった。

しかし、各航空会社がCRS上で自社に有利な情報を提供すると、旅行者の不利益につながると判断した米国運輸省が、1984年に「CRS規則法（CRSルール）」を施行したため、CRSは航空会社の販売促進に主眼を置いた戦略情報システムから、旅行業流通を担う公平・中立な流通システムへの転換をとげることとなった。このことが、中立性を保つGDSの発展へとつながり、現在の世界中の航空会社の予約システムの中核をなすことができた大きな要因である。その後、日本国内では1990年前半にインフィニ、アクセスがCRS会社として相次いで設立され、旅行業向け予約システムのサービスを国内旅行代理店向けに開始した（斉藤、2003、349-353頁; 全日空、1983、177-180頁）。

2. 外資系GDSの日本マーケットシェア拡大

その後、これら国内系CRSの2社が日本国内マーケットを二分していたが、近年アメリカ系GDSトラベルポート（Travelport）[43]、ヨーロッパ系のアマデウス（Amadeus）[44] など、世界規模の予約システム会社が、国内マーケットに莫大な資金とインセンティブ（GDSが旅行会社に目標達成時に支払われる報奨金）を武器に、国内系CRSからマーケットシェアを広げていった[45]。これまで航空会社の意向を反映して比較的使用料が安い国内系CRSと、マーケットシェア拡大のために航空会社より多額の予約・発券手数料を徴収し、その手数料から旅行会社に多額のインセンティブを払うGDSとの顧客獲得競争が繰り広げられた[46]。

おりしも、航空会社が旅行代理店に支払っていたコミッションが段階的に下げられ、最終的には「ゼロコミッション」[47] となった現在、旅行会社にとってGDSが用意するインセンティブは、重要な収入源となっていった。ここで問題になっているのは、GDSが用意するインセンティブの資金源は、航空会社がGDS会社に支払うセグメント（予約区間）ごとの予約手数料である。こ

れは、航空会社がGDSの予約件数に合わせて支払っているもので、片道なら ば1区間分、往復航空券の場合は2区間分、乗り継ぎ便の往復では4区間分と なる。また、予約の変更ごとに追加手数料が加算され、航空券発券時にも手 数料が課せられる契約となっている[48]。これは、近年の競合激化により収益 率が年々低下している航空会社にとっては、コスト拡大の主な要因[49]のひと つとなっており、航空会社にとってはその支払い額の大きさから、コスト削 減の方策としてGDSを経由しない新たな流通規格の模索が始まった。

3. アクセス（AXESS）廃業が意味するもの

　国内系CRSも2019年3月に大きな動きをみせた。まず日本航空（JL）とト ラベルポートは、アクセス国際ネットワーク（アクセス）とトラベルポート ジャパンの統合を前提とした合弁会社設立を発表し、これによって「アクセ ス・トラベルポート」の合弁会社がアクセス、アポロ、ガリレオの3GDSを 運営するとしていた。しかしながら、同年9月に合弁計画を撤回し、10月に はアクセスを解散すると発表した。これにより1991年に設立以来日本国内を 代表していたCRS会社は、2021年3月末に終了し、全日空（NH）らが資本投 資しているインフィニ1社だけが、今後国内CRS会社としてサービスを提供 することとなった。

　これまでアクセスは、国内の旅行関連専門学校などで端末機の操作方法の カリキュラムとして組まれ、旅行業界業務の基礎的な知識・技術を提供する ことによりCRSのシェア拡大を目指していただけに業界に与えた影響は大き い[50]。アクセスが解散すると発表した背景には、IATAが推進しているNDC と、広がりつつあるOTA[51]の存在が大きく関わっている。新しい時代へ対 応するためのシステム開発費用や、大手GDSに対抗するための営業コストな ど、国内CRS会社は多くの問題を抱えていたのである。そのような状況下で、 国内CRSビジネスの将来性に一種見切りをつけたアクセスと、新たな環境下 でさらなる発展を目指すインフィニとで、経営判断が大きく異なる結果と なった。インフィニがこの厳しい環境下で生き残るためには、航空会社、旅 行会社双方にとって利便性・経済性の高い新たなサービスを提供し続ける必

要性がますます高くなっている。

5. 新たな問題に直面する航空業界

1. 新型コロナウィルスが航空業界に与えた影響

　新型コロナウィルス感染症（COVID-19）[52]拡大の影響で国内大手の全日空は、2020年4月より約1カ月間、国内線の3割、国際線の9割のフライトを運休もしくは減便した。これに伴い、客室乗務員5000人の一時休業を発表した。日本航空も同様に国内線・国際線とも運休・減便を余儀なくされた。また世界の航空会社の多くは、運行便数の激減に伴い経営危機に直面し、IATAによれば2020年は航空業界全体でおよそ2500億ドル（26兆円）以上の減収になるという[53]。また、2020年10月にIATAが発表した2021年度の航空業界全体の売上高について、2019年度の約半分と予測したことから新型コロナウィルスの深刻さを読み取ることができる[54]。

　ドイツ航空大手ルフトハンザ航空は、2020年4月にグループ全体での輸送力削減を含む大規模な改革の一環として、グループ企業のLCCジャーマンウィングスの運行を終了すると発表した[55]。また多くの世界の航空会社は、現在、保有の大型機の退役を前倒しにすることを早期に決定し、購入した新鋭機の納入を先延ばしにすることにより、需要の急激な変化に対応してきた。世界の大手航空会社は、事業継続のために資金援助が必要とされており、その資金援助がなければ「2020年5月末までに大半の航空会社が経営破綻する」可能性があると言われるほど、世界の航空会社は経営破綻の瀬戸際に立たされていた[56]。

　このような状況の中、2020年英国LCCのフライビー（BEE/BE）は、新型コロナウィルスによる需要減少により経営破綻に追い込まれ、オーストラリアの第二の航空会社のヴァージン・オーストラリア航空も、任意管理手続きの適用申請を決め、事実上経営破綻した。さらに、表6-2のようにFSCも例外ではなく、新型コロナウィルスが原因で破産に追い込まれた会社があり、中でもタイのナショナルフラッグキャリアであるタイ国際航空が事実上の経

表6-2　近年経営破綻した航空会社（FSC）

航空会社	国籍	破綻時期	破綻理由
遠東航空	台湾	2019年12月	経営不振により全便の運行を停止し事実上の経営破綻
ラタム航空	チリ	2020年5月	COVID-19による運行停止による　米連邦破産法11条を適用し破産申請
タイ国際航空	タイ	2020年5月	赤字体質にCOVID-19による需要低迷で破産法に基づく会社更生手続き
アビアンカ航空	コロンビア	2020年5月	COVID-19による運行停止による　米連邦破産法11条を適用し破産申請

出所：航空会社破綻情報を基に著者が作成（2020年12月現在）

営破綻し、会社更生法に基づき再建を進めることとなった。

　このように世界の航空会社は経営危機に瀕し、早期の資金繰りが必要とされ、さらに安定的経営を取り戻すには、この問題の早期収束による運行の再開が待たれていた。わが国の大手航空会社である全日空、日本航空両社は、日本政府の支援と日本政策投資銀行や民間金融機関に対して、多額の融資要請を行うと同時に、2020年11月に財政面での強化を図る目的で公募増資を行った[57]。

2.　機内「密空間」への取り組み

　新型コロナウィルス感染症は、過去に世界的で大きな影響を及ぼしたアジア金融危機、リーマンショック、SARS（重症急性呼吸器症候群）などに比べ遥かに深刻なものとなり、たとえ感染症問題が収束しても、需要回復までには少なくとも数年以上の年月が必要だと言われている[58]。

　戦後急速に広がったグローバリゼーションの波は、世界各都市を航空ネットワークで結び、ヒトとモノが高速で移動可能となり、安価になった航空運賃により手軽に海外旅行が楽しめる時代となった。それだけに、航空機による人の移動はウィルスなどの感染症を一気に世界に広げる媒体となり得る。

　このような中、航空業界は2003年に発生したSARSの発生をきっかけとして、高度な空気清浄機を導入し、機内感染を予防する環境を提供するように

なった。このシステムは、主に3つの効果があると言われている[59]。

① 上空のきれいな空気を大量に取り込み、3分ですべての空気が入れ替わる。

② 高性能フィルター（HEPAフィルター）により機内の空気をろ過する。

③ 絶えず客室内の空気を循環させ、空気が滞留しないようにする。

　これらの取り組みにより、IATAは航空機内での感染リスクは少ないと発表し、航空機による移動は他の公共交通機関に比べても、比較的感染リスクは低いという見解を示した。その理由としては、上記の空気清浄機に加えて乗客は前を向いて着席し、座席背面が後方から前方への感染を防ぐとしている。また、航空各社はさらに乗客の安全を確保するために、乗客が接触した機内設備に対しての消毒作業や、客室乗務員、旅客への徹底したマスク着用など対策に万全を期している。今後も、これらの科学的根拠に基づいた合理的な安全対策が講じられることが望まれる[60]。

3. 今後の航空会社の展望と課題

　航空機の発達により、世界はグローバル社会へと変貌を遂げ、航空業界も時代の変化と共に大きな役割を担ってきた。世界中にネットワークを構築した航空会社は、その輸送力で観光、ビジネスならびに物流社会を飛躍的に成長させた。わが国の航空輸送の実態に目を向けると、2019年夏期の日本発航空座席は120万席を超え、これは2015年夏期の88万5000席に比べ40％以上の伸びを示している[61]。

　この座席供給量の増加の推進役として、LCCの存在が挙げられる。2019年夏期には、日本に乗り入れているLCCは25社を数え、提供座席数は33万5000席と、夏期日本発航空座席数120万席の27.0％となっている。新たに運航を始めたLCC各社は、低価格運賃を武器に第二空港・地方都市就航など既存の大手航空会社とは異なった戦略でその存在意義を増してきている。今後、わが国が推進する観光立国実現のためには、東南アジア、東アジアを中心とした国々からの訪日外国人数をさらに伸ばすことが必要であり、そのためには、LCCを含めた航空輸送の増強が必要であろう。

　IATAは、新型コロナウィルス感染症に伴う旅客需要の減少で、2020年の世界の航空会社の収入が、前年に比べ66％減少する見通しを発表した[62]。運航停止に追い込まれた航空各社は、政府の緊急財政措置による救済を求めており、運航が再開しても経済活動が正常化するまでの間、各国政府ならびに金融機関からの支援が必要とされている[63]。

4. 航空・旅行産業の未来に向けて

　新型コロナウィルス感染症の拡大で、航空各社は減便・運休が続いているなか、終息後の運航再開に向けて、IATAを中心に各航空会社はウィルスへの安全対策を進めている。機内感染リスクの低減に向けて「座席配列の改良」「機内でのマスクの要請又は義務化」「搭乗前の体温検査」「機内でのソーシャルディスタンシング（対人距離）の確保」「乗客と乗務員との接触機会の低減」「機内アルコール類提供中止」など様々な対策が取られている。グローバル化した現代社会においては、航空機での移動は必要不可欠であり、感染症対策は安全運行の絶対条件である。IATAのアレクサンドル・ド・ジュニアック事務総長は、「経済を安全に再開することが優先事項だ。隔離措置は人の安全を保つには役立つかもしれないが、多くの失業者を出す」[64]と、この問題の深刻さを示すと共に、隔離以外の安全策を講じる必要があると述べている。

　これまで航空業界は、技術の進歩と共に進化し続け、航空事業がもたらす安全性、高速性、経済性や快適性は観光産業の発展に大きく貢献してきた。わが国の観光産業が国家戦略の大きな柱として機能するには、誘客活動の中心的役割を担う航空産業のさらなる発展が必要となる[65]。

（為村啓二）

注
1)　IATA：International Air Transportation Association 1945年に設立された航空運輸関連企業の団体。
2)　IATA　HP　historyを参照。https://www.iata.org/en/publications/（閲覧日：2020.4.20）
3)　銀行集中決済方式。旅行会社が発行する航空券を統一様式で発券し、決済を集中管理して各航空会社に支払うシステムのこと。世界で最初に日本に導入された。

4)　International Civil Aviation Organization 国際航空の安全性の確保と秩序の監視を目的とする国際連合の専門機関。

5)　格安航空会社のことで、効率的な運営により低価格の運賃で運行サービスを提供する航空会社。使用機材を統一し、機内サービスの有料化、LCC専用ターミナルの利用、ネット販売などでコスト削減を図ることにより低価格を実現している。

6)　航空会社の路線や便数、乗り入れ企業、運賃など、航空協定で決める規制を撤廃（自由化）すること。日本は2007年よりアジアの諸国を対象にアジア・オープンスカイを実施した。

7)　航空会社間の連合組織のこと。同一連合内において、コードシェア便やマイレージサービスの相互乗り入れなど、旅客の利便性を図り、集客の向上を目指す。また空港でのチェックイン、ラウンジの共同利用や航空機や部品の共同購入など多岐にわたる。世界三大アライアンスとしてスターアライアンス、ワンワールド、スカイチームがある。

8)　これまで旅行商品の多くは旅行会社が企画するパッケージ旅行や団体旅行であり、航空旅客の大多数を占めていた。その後個人旅行の拡大、ネットによる正規割引運賃販売やカード決済など航空会社が直接顧客に販売できる機会が増えた。

9)　航空券の種類の一つで正規割引運賃のこと。PEX運賃の中で一番高い運賃で他のIATA航空会社でも利用可能。航空会社が直接顧客に販売できる割引航空券。

10)　IATA PEXが設定されるまでは市場では「正規運賃」以外は合法的に存在していなかった。しかしながら、IT運賃が安価な航空券を求める市場に供給されると個人旅行者、ビジネス客などが一気に広がった。

11)　プリペイド形式の決済手段で、トランザクション（取引）あたりのコストを低減したことが特徴。

12)　算出方法は、原則として、過去12カ月間の取引で、最も精算金額が多かった期を3つ選び、その平均値を倍にする。発券額がRHCを上回った場合、その期内の残りの発券は、イージーペイまたは旅行者のクレジットカード利用など、航空会社にとって低リスクの手法に限定される。

13)　トラベルビジョン2017年11月30日「IATA、次世代BSP」掲載記事を参照。http://www.travelvision.jp/news/detail.php?id=80037（閲覧日：2020.4.23）

14)　BSPが運営するWebサイトでBSPに関わる各種の手続きや情報の確認が行える。

15)　トラベルビジョン　2019年2月10日「IATA、4月に全世界で「TIP」導入」を参照。http://www.travelvision.jp/news/detail.php?id=84270（閲覧日：2020.4.20）

16)　Extensible Markup Languageの略語で、現在様々なデータの共有や送受信にXMLが使われている。XML（システム言語）は通信する互いのシステムが違っても接続できるメリットがあり、特にインターネットを介した通信に適している。

17)　New Distribution Capabilityの略。IATAが新たにXML方式で航空券（予約）に関する様々な情報をやり取りするための規格のことで、直接顧客に自ら持つ商品のコンテンツをやり取りすることができる。

18)　世界中の航空会社、ホテル、レンタカーなどの予約・発券ができるコンピューターシステムのこと。世界各国の旅行会社に接続されており、予約販売ツールとして利用されている。アマデウス、ガリレオ、セーバー、ワールドスパンなどがある。

19)　航空運賃以外に支払って受ける付帯有料サービスのこと。例えば空港のラウンジサービス、追加手荷物、機内での座席アップグレード、Wi-Fiインターネット、さらに

ホテルやレンタカーの予約代行など。これらの収益は航空業界全体756億ドル（2019）で2015年の367億ドルに対して206％の増加率となっている。

20) 大手航空会社では1社当たり年間で数十億～数億円規模のGDSコストがかかっている（INFINI FOREST 2018年8月21日号　掲載記事参照）。
　　航空会社の規模によるが年間輸送旅客数（GDS経由）×搭乗区間数×契約料金＋発券手数料＋予約変更料となり総額では数十億円から数百億円にのぼる。

21) INFINI FOREST 2018年8月21日号掲載記事を引用。

22) 顧客ひとりひとりのニーズや嗜好、購買履歴にあわせて、個別に展開されるマーケティング手法。

23) 航空審議会が航空安全行政の方向及び必要となる施策についてとりまとめたもの。

24) 日本国内航空と東亜航空とが合併した日本国内線の航空会社。国の事業路線割り当てにより、主にローカル線を担うことになった。その後、規制緩和により国内幹線の運行や社名を日本エアシステムへ変更し、国際線定期便を就航させた。2002年には日本航空に経営統合された。

25) 国土交通省「航空企業の運営体制の見直し」1985年6月の答申
https://www.mlit.go.jp/hakusyo/transport/shouwa61/ind000302/001.html/（閲覧日：2020.4.25）

26) 「特殊法人等の廃止・民営化等及び独立行政法人の設立等に当たっての基本方針について」　2002年10月18日　特殊法人等改革推進本部

27) その国を代表する、国際線を運航する航空会社のこと。日本では戦後、日本航空のみが国際線の運航を認められていた時代があったことから日本航空を指すことが多い。現在では日本航空、全日空双方日本を代表する航空会社として認識されている。

28) アジア・ゲートウェイ戦略会議「アジア・ゲートウェイ構想について」2007年5月16日　https://www.t-nemoto.com/policy/opinion/pdf/agw/kousou.pdf（閲覧日：2021.1.20) 8-9頁を参照。

29) 同上、3-4頁参照。

30) 国境を越えて行われる交通や物流において必須となる3つの手続きで、Customs（税関）、Immigration（出入国管理）、Quarantine（検疫）を総称するもの。

31) 「国土交通省成長戦略会議報告書」2010年5月17日　他の分野との連携事項　参照
https://www.mlit.go.jp/common/000115442.pdf（閲覧日：2020.5.20）

32) 従来型の旅客サービスを提供している航空会社のことで、複数のクラスを有し、機内食やその他のサービスも航空運賃に含まれている。

33) 「国土交通省成長戦略会議報告書」　2010年5月17日　3. 航空分野　参照。
https://www.mlit.go.jp/common/000115442.pdf（閲覧日：2020.5.20）

34) 2009年にスカイヨーロッパ（スロバキア）、2010年ビバマカオ（マカオ）は資金難で経営破綻し、2017年にはエアベルリン（ドイツ）、モナーク航空（イギリス）、2019年にはイギリスの大手トーマスクック航空が資金難で倒産した。

35) LCCの損益分岐点は、一般的に格安航空会社が公表している平均搭乗率と収益とを検証すると、およそ70～80％であることが推測できる。
（https://www.jamr.jp/jamrレポート/2017年jamrレポート/国内線市場でのlccの現状-6-今後の展望/（閲覧日：2020.12.11）参照）

36) 東洋経済ONLINE　2016年1月19日「日本のLCCが「鉄道の強敵」になれない理由」 https://toyokeizai.net/articles/-/141180?page=2（閲覧日：2020.10.10）

37) 日経ビジネス「航空業界、新型コロナで11兆円損失の衝撃」2020年3月12日号

https://business.nikkei.com/atcl/gen/19/00002/031201142/（閲覧日：2020.3.20）

38)　防衛省からの民間への採用数は過去10年平均13名で昭和44年から48年には400名以上の実績があり、規制緩和と定年延長で大量採用及び長期間パイロット業務が可能となる。また、定年延長で2004年に65歳、2015年に68歳に引き上げられたことにより毎年100名程度の定年を迎えるパイロットの離職を遅らせてきた。

39)　「我が国における乗員等に係る現状・課題」国土交通省航空局　平成25年11月18日参照。

40)　2020年10月にLCCジェットスタージャパンは関西空港と福岡、熊本、高知、中部空港と新千歳、鹿児島、成田空港と庄内空港を結ぶ地方路線中心とした路線の事実上の撤退を発表した。

41)　渡辺伸之介（2015）「LCC参入による地方路線活性化と地域経済への影響〜奄美大島の事例紹介〜」『国土交通政策研究所報』第56号
https://www.mlit.go.jp/pri/kikanshi/pdf/pri_review_56.pdf（閲覧日：2021.1.4）

42)　日本国内などに利用地域が限られた予約システムのこと。

43)　ユナイテッド航空予約システム（CRS）アポロから欧州初のCRS会社であるガリレオ（欧州航空会社　60％　ユナイテッド航空　40％の資本）が誕生し、その後米国コビア社と合併してガリレオインターナショナル社としてGDSとして営業活動を開始する。その後トラベルポート社がガリレオインターナショナル社の全株式を取得した。

44)　スペイン・マドリードに本社を置く世界最大の欧州系GDS会社。GDS以外にも空港業務システム、オンライン予約システムなどのソリューションを開発して旅行会社、航空会社、一般企業、空港、鉄道などへのビジネス展開を進めている。

45)　CRS、GDSのマーケットシェアは公開されていないが、国内系CRSは国内航空会社のネットワークとCRSとの資本関係にある外資系航空会社などの協力で比較的高いGDSシェアを維持してきたが、アマデウスなどのGDSは次第にシェアを拡大している。

46)　国内系CRS会社の予約手数料がGDSに比べ相対的に安いことから航空会社は国内系CRS会社と利用促進キャンペーン等でGDSコストを抑制している。

47)　航空会社が旅行会社に正規航空券の販売額に対して支払うコミッション（手数料）が「ゼロ」になること。最大9％の販売手数料があったが、2006年以降段階的に引き下げられて最終的に0％（ゼロ）となった。

48)　セグメント毎の徴収金額は開示されていないが、一般的に国内航空系CRS「INFINI」や「AXESS」に比べ外資系GDSはその2倍以上の手数料がかかると言われている。航空会社は大量輸送時代に入り、旅客数を伸ばす一方、比例してGDSコストが増大している（年間数十億円から数百億円）。

49)　「航空連政策セミナー　決算分析」資料　2018年2月3日。世界の主な航空会社の2016〜17年の決算分析によると米系大手3社は収益増を上廻る費用増（燃油の高騰、営業費、人件費）アジア系も同様収入増加も見られるがコスト上昇が顕著であると述べており、IATAが発表した2019年の世界全体の営業利益は420億ドルで2015年の620億ドルに比べ31.4％低下している。（http://www.kohkuren.org/img/file68.pdf（閲覧日：2020.12.10））

50)　トラベルビジョン「アクセス国際ネットワークが解散へ、21年3月でGDS終了」2019年10月2日　http://www.travelvision.jp/news/detail.php?id=86690（閲覧日：2020.12.5）

51)　Online Travel Agentの略。インターネット上だけで取引を行う旅行会社のこと。

160

楽天トラベル、じゃらんnet、るるぶトラベル、エクスペディア、ブッキングドットコムなどがある。

52)　2019年に発生したウィルスが原因で起こす感染症。感染力が高く重症化・死亡の原因となり2020年には世界のほとんどの地域に広まった。航空会社の国際線95％以上がこの年には停止に追い込まれ、世界の航空・旅行業界に多大な影響を及ぼした。

53)　ロイター通信「世界の航空会社、新型コロナによる減収2500億ドルに」IATA 2020年3月25日　https://jp.reuters.com/article/health-coronavirus-airlines-iata-idJPKBN21B2JD（閲覧日：2020.12.10）

54)　Aviation Wire 2020年10月28日 「航空業界の21年売上高、新型コロナ前の半分にIATA見通し」https://www.aviationwire.jp/archives/213896（閲覧日：2020.12.10）

55)　CNN net 「独ルフトハンザ、格安航空事業打ち切り」2020年4月8日https://www.cnn.co.jp/business/35152090.html（閲覧日：2020.5.20）

56)　BUSINESS INSIDER 「5月末までに世界のほとんどの航空会社は倒産する」2020年4月2日 https://www.businessinsider.jp/post-210286（閲覧日：2020.6.10）

57)　日本航空は最大1826億円分、全日空は最大3052億円分の公募増資を資金調達の目的で2020年11月にそれぞれ行った。

58)　Aviation Wire 2020年7月29日「IATA、世界の航空需要回復2024年」https://www.aviationwire.jp/archives/207614（閲覧日：2020.8.10）

59)　「ANA homepage 機内の空気循環について」https://www.ana.co.jp/group/about-us/air-circulation.html「JAL homepage 機内の空気循環について」https://www.jal.co.jp/jp/ja/info/2020/other/200403/（閲覧日：2020.6.14）

60)　「IATA Calls for Passenger face Covering and Crew Masks 05May20 Press Release No.39」 https://www.iata.org/en/pressroom/pr/2020-05-05-01/（閲覧日：2020.8.15）

61)　TRAVEL JOURNAL ONLINE 2019年8月19日 「夏期日本発航空座席は120万席台半ばに到達」https://www.tjnet.co.jp/2019/08/19/19年/（閲覧日：2020.6.15）

62)　日本経済新聞 2020/09/30 日本経済新聞　夕刊 3面

63)　BBC News Japan「航空業界、数十万人が失業危機 各国の追加支援必要＝IATA」2020年9月30日 https://www.bbc.com/japanese/54350863（閲覧日：2020.12.10）

64)　IATA Home page IATA CEO Media Briefing/24Jun20https://www.iata.org/en/pressroom/speeches/2020-06-24-02/（閲覧日：2020.9.25）

65)　観光庁「観光ビジョン実現プログラム2020」についてhttps://www.mlit.go.jp/kankocho/news02_000419.html（閲覧日：2020.9.10）

第7章

宿泊ビジネスの変化

1. 日本の宿泊産業の現状

1. 近年の日本の宿泊業の実態

　21世紀に入り、政府は、人口減少や工場の海外移転等によって疲弊し空洞化している地方都市の創生を目指し、観光による地域活性化に大きく動き出した。すなわち、人口減少・少子高齢化に直面する地方都市・地域において、需要や雇用を創出する可能性のある観光交流人口を確実に取り込むことが地方創生に向けての大きな柱であり、観光が国の成長戦略の柱であるという認識である。

　そして、観光立国実現に向けて、観光産業を国の基幹産業と位置付けるようになった。とりわけ旅行消費額の約30％を占める宿泊関連事業は、その中心的な重要な役割を果たすものと期待されている。今日のホテルや旅館などの宿泊施設は、宿泊や飲食サービスの提供にとどまらず、コンベンション、情報、ヘルスケア、宴・集会、カルチャー、スポーツなど多種多様な機能も提供するようになり、地域情報の発信地であり、地域を代表する存在として重要な役割を果たしている。同時に、宿泊施設は、典型的な労働集約型事業であることから、地元の雇用創出・維持に大きく貢献し、地域社会全体への貢献度も高い。

　さて、日本の宿泊業は、1964年の東京オリンピックの開催を契機に、「産業化」が始まり[1]、今日まで大きな成長を遂げてきた。近年では、2003年、ビジット・ジャパン・キャンペーン実施以降、訪日外国人旅行者の急増により、さらなる成長を遂げたが、市場の構造も変化した。2003年当時、訪日外

国人旅行者数が年間521万人であったが、2018年3,000万人を突破、2019年3,188万人と、約6倍に増加している（観光白書、2019、10頁）。それに伴い、外国人延べ宿泊者数は、2008年に2,227万人泊（観光白書、2009、41頁）が、2019年には1億143万人泊（観光白書、2020、28頁）にまで増加した。さらに宿泊施設は、2003年にはホテルが8,686軒（664,460室）、旅館が59,754軒（898,407室）、簡易宿所が22,931軒[2]であったものが、2017年には、ホテルが10,402軒（907,500室）、旅館が38,622軒（688,342室）、簡易宿所が32,451軒[3]となり、旅館の市場規模は減少傾向にあるものの、ホテルと簡易宿所は、大きく成長している。

　こうした宿泊市場の拡大とともに、「ライフスタイルや旅行者ニーズの多様化」、「ICTの進展」、「異業種からの参入」など、宿泊業を取り巻く外部環境も大きく変化し、マーケットの分化・統合化が進み、産業構造そのものも大きく変化している。

　本章では、観光先進国を目指す日本にとって、欠かすことができない基幹産業である宿泊業（ホテル業や旅館業を中心に）について、実態を踏まえ、その機能や業態、そして、これまでの成長過程や変化を時系列に検証する。最後に、今後、観光先進国実現に向けて求められる日本の宿泊業の在り方や課題について言及する。

2. 宿泊業の区分

1）産業構造上の宿泊施設の種類

　宿泊産業は、日本標準産業分類[4]で第3次産業の業種の一つとして、「宿泊業・飲食サービス業」に分類され、宿泊業を「一般大衆、特定の会員に対して宿泊を提供する事業所」と定義している。種類は、①旅館・ホテル②簡易宿所③下宿業④その他の宿泊業に分かれる。

　まず、「旅館・ホテル」は、主として短期間の（通例、日を単位とする）宿泊等を一般公衆に提供する営利的な事業所とし、具体的な業態は、旅館、ホテル、シティホテル、観光ホテル、ビジネスホテル、割烹旅館、温泉旅館、民宿（旅館、ホテルに該当するもの）、国民宿舎、ペンションなどである。次に

簡易宿所は、宿泊する場所が主として多人数で共用する構造及び設備があって宿泊等を一般公衆に提供する営利的な事業所としているが、具体的な業態は、簡易宿泊所、ベッドハウス、山小屋、カプセルホテル、民宿（簡易宿所に該当するもの）がある。会社の宿泊所、合宿所、ユースホステル、ウィークリーマンション、賃貸業、貸別荘業はこれに含まない。

　そして、「下宿業」は、主として長期間（通例、月を単位とする）食事付きで宿泊を提供する事業所又は寝具を提供して宿泊させる事業所とし、下宿業、下宿屋が含まれる。しかし、住宅を賃貸する貸家業、住宅の一部を賃貸する貸間業、アパート業、会社の寄宿舎は含まない。最後に「その他の宿泊業」は、会社・団体の宿泊所とリゾートクラブ、他に分類されない宿泊業に分けられ、会社・団体の宿泊所は、主として短期間（通例、日を単位とする）会社・団体の所属員など、特定の対象のみ宿泊などを提供する事業所で、会社の宿泊所、会員宿泊所、共済組合宿泊所、保養所、ユースホステルがある。リゾートクラブは主として預託金制、共有制により利用権を取得した会員に宿泊施設又は宿泊施設を核とするリゾート施設を提供する事業所である。他に分類されない宿泊業には、合宿所や会社の寄宿舎、会社の独身寮、学生寮、キャンプ場などがある。

2）ホテルと旅館の法律上の定義

　ホテルと旅館は、厚生労働省管轄の「旅館業法」と、観光庁管轄の「国際観光ホテル整備法」によって定義されている。

　「旅館業法」（厚生労働省、2018年改正による）[5] は「公衆衛生および国民生活の向上に寄与すること」を目的に1948年に制定され、営業にあたっては、厚生労働省の管轄のもと、都道府県知事の許可が必要である。この法律では、「旅館業」を営業種別によって、「旅館・ホテル営業」と「簡易宿所営業」および「下宿営業」に大別している[6]。用語の定義について、両者に共通する要件は、「施設を設け、宿泊料を受けて、人を宿泊させる営業」であり、「宿泊」を、「寝具を使用して施設を利用すること」としている。「旅館・ホテル営業」とは、簡易宿所営業および下宿営業以外のものと定義し、「簡易宿所営

業」は、宿泊する場所を多人数で共用する構造及び設備を主とする施設を設けて行う営業であり、下宿営業以外のものと定義している。「下宿営業」は、一月以上の期間を単位とする宿泊料を受ける営業をいう。

「旅館・ホテル営業」の構造設備基準として、客室について、客室数は特に規定はないが、床面積と定員を、寝台設置の客室であれば9㎡以上で、寝室4.5㎡以上／人、寝台非設置の場合は7㎡以上で、寝室3.3㎡以上／人である。客室構造について、出入口及び窓を除き、客室と他の客室及び客室以外の施設との境は、区画されていること、出入口及び窓は、鍵をかけることができること、客室の外部から内部の見通しを遮ることができる設備を設けることが定められている。その他の基準として、宿泊者その他施設を利用しようとする者が自由に出入りすることができる玄関及びロビーを設けることが定められており、ロビーは、施設の規模に応じた広さを有するとともに、玄関帳場における宿泊者等への対応や施設内の案内、通行又は移動に支障がないこと、イス、テーブル等を設置することを求めている。

一方、「国際観光ホテル整備法」は、1949年「外客に対する接遇を充実し、国際観光の振興に寄与する」ことを目的に制定された。同法によると、営業に当たって運輸大臣（当時）に許可を申請し、登録を受けると、登録ホテル・登録旅館となる。そして、ここでは、宿泊業を「宿泊」と並んで「飲食」を提供することを前提とした事業であると定義し、さらに施設・設備やサービスが外国人客の利用に適しているか否かが、その基準となっている。また、同法では、旅館業法とは異なり、「国際観光ホテル」を「ホテル業」と「旅館業」の2つの種類に分けて規定している。

・『ホテル業』は、洋式の構造と設備により、人を宿泊及び飲食させる営業とし、以下の一定水準の要件をすべて満たす客室の数が最低15室以上であり、かつ、客室総数の2分の1以上であることとしている。
「ホテル基準客室」[7]
1. 洋室の構造及び設備をもって造られていること
   ◎　机、テーブル、いす及び洋服を掛ける設備（フックなどを除く）を備

えている

（シングルルームにあっては、テーブルを省略することができる）

◎　和洋折衷の客室については、畳敷きの部分の床面積が洋式の部屋部分の床面積を超えるものは、ホテル基準客室には含まない

◎　入口の建具は堅牢で防音に適したものでなければならない

2. 床面積が、シングルルームについては9㎡以上、その他の客室については13㎡以上であること

3. 適当な採光のできる開口部があること

4. 浴室又はシャワー室及びトイレがあること

5. 冷水及び温水を出すことのできる洗面施設があること

6. 入口に施錠設備があること

7. 電話があること

・『旅館業』とは、ホテル以外の施設である旅館により、人を宿泊及び飲食させる営業とし、客室基準は、以下の一定水準の要件をすべて満たす客室の数が最低10室以上であり、かつ、客室総数の3分の1以上であることとしている。

「旅館基準客室」[8]

1. 客室全体が日本間として調和のとれたものであること

◎　床の間、洋服を掛ける設備（フック等を除く）及び踏込みがあり、隣室との間は壁仕切りでなければならない

◎　床の間には床柱と床板（床畳）が必要。つり床、置床等は床の間には含まない

2. 畳敷きの部屋の床面積が通常一人で使用する客室については7㎡（4畳半相当）以上、その他の部屋については9.3㎡（6畳相当）以上あること（床の間、押し入れ等の面積は含まない）

3. 適当な採光のできる開口部があること

4. 冷・暖房設備があること（ただし、冷涼もしくは温暖な地域にある旅館で、その必要がないと認められる場合は不要）

5. 洗面設備があること

6. 入口に施錠設備があること

7. 電話があること

　当該「国際観光ホテル整備法」は、施設内容に加え、宿泊者に洋朝食が提供されること、外国語（主に英語）による館内案内表記があること、外国語（主に英語）が話せる従業員（外客接遇主任者）を雇用することなどを求めている。登録ホテル規格の施設をつくることで税制優遇措置や公的資金融資を受けることができる。

3. ホテル・旅館の業態とその変化

1）ホテルと旅館の棲み分けと融合化の進展

　ホテルと旅館の相違について、法律上（旅館業法や国際観光ホテル整備法）では、最低限の施設基準を保証することから、それぞれの業種の特徴を明確に把握しにくい。そこで、施設面に加え、機能面、サービス提供面など、具体的にその違いについて考察してみよう。

①『旅館』

　まず、旅館は、観光地に立地することが多く、施設形態として、和室と和食の提供がなされる和風建築の施設である。館内空間は、靴を脱いで上がるところが多く、共用空間は半私的空間となっており、宿泊客のみ利用することからどこにでもスリッパや浴衣で行くことができる。男女別に分かれた大浴場を有するが、温泉地では大浴場が温泉で旅館の大きな売りとなる。客室は、和室の畳の部屋で、就寝はその部屋に布団を敷く。日本家屋でも見られなくなった床の間がある。定員は4〜6名が中心となり、客室販売形態は今日では多様化しているが、旅館は夕食朝食がセットされた1泊2食料金が基本となる（大野、2019、211頁）。食事については、旅館は原則夕食と朝食が付いており、主に和食である。部屋で食べる「部屋食」が主流であったが、今日では館内の食事処や和式宴会場で供されるところが多くなっている（安田、2015、150頁）。人的サービスについては、旅館は各部屋に客室係として和装

の仲居が付く。仲居がしばしば入室しては、お茶を入れたり、布団を敷いたり、布団を上げたりすることは旅館ならではのサービスである。人的な対応を密にしておもてなしを前面に打ち出し「和」の文化を強調している（安田、2015、152頁）。

　②『ホテル』

　一方、ホテルは、都市に立地することが多く、施設形態として、洋室（Bed room）と洋食レストランを持ち、洋風建築の施設である。パブリック空間は外来客も利用する。客室は、ベッドのほか、椅子、テーブル、ライティングデスクがある。浴室は各部屋に洋式風呂があり、洋式トイレが併設されている。定員は2名が基本で一部1名、または3〜4名用もある。客室販売形態は主に室料が基本となる。共用空間は半公用空間で、客室を一歩出るとそこは外来者も利用できるパブリックスペースと考えられている。したがってロビーや廊下はスリッパや浴衣では利用できない（大野、2019、211頁）。

　食事サービスは、洋食が中心であり、主にレストラン、または洋式宴会場で提供され、セミパブリック空間での食事が中心である。大型ホテルになると和食、中華など様々なレストランから選択ができる。ホテルの人的サービスは、宿泊客のプライバシーを大切にし、セキュリティの高さを謳っている（安田、2015、152頁）。旅館のようにいきなり部屋に入るのではなく、そっと物陰でゲストの動きを見守り、掃除に入るなど、「邪魔をしない」ことがホテルサービスの基本である（山口、2018、86頁）。

　③旅館とホテルの融合化

　このように、ホテルと旅館は区別できるものの、実際には、観光地では、規模が大きくなると、和式の設備でありながら、屋号に「ホテル」と表記している例は多い。それは、戦後の団体旅行全盛期、団体規模の拡大に伴い、旅館の大型化が進む中、経営の効率化や近代化を図るため、「シティホテル」の長所を運営システムに取り入れ、融合化した新しい形態の旅館であり（木村、2010、180頁）、「ホテル型旅館」「リョテル」[9]「大型旅館」である。

　また、今日では、さらに旅館とホテルの融合化が進展している。

　旅館においては、需要の変化に対応してベッドやレストラン食の導入が進

んでいる。小規模な個人客向け旅館などは、食事も現代風の和にアレンジして、洋食やエスニック料理などを組み合わせて提供する（大野、2019、174頁）。あるいは、朝夕食ともブッフェレストランとしたり、客室案内や部屋食を担当する仲居職を廃止したり、布団敷サービスの廃止や和洋折衷のベッド部屋にするなど、旅館固有のサービスを省略化する施設が増えている。

　一方、観光地におけるホテルは、温泉が出ない自然観光地やスキー観光地、および海浜観光地などに限定されて立地することが多かったが、最近では多くの観光地で温泉掘削が進んだこともあり、温泉大浴場を備えたホテルが増加している（大野、2019、171頁）。さらに大都市の市街地に立地するホテルにおいては、訪日観光客の増加により、ホテルでも旅館風日本文化を導入するホテルが増え、和食、大浴場、温泉スパなど和風文化を表現して魅力を高めている。日本文化をさらに徹底して、館内をすべて和で統一した旅館タイプのホテルも現れている（大野、2019、167頁）。

2）ホテルの業態による分類

　ホテルは、一般的に立地、料金水準、顧客の利用目的や機能などにより分類されるが、その分類方法については、研究者や業界関係者の間でも、明確な定義はない。また、社会・文化・経済面などホテル業を取り巻く環境は、それぞれ国別に異なるため、業態分類も異なってくる。ホテルが提供する機能は、まず、第一に睡眠・休息場所としての宿泊機能の提供であり、次に食事の提供、つまり料飲機能である。このような基本的な機能に加えて、婚礼、披露宴、宴会などの地域社会の社交的行事に対する機会提供、スポーツ・娯楽施設など余暇活動への機会提供、商談・会議、新製品開発会などビジネス活動への機会提供などの付随的な機能が挙げられる（原他、1991、23頁）。

　欧米では、機能やそれに伴うサービスの範囲により、①「フル・サービス（full-service）型」（宿泊機能に加え、レストランやラウンジ、宴会場やミーティングルーム、レクリエーション施設を含む広範な設備とサービスを提供）（TOM、1996、194頁）と、②「リミテッドサービス（limited-service hotel）型」（宿泊施設と朝食は提供するが、その他の食事や飲み物サービスの提供を省くか、限定的

に提供、また集会施設も極力限定的に提供する）（TOM、1996、197頁）に大別される。また、サービスの水準と料金の高低により一般的には、①バジェット（budget）、②エコノミー（economy）、③ミッドプライス（mid-price）、④アップスケール（upscale）、⑤ラグジュアリー（luxury）の5つに分類される。さらに、上記2つの分類を組み合わせると、バジェットとエコノミーはリミテッドサービス型ホテルであり、アップスケールとラグジュアリーはフル・サービス型のホテルにあたる。ただし、ミッドプライスは、中間的な存在として位置づけられる（徳江、2011、91頁）。

　一方で、日本での分類は、欧米で採用されている分類方法と日本的なものを融合させ、規模、立地や機能、提供されるサービス範囲などによって分類されている。もっとも基本的な分類基準は、客室数を基準にした分類[10]であるが、小規模（100室未満）ホテル、中規模ホテル（100～500室）、大規模ホテル（500室以上）がある。また、立地する場所によって、ビジネスや街歩きや買い物などに便利な都市中心街に立地する都市型ホテル、自然環境にすぐれたリゾート地に立地するリゾートホテルに大別できる。さらに都市型ホテルはフル・サービス型の「シティホテル」とリミテッドサービス型の「ビジネスホテル」に分かれる。

　「シティホテル」は都市部に立地する高級大型ホテルであり、部屋数が多く、客室タイプも多種多様で、建築も豪華で設備も充実している。宿泊だけではなく、レストランや宴会場、ビジネス、スポーツ、娯楽、カルチャー、ショッピングなど様々な付帯施設を十分に備えたホテルである（JEC、2008、14頁）。

　「ビジネスホテル」は、都市中心街の交通機関などのターミナル周辺に立地し、ビジネス客の出張利用に特化したホテルを指す。シティホテルに比べると、シングルルームの比率が高く、宴会場などは付帯しない、機能的でコンパクトな設備と低価格が売りの日本特有の業態でもある（安田、2015、159頁）。

　次に「リゾートホテル」は、主にビーチ、高原、湖畔、温泉地など、自然環境のすぐれたリゾートに立地し、観光・保養・スポーツなどの目的で利用されるフル・サービス型ホテルをさす。施設内は、家族向きやカップル向き

のゆったりしたタイプの部屋が多く、飲食を提供するレストランやプール、プライベートビーチ、テニスコート、ゴルフ場、スパ、エステなどの付帯施設を持つのが特徴である（高月、1995、8頁）。

しかし、近年では、利用客のニーズや利用目的が多様化することに伴い、ホテル業態もさらに細分化・多様化する傾向にあり、中でもシティホテルとビジネスホテルの形態の多様化が目立つ。以下、そのいくつかを紹介する。

①シティホテル

・ラグジュアリーホテル（luxury hotel）

富裕層やビジネスエグゼクティブの訪日外国人客をターゲットとし、高価格で、設備・サービスともに充実した最高級ホテルを指す。1990年代前半に、新御三家（フォーシーズンズホテル椿山荘東京、パークハイアット東京、ウェスティンホテル東京）と呼ばれる外資系ホテルの登場でラグジュアリーホテルという名前が知られるようになったことから、外資系ラグジュアリーホテルとも呼ぶ。また中でも、通常のシティホテルに比べて、小規模（200〜300室前後）で、レストランや宴会場など、料飲施設も絞り込まれており、宿泊機能を強化した施設づくりをしているものをスモール・ラグジュアリーホテル（織田、2009、29頁）とも呼ぶ。

・宿泊主体型ホテル

付帯施設をレストラン1カ所、バー・ラウンジ1カ所というように最小限に絞り込み、販売主力商品が客室となっている。高級宿泊特化型とも呼ばれ、高品質で洗練された設備やホテルが持つ専門的なホスピタリティを重視する反面、通常のシティホテルよりリーズナブルな価格で提供する。シティホテルとビジネスホテルの中間に属する業態である。

・アーバンリゾートホテル（urban resort hotel）

副都心、新都心の娯楽・ショッピング街の近くや大都市のウォーターフロントエリアなどに立地し、スパ、エステ、フィットネスなどリゾートホテルの機能を持たせたホテル。日本では、1980年代ごろから出現しているが、その後、職業を持つ若年女性層の支持を受け、増え続けている。

・コンベンションホテル（convention hotel）

　国際会議場や展示場に隣接するか、あるいはホテルの中にこれらと同様の設備を持つホテル。ハード面の整備だけでなく、国際会議の運営に関わるノウハウ、通訳サービスの提供が必要になる。近年、「MICE産業」[11]が成長を続けていることから、国際会議、展示会などの誘致に力を入れるホテルが多くなっている（JHRS、2009、10頁）。

　②ビジネスホテル

　・コミュニティホテル（community hotel）

　1975年代半ば頃から、出現し始めたとされるが、大都市郊外のベッドタウンや中小都市などに立地し、地域に密着したホテルを指す。基本はビジネスホテルでありながら、シティホテルとほぼ同等の設備を持ち、婚礼・披露宴にも対応可能なホテルである。価格面では、シティホテルとビジネスホテルの中間に位置することから「中級ホテル」と呼ばれることもある（JHRS、2009、12頁）。

　・宿泊特化型ホテル

　従来のビジネスホテルよりもさらに機能を絞り込んだ形態で、料飲機能を省き、簡単な無料朝食を客室代と包括して販売する形態を指す。宿泊料金が5,000円前後から7,000円前後という「値ごろ感」を売りに、1990年代に急成長を遂げた。

　3）旅館の業態による分類

　旅館は、ホテルと同様に立地や規模、機能、旅行目的などから分類される。例えば、都市や観光地という立地上の分類、団体や修学旅行という利用形態上の分類、さらに都市旅館は機能によってビジネス客が宿泊するビジネス旅館と料理や接待用の飲食に多く利用される割烹旅館（料理旅館）に分かれる。また、観光地旅館では、湯治場のように温泉入浴を目的とする温泉旅館と一般的な観光目的の旅行者を対象とした観光旅館に分けることができる（鈴木、1964、51-52頁）。

　しかし、近年では旅行での宿泊需要が、旅館からホテルへと移り変わり、特に都市型立地の旅館はごく一部を除き、ほとんど存在しなくなった。

　1972年の宿泊施設区分調査（旅行者が利用した宿泊施設を旅館とホテルに区分した調査）では、「旅館」の利用が55.2％であったのに対し、「ホテル」は18.2％であった（観光の実態、1973、14頁）。しかし、2005年度の調査では、「旅館」が33.7％、「ホテル」が41.3％、両者の関係は逆転した（観光の実態、2006、27頁）。その背景として、国民の生活レベルの向上や海外旅行の普及などにより、日常生活での洋風化が進み、日本人のホテル利用に対する抵抗感が薄れ、旅館よりもホテルを優先利用するようになったと考えられる。一方で、旅館の魅力であった人的サービスが、高度成長期の人手不足などの影響で、旅館の商品価値の低下を招き、利用者の旅館離れが進んだという見方もある。さらに、観光地におけるペンション、その他の新しい宿泊施設、公的宿泊施設の進出も挙げられる。

　他方、都市型立地でない旅館は、多くが温泉地や景勝地に立地しており、そのほとんどは観光旅館である。多くの観光旅館に温泉施設が備わるようになったのは、戦後の高度経済成長期を経て、癒しを求める旅行者の温泉旅行需要を背景に、全国各地で新たな温泉掘削が進められたためである。竹下内閣時の「ふるさと創生資金」（昭和63年〜平成元年）を活用し、215の町村が、温泉を掘り当てたという例が、なにより象徴的である。このようにして、かつての長期滞在型の湯治場であった温泉旅館は、観光ルート上の宿泊拠点となって、1泊2日型の観光旅館に変わったとされる。

　以上のような流れを経て、近年、観光旅館は以下のように二極分化してきた。

①個人客に特化した純和風旅館

　伝統的な旅館文化を維持している業態であり、客室数10〜40室程度の小規模旅館が多い。宿泊客に周辺の自然環境を生かした施設と客室付属の露天風呂や部屋食・懐石料理に代表される食事、密度の高いサービスがセールスポイントとなる（大野、2019、167頁）。プライバシーを重視する夫婦・カップル客、富裕層の家族客、接待客などを主なターゲットとしている。大野（2019）は、日本文化の表現方法により、①接待客向けの貴族接待文化を訴求するタイプ（数奇屋造り・懐石料理、和服の中居）と、②個人客向けの田園ライフを

訴求するタイプ（屋根や農家風の外回り、田園風の料理など）③現代和風にアレンジして、食事も洋食やエスニック料理などを組み合わせたデザイナーズ旅館タイプに分類している。

②団体客に特化した大型旅館

ホテルと旅館のそれぞれがもつ宿泊施設としての長所を生かした形態で、戦後から発展、当初は、「リョテル」や「ホテル型旅館（ホテル化した旅館）」と呼ばれた。その後、1960年代の団体慰安旅行の増加により増改築を繰り返して発展し大型旅館と呼ばれるようになった。具体的には、10〜12畳の定員5名の和室を150室以上備え、和式大宴会場と多数の中小宴会場、および宴会後のナイトライフ機能として各種バー・ラウンジ、クラブ、カラオケルーム、夜食処等の施設を付帯している（大野、2019、171頁）。ファミリーのレジャー旅行や慰安旅行、忘年会を兼ねた団体客を主たるターゲットとする。

2. 市場を取り巻く環境の変化とホテルビジネス

1. 日本のホテル業の黎明期（1860年〜1945年）

日本におけるホテルの歴史は明治維新前後に始まった。黒船来航により外国との貿易が始まり、港を中心とする居留地で外国人の在留者が増加することで、来日外国人のための宿泊施設が必要となった。そこで、日本で初めてのホテルとして、1860年、横浜に「横浜ホテル」が誕生した。上海で発行された「The North China Herald, 1860/3/30」に掲載された「YOKOHAMA HOTEL—KANAGAWA」の開業広告により、オランダ人のフーフナーゲルによる開業であることが判明した（木村、2006、49頁）。また、1864年の「デイリイジャパンヘラルド」と1865年の「ジャパンタイムズ」に出た英文の広告によると、当時の「横浜ホテル」は、ホテル営業よりも室内スポーツと洋酒類・タバコの販売を主体として経営を行っていたものと推察される（木村、2006、50頁）。

その後、1868年に日本人の手による本格的ホテル「築地ホテル館」が開業した。欧米諸国との通商がますます盛んになる中、幕府も外国人の要人を招

く機会が急増、公式行事や商談をするうえでもホテルが必要となった。そこ
で、幕府は、築地を外国人居留地と定め、欧米人専用のホテルとして「築地
ホテル館」を建設した。のちに清水建設となる清水組が建設と経営を請け
負ったが（木村、2006、34頁）、開業2年で焼失した。館内の特徴として、客
室は暖房付きのツインルームやシングルルームのほかに、食堂、応接室、ビ
リヤード室など西洋文化が取り入れられるとともに、建物外壁のなまこ壁や
華頭窓という伝統的な日本建築もあり、当時としては画期的な和洋折衷様式
であり（木村、2006、37頁）、都市ホテルの先駆け的存在であった。その後、
ホテルは、横浜、神戸、長崎など、海外との窓口、玄関として開港された都
市（港町）を中心に建設された。

　他方、お雇い外国人が休暇を利用して、避暑や余暇目的で東京近郊のリ
ゾート地へ足を運ぶようになり、日光や箱根などリゾート地にもホテルが建
設された。1873年に、金谷善一郎により避暑地のリゾートホテルの先駆けと
して「金谷カテッジイン」（日光金谷ホテルの前身）が開業した。このホテル
はヘボン式ローマ字で知られるヘボン博士が、当時日光東照宮で雅楽師を務
めていた金谷善一郎に進言（日光を訪れる外国人の増加を見越した博士は善一郎
に外国人専用の宿泊施設を作ることを進言）して、造られたものとされる（木村、
2006、82頁）。和洋折衷様式で、多くの著名人に愛されるなど、日本のリゾー
トホテルの草分け的存在となった。また、1878年に山口仙之助が箱根に開業
した富士屋ホテルとともに、西洋式ホテルの端緒とされる（木村、2006、82
頁）。そして、1890年、日本で初めての本格的フル・サービス型ホテルであ
る帝国ホテルが開業した。

　当時、近代化を急ぐ日本では、西欧の文物を争って取り入れることになり、
諸外国との交流や交渉のためにも、外交官や国賓を対象とする国を代表する
ホテルが必要とされ、国家的プロジェクトとして「帝国ホテル」が建設され
た（木村、2006、4頁）。

　日本のホテル史上、会社組織で創設された最初のホテルでもある。また、
ホテル創設の主な目的は、「外来賓客の接遇」に置かれていたが、日本人の貴
紳（身分の高い人）もその対象としていたことも注目に値する（木村、2006、

132頁）。建物は、ルネサンス式洋風木骨煉瓦建築の3階建で、寝室数60室、内10室はスイートとなっていた。食堂、喫煙室、新聞縦覧室、舞踏室、談話室、奏楽室などを備え（木村、2006、137頁）、外国人支配人を雇い（JEC、2008、40頁）まさに日本の迎賓館を目指したものであった。その後1923年には、近代建築の巨匠と呼ばれたアメリカ人、フランク・ロイド・ライトの設計によって、新館が建設された（木村、2006、138頁）。

　帝国ホテルをはじめこの時期のホテルは、外国人や日本人の一部上流階級のみを対象としていたため、一般庶民にとっては敷居が高い存在であった。

　昭和（1926年）に入り、日本の国際的な地位が高まるとともに、諸外国との交流がますます活発になり、首都・東京や観光地・箱根、日光だけでなく、様々な地域に外国人客が流入するようになった。国際観光の活性化とインバウンド客の流入増加による外貨獲得を目論む日本政府は、大蔵省（現・財務省）預金部から資金を引き出し、各地方公共団体に西洋式ホテルの建設を促した[12]。こうした官主導のホテル建設誘導策が、民間企業によるホテル投資活性化にもつながった。このような環境下、1938年、東京・新橋に大衆向けホテルの草分けとなる、第一ホテル（現・第一ホテル東京）がオープンした。

　第一ホテルは、阪急阪神東宝グループの創始者である小林一三によって設立された。小林はデパート経営において、「大衆本位」に基づく良品大量廉価販売を実践し成功した経験を活かし（木村、2006、337頁）、ホテル経営においても、1泊2円50銭（JHRS、2009、38頁）という安価な価格設定で（当時、帝国ホテルが10円）、実用性の高さと居住性の良さをセールスポイントに掲げ、大衆向けでありかつ商業的にも成功を収めた（木村、2006、342頁）。ホテルが大衆化するきっかけとなった。

2. 第1期（1960年代～1970年代）：国際イベント開催とホテルブーム

　その後、大戦、敗戦を経て、日本での近代産業としてのホテルの発展は、1964年の東京オリンピックと1970年の大阪万国博覧会の開催が大きな契機となった。1964年の東京オリンピック開催時には、東京を中心に銀座東急ホテル（424室）、パレスホテル（413室）、東京プリンスホテル（501室）、ホテル

オークラ（552室）、ホテルニューオータニ（1,085室）等（鈴木、1999、28頁）、東京を中心に大規模ホテルが次々と開業、第1次ホテルブームの到来である。ブームの背景には、オリンピック開催を控え、海外からの来訪客の大幅な増加が予想され、宿泊施設の確保が喫緊の国家的課題と位置付けられていたこと、そして、ホテル建設に向けて金融機関の融資条件などが大幅に改善されたことが挙げられる（木村、2006、356頁）。同時に、池田内閣（1960年〜1964年）による低金利政策が、私鉄をはじめとする大企業のホテル事業参入をもたらした。たとえば、株式会社東京急行電鉄（以下、東急とする）との合弁により、日本に初めて外資系ホテル、ヒルトンホテルが進出するなど、東急系の東急ホテル、西武鉄道株式会社系（以下、西武とする）のプリンスホテル、近畿日本鉄道株式会社系（以下、近鉄とする）の近鉄ホテルなど、私鉄系ホテルの本格的参入が始まり、1960年（147軒、11,272室）[13]から1965年（258軒、24,169室）[14]にかけてホテル収容力は2.5倍にも増加した。

　続いて、1970年の大阪での万国博覧会、1972年、札幌の冬季オリンピック、1975年、沖縄海洋博など大型イベントが順次開催され、東京や大阪などの大都市圏のみならず、札幌や福岡など地方中核都市へもホテル立地が拡大するなど、新たなホテルブーム、すなわち第2次ホテルブームが現出[15]されることとなった。

　他方、東名高速道路の開通や超大型高速旅客機ジャンボジェット機の導入など、大量高速輸送時代を迎え、地域間のビジネス交流や観光交流が活発となり、ホテルにとって宿泊需要の拡大をもたらす一つの要因となった。

　また、交通環境の変化は、各地の中心市街地の再開発へつながり、都市拠点施設としてのホテル建設が一気に進んだ。さらに、高度経済成長に伴う企業活動の活性化は、出張需要を拡大させ、1970年代半ばから出張ビジネス客を対象にしたシングルルーム中心の低料金設定のビジネスホテルが新たに台頭することになった。この時期（1970年〜1980年）のホテル軒数は、454軒（1970年）から2,039軒（1980年）へと4.5倍に激増した（厚生労働省、衛生行政報告例、1970年、1980年）。

　ホテルの増加に伴い、国内ホテルのビジネス構造に、所有・経営・運営と

いう機能分化が生じ始め、やがて多様化していく。例えば、ビジネスホテルでは、本格的なチェーン展開が始まり、東急・西武・近鉄など大手私鉄による「所有直営方式」[16]、第一ホテルの「リース方式」[17]、「管理運営受託方式」[18]、ホテルサンルート・チェーンの「フランチャイズ方式」などであった（木村、2006、359頁）。

3.　第2期（1980年代）：経済絶頂期とホテルの日常化

　1980年代に入ると、GNP（Gross National Product＝国民総生産）で世界1位を争うなど、日本経済が絶頂期[19]を迎えた。経済の好調さに呼応して、取引先等との接待需要が旺盛になり、企業・法人によるホテル利用が高まった。個人消費においても、生活様式の洋風化や所得の向上を背景に、ホテルの大衆化・日常化が進んだ。さらに、週休二日制の普及など労働時間の短縮化とともに、レジャーや余暇活動を重視する傾向も強まり、レジャーや冠婚祭目的で日常的にホテルを利用する機会が増えるようになった。このような傾向は、ホテルでの挙式件数の増加割合、例えば1976年から1986年の10年間で18％から35％へ[20]と約2倍近く伸びていることからも読み取ることができる。

　1983年4月には日本初のテーマパーク東京ディズニーランドが千葉県浦安市に開業した。多くの入場者を集める東京ディズニーランドは東京のホテルに恩恵をもたらすと同時に、周辺地域にも新しいホテル立地（直営ディズニーホテルやオフィシャルホテル、パートナーホテルなど）を成立させるなど、新レジャー産業時代を告げる画期的・革新的な出来事であった。

　また、80年代後半、リゾート法[21]が施行される前後から、全国的にリゾート開発の中核施設としてホテルが建設されるようになる。さらに、大都市の再開発とウォーターフロント開発などにおいても、豪華なホテルが相次いで開業した。低層階には店舗・事務所、高層階は客室、並行して、商業棟やビジネス棟も建てられ、地域住民のニーズに対応したコミュニティの核としての性格を強め、ホテルが旅行者向けの施設から、コミュニティ施設としての役割を担うようになった。

4. 第3期(1990年代～2000年代)：バブル崩壊によるホテル市場の二極化

これまで、ホテルの最大の顧客は企業であった。しかし、1990年代になり、バブル経済の崩壊により、経済活動全体が停滞してくると、企業は、交通費、交際費、広告費のいわゆる「三K」と呼ばれる経費を大幅に削減した。特に、旅費交通費、交際費の削減がホテル経営に大きく影響を及ぼした。たとえば、社員の出張の機会が減ったり、旅費が減額されたり、会議や商談、接待などでのホテル利用が大幅に減少したのである。さらに賃下げやリストラ、雇用不安などから、個人消費行動にも影響を与え、個人のホテル需要も減少した。このような状況の中で、客室や宴会場、レストラン、バーなど、ホテルのあらゆる施設で稼働率が低下、多くのホテルでは、宿泊料金を大幅に値下げしてでも販売に踏み切るようになり、価格破壊が始まった。

他方、利用者のホテル選択時の意識も大きく変化した。サービス品質や満足感を優先する場合と、値ごろ感を求める場合とで大きく分かれ、利用者の使用目的によって、それぞれの目的に合うホテルを合理的に選択し、使い分ける傾向が強まった。そして、ホテル業界は、デフレの進行とホテル利用者の意識の変化に対応するため、新たなビジネスモデルを探る必要性に迫られる。

このような環境変化の中で、急成長を遂げたのが、低価格を武器にする「宿泊特化型ホテル」モデルである。この「宿泊特化型ホテル」のビジネスモデルは、シングルルーム1泊朝食付きの料金が、4,000円～7,000円台とリーズナブルな価格を設定（織田、2009、70頁）、人手がかからないようにヒューマンサービスを極力省き、婚礼・宴会場や複数のレストランは持たないなどが特徴であり、営業収入の9割以上が室料収入で、宿泊機能のみに特化したものである。代表的なホテルチェーンとして、東横イン、スーパーホテル、R＆B、ルートインが挙げられる。1997年から1998年にかけての本格展開からわずか5年足らずの2003年12月時点で、合計店舗数は200店（ルートイン78店、東横イン76店、スーパーホテル38店、R＆B16店）[22]を突破。倒産・休業が目立った当時、ホテル業界にあっては、驚異的な数字であった。

一方で、「ラグジュアリーホテル」の進出も本格化した。これまで、大型の

高級老舗ホテルとしては、長きに亘り「御三家」と呼ばれる帝国ホテル、ホテルオークラ、ホテルニューオータニが業界をリードしてきたが、この御三家を上回る価格帯のホテルの登場である。代表的なホテルとしては「新御三家」と呼ばれる1992年開業のフォーシーズンズホテル椿山荘・東京（2013年、ホテル椿山荘東京にブランド変更）、1994年開業のパークハイアット東京、1994年開業のウェスティンホテル東京ホテルである。これらのホテルは平均宿泊料金が最低3万円台後半[23]という高額な価格設定と高品質のサービスでブランド価値を維持するコンセプトを示して成功を収めた。「御三家」ホテルと違い、客室数[24]は438室以下で絞っている反面、客室面積[25]が40㎡と広く、デザイン性の高い客室となっている。また、都心の一等地からやや離れた立地であるが、不便なロケーションを逆手に「隠れ家感がある」、「ＯＬの癒しの場」、「自分の誕生日は高級外資系ホテルで宿泊を」などのキャッチフレーズを付けて、「癒し」志向や「高品質」志向の消費者をターゲットとして集客している。

5.　第4期（2000年以降～現在）：外国人旅行者の増加とホテル産業の深化

　2000年以降、日本のホテル市場において最も注目すべき環境変化は、訪日外国人旅行者の増加である。外国人延べ宿泊者数が2008年に2,227万人泊であったものが、2019年には1億143万人泊にまで増加している（観光白書、2009、41頁、2020、28頁）。また、宿泊施設タイプ別、延べ宿泊者数に占める外国人延べ宿泊者数の割合を見ても、シティホテルでは、2012年17.37％から2019年37.1％へ、ビジネスホテルでは2012年4.7％から2019年16.9％へ、リゾートホテルでは2012年5.2％から2019年15.5％へと増加している（観光白書、2018、35頁、2020、29頁）。

　一方、国内旅行においては、日本人国内宿泊旅行者数をみると、2012年4億1,320万人泊から2019年4億4,180万人泊へと増加している（観光白書、2018、34頁、2020、28頁）。この間、「団体旅行の減少、個人化・小グループ化」という旅行市場のパラダイムシフトが定着し、日本観光振興協会の調査（観光の実態、2019、34頁）によると、2019年に「家族」と「友人・知人」での旅

行が79.2％で、「職場・学校」や「地域など」の団体旅行が2.1％、「自分一人」の旅行が16.1％であった。特に「自分一人」の旅行が2006年3.9％（観光の実態、2006、24頁）だったことを考えると、10年あまりの間で約4倍も増加している。ホテル市場は、家族、カップル、高齢者や団塊世代、若い女性グループなど、個人客のセグメント化が進み（旅行年報、2008、29頁）、より明確にターゲットを絞り徹底したコンセプトの追求が強まり、より個性化・専門化が進んでいる。

　たとえば、ターゲットとして外国人旅行者や女性などを明確に想定し、アートや日本文化などユニークなコンセプトを設定し、施設のデザイン性の追求や、温浴施設設置など付帯施設の充実を図る動きも活発化している。

　都市ホテルで女性客の利用拡大を狙ってレディースプランが打ち出されたのは、1990年代ごろ[26]からであるが、2000年以降は、主なターゲットを女性客に絞り、女性のためのコンセプトルーム「レディースルーム」の設置（旅行年報、2010、31頁）や、二重ドアロックや女性専用フロア等を設置するなど、女性一人でも安心して泊まれる施設づくりが増えている（旅行年報、2008、29頁）。

　また、外国人観光客の増加により、日本文化の表現を導入する施設が増加している。外国人観光客の旅行に関するニーズが、自然景観鑑賞や歴史的建造物への訪問などから日本の文化や歴史を理解する体験、つまり、コトの消費へと変化することによって、ホテルに求めるものも変化している。以前はどの地域でも同じようなサービスを提供する施設に泊まりたいという需要が旺盛であり、チェーンホテルなども、施設・サービスの一貫性を重視していたが、最近では各地で異なるデザイナーを起用したり地元の文化を取り入れたりする施設・サービスの演出も増えている。

　また、住民との交流を通じてリアルな日本を体験できる、仕組みづくりに力を入れる「ライフスタイル型ホテル」も新たに登場した。たとえば、米マリオット・インターナショナルが2017年11月に開いた「モクシーホテル」は、ピンクをベースにした派手なデザインが特徴的な若者向けブランドだが、東京の「モクシーホテル」はチェックインもできるバーカウンターがあり、

ポップな音楽が流れる。ブラウン管のテレビと「ファミコン」がおいてあり、自由に遊ぶこともできる。このようにモクシーは遊び心のある工夫を随所に施し、宿泊客が自然と話したくなるような工夫をしている。客室は平均17〜18m² 程度で、客室にはシャワールームがあるが、浴槽はない。だが、トレーニングジムやアイロンかけ専用の部屋があり、日常の延長線上で過ごせる。客室単価は期間によって異なるが、15,000円前後である。2018年2月には「遊び尽くそう」をテーマにサブカルチャーの体験イベントを開催。カクテルやＤＪで来客者をもてなした。「大阪モクシー」では、同年3月に「80'ｓバブリーナイト」と題したバブル時代をほうふつとさせるファッションやダンス、音楽をテーマにしたイベントを開き、文化の発信拠点を目指している（日経MJ、2018.4.6）。

3.　市場を取り巻く環境変化と旅館ビジネスの変遷

1.　旅館業の黎明期（江戸時代〜1945年）

　旅館の原型となる宿泊施設が出現したのは、江戸時代に入ってからとされる。五街道（東海道・中仙道・甲州街道・奥州街道・日光街道）が整備され、人と物の移動がそれ以前と比べ飛躍的に増加し、様々な宿泊施設が登場することになった。具体的には行楽を目的とする旅行者のための「旅籠屋」、商人が通商目的で利用する「問丸」、寺社に詣でた際に利用する「宿坊」、大名が参勤交代で利用する「本陣」「脇本陣」等である（JHRS、2009、34頁）。江戸時代が終わり、明治に入ると、政府が鉄道建設を推進、1882年の新橋−横浜間の開通を皮切りに、明治期の終わりまでに、東海道・信越・奥羽・中央・北陸・山陽・九州の幹線が完成、遠距離旅行が可能になった。鉄道の普及に伴い、都市と湯治場など温泉地や観光地との距離が縮まり、温泉旅行がブームとなり、「温泉旅館」が生まれる。また、街道沿いを往来する旅行者のための宿泊施設であった本陣や旅籠は、開通した鉄道の駅周辺に移動し、「駅前旅館」と生まれ変わった（木村、2010、34頁）。このように、今日の旅館は、明治期の鉄道開通によって生じた新しい鉄道旅行者の需要を期待して、「本陣の

建築様式」や「旅籠の一泊二食制度」、「湯治場宿の温泉入浴」、「料亭の豪華な飲食」など、それまでのそれぞれの宿泊施設の要素が合体し、時代のニーズに適合した施設として生まれたものであった（安田、2015、154頁）。

　また、「旅館」という言葉は1899年に鉄道時刻表の広告ページに初めて登場した（大野、2013、15頁）。その後、「旅館」が市場に定着したのは、昭和初期であるとされ、軒数でみると、1935年前後には、全国で4万8千軒まで増えていた（木村、2010、60頁）。宿泊業の就業者数を見ても、1930年15.9万人、1940年16.6万人であり、生業として一定の位置づけをなしていたと確認できる[27]。

　このように旅館が普及した背景には、鉄道省の観光誘客キャンペーンがあったようだ。鉄道省は1925年ごろから、自らのビジネスでの増収対策として旅客の拡大を政策目標に掲げ、国外宣伝用として、日本の風景・風俗を紹介した観光映画、国内向けには国鉄の宣伝映画を通じて本格的に観光旅行者の誘致宣伝活動を開始した（木村、2010、42頁）。また、1930年から翌年にかけては、観光旅行客に対する団体割引制度、遊覧券割引制度、遊覧地回遊特別列車の運転などの具体的な集客対策を講じた（木村、2010、43頁）。同時に鉄道省は、誘客・誘致の新たな対象として、全国各地の温泉に着目した。そして、1929年には、内務省やジャパン・ツーリスト・ビューロー（現・JTB）、温泉医学者のほか、温泉組合や温泉旅館の各代表などとともに、「日本温泉協会」を設立した。協会の主な活動として、温泉地における旅館を改善するための調査や実地指導を行った（木村、2010、44頁）。こうした鉄道省の観光への直接的・間接的誘引活動の結果、国鉄の団体観光旅行客輸送人員は1925年966万3千人だったのが、1936年1,747万人に達し（木村、2010、48頁）、当時の人口、7,011万4千人を考えると、人口の約25％に相当する人々が国鉄の観光団体旅行に参加したことになり、観光旅行が大衆的なものになったことがうかがえる（木村、2010、49頁）。

　さらにこの時期の旅館拡大のもう一つの要因は、新たに生まれた旅行代理店機能の存在である。1925年にジャパン・ツーリスト・ビューロー（現・JTB、以下JTB）の創意により、乗車券・乗船券・自動車券・旅館券を1冊

にセットした「クーポン式遊覧券」を発売、出発駅から到着駅まで宿泊を含めて、新たに切符を買う面倒なく旅行ができるという、これまでなかった便利な通しクーポン券であった（木村、2010、45頁）。公社は、クーポン券の発売と呼応して、全国主要都市・主要観光地に「クーポン指定旅館」を設けた（JTB、2012、25頁）。「指定旅館」は、1939年当時、全国に「1千数百」にもなり、東京市内（当時）の14カ所をはじめ、全国各都市の61カ所の日本交通公社日本旅行協会案内所で「クーポン旅館券」を発売した（木村、2010、46頁）。また、1932年からは、この指定旅館の「単独旅館券」の発売も行い、協定を結んだ全国の旅館に送客を始めた（木村、2010、45頁）。

2. 第1期（1950年代〜1970年代）：旅行の大衆・大量化による旅館ビジネスの拡大

　1950年代以降は、いわゆる高度成長期を迎え、家電メーカー等のインセンティブ旅行や各企業の社員旅行、慰安旅行が盛んになるとともに、婦人会旅行、金融機関や農協の主催する積み立て旅行、宗教団体による本山への参拝旅行など、団体旅行を中心に観光旅行ブームが本格化した（岡本他、2009、91頁）。先述した指定旅館の数も、1948年1,093軒から1955年には3,700軒、送客数も1949年の125万人から1955年には520万人へと急増していった（JTB、2012、49頁）。これを受けて温泉観光地では、日本旅館の新改増築が急速に進み、当初は木造が中心であった日本旅館がその後、鉄筋・鉄骨コンクリート造りへと、同時に日本旅館の大型化と高層化が進んでいく（木村、2010、126頁）。

　1960年代以降になると、東京オリンピックや大阪万博のような国家的イベントがきっかけとなり、高速自動車道や東海道新幹線など新しい輸送基盤が整備され、新たな旅行需要を生み出した。他方、1963年「観光基本法」の制定により、その趣旨である地方観光施設（宿泊施設等）整備の一環として、全国各地の温泉地や著名なリゾート地において、政府系金融機関による、「旅館枠」（長期融資枠）が設けられた（木村、2010、127頁）。そして、この旅館枠を利用して、旅館の新設・大型化がよりいっそう促進されることになった。

　このように、旅行の基本的素材である輸送基盤や宿泊施設ともに格段に整備が進んだ。旅行需要の増加を背景に宿泊施設（大型旅館など）などサプライヤは、手配の複雑化・高度化に即応する仕組みやサービスを順次開発していく。一方、旅行業者は、これまでの需要発生ベースの代理販売業態から新たに旅行をストックのきかない商品（サービス）であると見立てた旅行商品の企画・造成・販売、すなわち、受注型生産方式から見込み生産方式へとビジネスの重点を移していく。

　このような流れの中で、旅館と旅行業者との間で、これまでの客室の流通システムとは異なる新しい仕組が生み出された。すなわち、預かり在庫システム（岡本他、2009、3頁）である。この仕組みは、宿泊施設が自らの商品である客室を事前（需要発生前）に旅行業者に預ける、一方で、旅行業者が旅行商品の基本素材の一つである客室を大量に事前に見込み仕入れを行うもので、この客室と輸送素材である鉄道やバス等の席を、組み合わせて企画旅行商品として団体などに対して販売するという一連のプロセスである。1965年からJTBをはじめ大手旅行業者は、有力な日本旅館の客室をブロック（事前仕入）し、企画旅行商品づくりに向けて直接客室を管理するようになる。大型・大規模宿泊施設になると全国を商圏にするために旅行業者依存度は一層高まり、価格面を含めて旅行業者の影響を受ける度合いは強くなっていた。

　当時の職場旅行などの団体旅行は、宴会がセットで組み込まれており、旅館に大きな収益をもたらすものであったため、旅館側も設備投資を行い、団体客を積極的に受け入れた。団体旅行を前提とした旅館は、「200～300人に団体客を想定し、施設が設計された。当時の団体旅行は全員が同時に到着し、短時間で入浴を済ませ、宴会、その後の二次会、就寝、早朝、バスで出発という画一化された形式であった。旅館は団体旅行のオペレーションに合わせた施設が考案され、接遇も顧客のスケジュール管理のため、効率化が重視された。大量の同質な顧客に対して同じタイミングで平等に接客するという接遇形態である」（大久保、2013、20頁）。このような運営の効率化の流れに沿って旅館経営の合理化のため、旅館の進化形態として「大型旅館」が増加していった。

　一方で、生活の洋風化の流れを受けて、東京など都市部に次々とホテルが建設されることになり、都市旅館の多くはビジネス客を受け入れようとビジネスホテルに転業するケースが多くなった。このように、この時期以降、都市旅館の減少と衰退が始まったようだ。

　1970年10月、大阪万博終了後（大型イベント終了後）の個人旅行客の需要喚起を目的に、当時の国鉄（＝日本国有鉄道/現・ＪＲ）がディスカバー・ジャパン・キャンペーンを実施した。ディスカバー・ジャパン・キャンペーンは、テレビなどメディアを通じて、東京、名古屋、大阪などの大都市圏の若い女性へ新しい旅の創造を呼び掛けた（JTB、2012、182頁）。日本文化の美しさや魅力を再確認させることにより、国内個人旅行の需要拡大に大きく貢献した（JTB、2012、183頁）。これを機に、従来からの団体旅行一辺倒から個人・グループ旅行、家族旅行へと、旅行形態の多様化が始まった。旅行形態の多様化に伴い旅館・ホテルとは違った宿泊施設として、ペンションや民宿が高原や海浜に登場したり、国民宿舎や療保養所などの公的宿泊施設や低廉宿泊施設が観光地や温泉地に次々と登場したり、旅館の新たなライバル施設が台頭した。

3.　第2期（1980年〜2000年）：生活様式や旅行形態の変化による旅行者の旅館離れ

　これまで右肩上がりで増加して来た旅館数が1980年の83,226軒をピークに減少、旅館客室数は1987年1,027,536室をピークに減少に転じる。日本人の旅館離れの要因は、生活様式の変化（生活の洋風化）、所得の向上による海外旅行の大衆化などにより、ホテル利用が日常生活に違和感なく浸透してきたことが挙げられる。

　他方、1980年代以降、旅行市場が成熟化するにしたがって、旅行に求める消費者のニーズが大きく変化し、さらに多様化して行く。旅行主体が団体から個人へシフトし、旅の個性化やメディアによってもたらされた「温泉」や「グルメ」などのテーマ性に引かれたブームによって女性客や家族客が増加した（安田、2015、154頁）。

　旅館は、個性化・多様化したニーズに応えるため、たとえば、一部の大型旅館では、施設機能に「アミューズメント性」を付加して、娯楽設備、飲食施設、物販店を整え、衣・食・住・癒・遊に関連するすべてのサービスを館内で完結させ（孫他、2007、63頁）、一切の消費を取り込むなどの経営戦略も見受けられた。

　一方で、1990年代になると、旅行ニーズの多様化に対応し、部屋食の廃止、料亭や食事処の新設、メニューや出し方の工夫など、食事の演出が重要な課題となるとともに、旅館の「泊」「食」それぞれのあり方について本質的な見直しを行い、「泊」と「食」の分離を求める考え方も現れた（旅行年報、1999、52頁）。また、健康志向や非日常的開放感や癒しへのニーズに対応して露天風呂を設置したり、美食志向など特徴ある料理への要望が強くなったことに対応して、地元食材を使った懐石料理を採用したり、接遇機能の向上のため、女将を中心とした接遇機能の強化も行われた（田中、2008、181頁）。他方、施設の特徴として、数層にわたる吹き抜けのロビーを中心とし、和風でありながら、高層建築の客室棟をもち、付帯施設としてはラウンジやカラオケスナック、1軒だけでなく数軒が軒を連ねる土産物屋、といった各種付帯施設を設けるなど、過剰とも思われるほどの豪華さの演出を行い、大規模化・豪華化の道筋をたどった旅館が多く登場したのも、この時期である（徳江、2013、25頁）。

4. 第3期（2000年代〜現在）：旅館ビジネスの深化

　1990年代までの旅館の多くは、あまりチェーン化を志向することがなかった。しかし、2000年以降は、旅館のチェーン化が目立つようになった。1990年代初頭のバブル経済崩壊後、団体客受入中心の大規模旅館が、不況と市場環境変化に対応できず破綻し、その後、経営や運営の主体が大きく変化したことがその背景にある。破綻した大規模旅館を買収し、可能なかぎりコストダウンを図り再生を目指す運営スタイルである。2003年に創業した「湯快リゾート」や2007年に創業した「大江戸温泉物語グループ」がその代表的な企業だ。こうした旅館チェーン企業は、365日1泊2食付き7800円や9800円な

ど、低価格での提供が特徴である。朝夕食ともにブッフェレストランとすることで、客室案内や部屋食を行う仲居職を廃止、布団敷サービスの廃止や和洋折衷のベッド室、365日均一料金など、合理的で簡素なサービスに徹している。立地は、バス送迎を組み合わせて低価格を訴求するため、送迎バスルートを効率よく設定できるよう大都市から1泊圏の有名観光地に集中的に出店する（大野、2019、176頁）。2020年現在、湯快リゾートは29店舗[28]、大江戸温泉物語グループは39店舗[29]を展開している。

　一方で、高級路線の旅館においてもチェーン展開がなされている。2016年開業の「星のや東京」を運営する星野リゾートがその代表的な企業である。同社はラグジュアリーな「星のや」、心地よい滞在を目指す「界」、自然とともにラグジュアリーな滞在を目指すリゾートの「リゾナーレ」など、複数のブランドをそれぞれチェーン展開している。同時に同社は運営に特化しているのが大きな特徴である（徳江、2016、44頁）。また、「星のや東京」は、旺盛な外国人の宿泊需要やニーズを念頭に、日本の伝統的な設えの中で、日本旅館らしいサービスを提供することで、都会にありながら、首都東京を訪れる外国人が伝統的な日本文化を体験できる施設を目指している（旅行年報、2017、122頁）。

4. 観光先進国実現に向けて、宿泊業の今後の課題

　これまで観光先進国を目指す日本において、欠かすことができない基幹産業である宿泊業ビジネスについて、ホテル業や旅館業を中心にその機能や業態を押さえ、これまでの成長過程や変化を時系列に検証してきた。最後に、この検証を踏まえ、観光先進国実現に向けて求められる課題について、以下に記す。

　今後の宿泊業の経営にあたっては、「差別化」が鍵となろう。前述したように近年の宿泊市場は、利用者ニーズの多様化や規制緩和に対応し、業態の多様化・深化が進んでおり、同業種や異業種間にかかわらず競争が激化している。また、近年のICT（Information and Communication Technology＝情報通信

技術）の進展に伴い、宿泊客は、情報を得ることが容易になった。インターネットなどを利用すれば、価格はもちろんのこと、宿泊客同士の情報共有（口コミ）によって、どのホテル・旅館が、どういった個別のニーズに対応してくれたのかという情報など、ホテル・旅館の特徴（良し悪しなど）を簡単に比較することができ、少しの違いも見逃さず、よりきめ細かく宿泊施設の選択を行うことが可能になっている。

　そもそも宿泊業が扱う商品（サービス）は、形が残らない無形のサービスである。車などのように、購入前に見ることも直接商品そのものに触れることもできない。それ故、各々の宿泊施設がサービスの提供において宿泊客に満足を与えられる違い（納得感）を見いだせない限り、顧客はサービスの違いよりも価格の違いを重視することになってしまう。

　宿泊業において、サービスの提供における差別化は、立地や建物設備などのハードウェア、サービス提供のプロセスであるソフトウェア、人的サービスなどのヒューマンウェアという3つの側面から捉えることができる。競合他社より有能で信頼できる接客担当をおいたり、定期的に建物自体を改築・リノベーションしたりすることによって、差別化が可能となる。また、自動チェックイン機の導入など、効率的なサービスの提供プロセスをアピールしているホテルチェーンもあれば、ロゴマークやブランドなどのイメージから差別化を図ることもできる。価格競争を避けるためには、競合他社とは違うハードウェアとソフトウェアの改善、そしてヒューマンウェアの向上が求められる。しかし、ハードウェアとソフトウェアは資金調達次第である程度の改善が可能であるが、ヒューマンウェアはそうはいかず、長い時間をかけて育成されるものである。そこで、競合他社との「差別化」は、最終的にはヒューマンウェアの確保・育成が決め手といえる。

　しかし、2019年度厚生労働省による宿泊分野の有効求人倍率は6.15倍であり、全職業計（1.38倍）より高く（ホテル旅館、2020.4、108頁）、また離職率が33.6％（厚生労働省、令和元年）にも上り、現状では、深刻な人材不足である。他方、コスト急上昇に伴い、宿泊業ではサービスの生産性向上も求められている。従事しているスタッフには、職務に係る知識や能力を高めるための、

より良い教育の実施、そして、新たに熱意と技量に勝る従業員をどのように
すれば確保できるのかが喫緊の課題となっている。

（李貞順）

注
1)　JETRO（2005）「日本のホテル市場調査」（JMR　No.75）ⅱ頁。
　　https://warp.da.ndl.go.jp/info:ndljp/pid/1620823/www.jetro.go.jp/world/japan/report
　　s/05000904（閲覧日：2020.12.5）
2)　政府統計の総合窓口（厚生労働省、衛生行政報告例平成15年度版）https://www.e-
　　stat.go.jp/stat-search/files?page=1&toukei=00450027&tstat=000001031469（閲覧日：
　　2020.12.5）
3)　政府統計の総合窓口（厚生労働省、衛生行政報告例平成29年度版）URL同上。
4)　総務省「日本標準産業分類」（平成25年10月改正）https://www.soumu.go.jp/main_
　　content/000290732.pdf（閲覧日：2020.12.5）
5)　厚生労働省、https://www.mhlw.go.jp/stf/seisakunitsuite/bunya/0000188046.html
　　（閲覧日：2020.12.5）
6)　改正前は、宿泊業は「ホテル業」「旅館業」「簡易宿所」「下宿業」と分類し、ホテル
　　業と旅館業は区別されて定義していたが、2018年法改正がなされ、「旅館・ホテル営
　　業」に統合され、その区別がなくなった。法律改正の背景は、1948年に制定された
　　「旅館業法」は、外国人観光客を含む宿泊需要の拡大や宿泊ニーズの多様化に対応でき
　　ていないことと、過剰の規制はホテル・旅館事業者の創意工夫を阻むものであること
　　が指摘され、旅館・ホテルの多様化への対応のための規制緩和の一環として旅館業法
　　が見直された。（厚生労働省、旅館業における衛生など管理要領の改正について、平成
　　29年12月15日発出より）https://www.mhlw.go.jp/stf/seisakunitsuite/bunya/
　　0000188046.html（閲覧日：2020.12.5）
7)　観光庁HP　www.mlit.go.jp/common/001046424.pdf（閲覧日：2020.12.5）
8)　観光庁HP　www.mlit.go.jp/common/001039159.pdf（閲覧日：2020.12.5）
9)　旅館の「旅」とホテルの「テル」を組み合わせた新造語、戦後生まれた用語（長谷、
　　1998、150頁）。
10)　大野（2019）によると、客室数によるホテル分類は、その国・地域の宿泊産業の発
　　達度により様々であり、欧米のホテルの場合は、小規模ホテル（300室未満）、中規模
　　ホテル（300〜1000室）、大規模ホテル（1000室以上）に分けられる。
11)　Meeting（企業が開催する会議）、Incentive（報奨旅行）、Convention（政府関係、
　　学会、産業団体などが開催する会議）、Exhibition（展示会、見本市、博覧会）の頭文
　　字。
12)　JETRO（2005）、前掲、7頁。
13)　「厚生行政業務報告：厚生省報告例　昭和35年」1960、64頁。
14)　「厚生行政業務報告：厚生省報告例　昭和40年」1965、68頁。
15)　ホテル収容力は、1970年の454軒、40,652室から1975年の1,149軒、109,998室へ増
　　加した（徳江、2016、38頁）。
16)　自社で土地・建物を所有し、経営も現場のホテル運営も自社が行う方式。
17)　土地や建物を所有するオーナー会社が別にいて、そのオーナーに対して、一定の賃

料を支払って賃貸し、ホテルの経営と運営を行う方式。

18) 土地や建物を所有するオーナー会社がホテル経営も行うが、ホテル運営だけをホテルオペレーション会社に委託し、売上に応じた委託料をホテルオペレーション会社に支払う方式。

19) 1985年の世界のGDPを総合計すると12兆4000億ドル、アメリカは世界のGDPの35％を占め2位の日本は12％で、アメリカに迫っていることが分かる。敗戦後わずか40年後には、日本は、アメリカを追い上げる国として復活した。アメリカには及ばないものの、日本国内でも、「日本は経済大国」という言い方をするようになった。https://toyokeizai.net/articles/-/209556?ismmark=a（閲覧日：2020.11.17）

20) 田中信也（1989）「都市開発とホテル」ニッセイ基礎研究所、43頁。https://www.nli-research.co.jp/files/topics/34436_ext_18_0.pdf?site=nli（閲覧日：2020.12.5）

21) 正式名称は「総合保養地整備法」である。1987年5月に成立し、6月に公布された。制定目的は、「ゆとりある国民生活の実現」、「地域振興」、「内需振興」で、リゾート産業の振興と国民の余暇活動の多様化を目指して立案された。詳細は、国土交通省（2003）、「総合保養地域の整備－リゾート法の今日的考察－」を参照されたい。https://www.mlit.go.jp/hyouka/pdf/resort/zuhyou.pdf（閲覧日：2020.12.5）

22) JETRO（2005）、前掲、9頁。

23) 同上、13頁。

24) 「御三家」ホテルは平均客室数が830室以上（織田、2009年、63頁）。

25) ツインルームの平均的な広さは30㎡前後（JETRO、2005、11頁）。

26) 代表的な例は、帝国ホテルが1994年から「レディーズフライデー」という宿泊プランを発売した。OLを中心とした女性グループをターゲットにし、金曜日の夜に食事や観劇を楽しむ宿泊パッケージであった（嶋口他、1998、206-207頁）。

27) 森川正之（2017）「サービス産業と政策の百年：概観」独立行政法人経済産業研究所、9頁　https://www.rieti.go.jp/jp/publications/pdp/17p003.pdf（閲覧日：2020.12.6）

28) 湯快リゾートHP　https://yukai-r.jp/info/info.html（閲覧日：2020.12.8）

29) 大江戸温泉物語グループHP　https://www.ooedoonsen.jp/（閲覧日：2020.12.8）

第8章

情報通信技術（ICT）の進展・
普及と旅行ビジネスの変化

1．ICTと旅行ビジネス・旅行者

1．ICTの進展・普及

　情報通信技術（Information and Communication Technology: ICT）の進展・普及は、特に1990年代後半以降、しばしば"革命"とよばれるほど社会に大きな変化をもたらしている。特に大きな変化をもたらしたのはインターネットであり、現在では、インターネットを通じてサービスを提供するASP（Application Service Provider）[1] が、ビジネスにおいても一般の人々においても利用されることが一般化している。これによりビジネスにおいてはインターネット上で需要側と供給側が直接結ばれマッチングや取引が瞬時に行われるようになり流通構造が変化した。また人々は大量の情報を能動的に収集する手段を得ただけでなく、商品・サービスの購入や交流・自己表現にインターネットを活用するようになった。

　このICTの進展・普及は旅行ビジネスにも大きな影響を与えている。最大の影響は旅行者が情報を取り扱う環境が変化したことで、それにより旅行の準備や行動が変化しただけでなく、旅行そのものの本質すら変わりつつある。そのような変化に旅行ビジネスも対応が求められている。本章はICTの進展・普及により宿泊業・交通業・旅行業などの旅行ビジネスにどのような変化がもたらされたのかを整理するとともに、今後の変化を展望するものである。

2. 旅行ビジネスにおける ICT の利活用

　旅行ビジネスではサプライヤー（supplier、サービス提供事業者）による移動、宿泊、飲食、体験などのサービスが単体あるいはそれらを旅行業が組み合わせる形で旅行者に提供されている。そのサプライヤーが提供するサービスを利用する権利に関連する予約や決済などの情報を効率的に取り扱うために、旅行ビジネスでは古くから ICT が利活用されてきた。こんにちでいう DX（Digital Transformation、ICT の利活用による商品／サービス・ビジネスモデル・組織の変革）[2] にいち早く取り組んできたといえる。その代表例は1960年代に、航空会社の予約システムとして誕生した CRS（Computer Reservation System）で、アメリカン航空が1964年に本格稼働させた「セーバー（SABRE）」がその嚆矢である。CRS は航空業界において座席の予約管理やイールドマネジメント（Yield Management）、価格・供給のコントロールによる収益の極大化（レベニューマネジメント（Revenue Management）ともよばれる）に利活用されてきた[3]。CRS はやがて航空業界と旅行業界を結ぶ流通基盤となり、さらに1990年代になると宿泊施設やレンタカー、鉄道、クルーズ、イベントなど航空業界以外の各種サプライヤーのサービスをも含め全世界的に流通できるようになったことから GDS（Global Distribution System）と呼ばれるようになった。

　このように旅行ビジネスでは古くから ICT が利活用されてきたものの、インターネットが登場するまでサプライヤーは消費者と直接的に結ばれ情報提供や流通を行うことができるチャネルを持たなかった。そのためサプライヤーは情報提供や予約・販売を旅行業に委ねてきた。そして旅行業はサプライヤーから割り当てられた"在庫"を主導的に販売した。このように旅行ビジネスにおける ICT の利活用は B to B（Business to Business）に限られたものであった。そして旅行業は旅行ビジネスにおいて、こんにちでいうプラットフォーマー（platformer、市場における取引基盤を運営・提供する事業者）であったのである。

3.　旅行者とICT

　B to C（Business to Consumer）においてICTの利活用が可能になったのは一般の人々のインターネット利用が広がってからである。サプライヤーはインターネット上のOTA（Online Travel Agency）[4] のサイトを通じて、あるいは自社が運営するサイト等を通じて直接的に（D to C: Direct to Consumer）、旅行者に対し自社のサービスを販売することができるようになった。あわせて自社のサービスに関する情報提供も可能になった。

　インターネットが普及するまで旅行者は旅行に関わる情報収集や予約手配をマスメディアや旅行業を通じて行っていた。一般の人々がインターネットを使うようになったのは1990年代後半以降であり、2000年代にはブロードバンド（高速・大容量通信が可能なインターネット接続サービス）と多機能携帯電話が、2010年代にはスマートフォンが普及した（情報通信白書、2019、17-22頁）。総務省の「通信利用動向調査」[5] によれば、2019年における個人のインターネット利用率は89.8％で、13〜69歳までの各階層で9割以上がインターネットを利用し70歳以上でも利用が増加傾向にある。またスマートフォンの保有率は67.6％（モバイル端末全体の保有率は81.1％）であり、インターネット利用端末として最も利用されている（63.3％）。

　旅行者はそれらを利用して旅行に関わる情報収集や予約手配を自ら行えるようになった。公益財団法人日本交通公社が2020年に実施した「JTBF旅行意識調査」[6] によれば、旅行計画時の情報収集源として国内宿泊旅行では主に「インターネットの検索サイト」（68.8％）、「宿泊施設のホームページ」（47.6％）、「旅行ガイドブック」（41.2％）が、海外旅行では主に「インターネットの検索サイト」（36.8％）、「旅行ガイドブック」（31.5％）、「旅行会社のパンフレット」（31.0％）が使われている。また予約の手段として国内旅行では主に「ネット専門の旅行予約サイト」（46.7％）、「宿泊施設のホームページ」（30.4％）、「旅行会社のホームページ」（27.7％）、「旅行会社の店舗」（26.3％）が、海外旅行では主に「旅行会社の店舗」（29.3％）、「旅行会社のホームページ」（14.6％）、「ネット専門の旅行予約サイト」（13.6％）が使われている。株式会社JTB総合研究所が2019年に実施した「スマートフォンの利用と旅行消費に関する調

査」によれば50.1％がスマートフォンを利用して旅行商品の予約や購入をしており、調査が開始された2013年の19.4％から急激に増加している。

　旅行者の情報収集においてC to C（Consumer to Consumer）の情報が果たす役割が大きくなっている。特にSNS（Social Networking Service）[7] 上の情報が重視されている。総務省情報通信政策研究所の「令和元年度　情報通信メディアの利用時間と情報行動に関する調査」[8] ではスマートフォンの利用率を91.1％としていることに加え、SNSの閲覧・投稿が10代・20代を中心に各世代で増加し続けているとしている。株式会社DACホールディングスが2018年に40代までを対象に実施した「「旅先選びのSNS活用」実態調査」[9] では60％がSNSの「Instagram」を旅の参考にしたことがあるとし、特に20代以下では84％と高くなっている。また58％が「インスタ映えを意識して旅先やお店・宿などを選んだことがある」とし、20代以下では74％である。株式会社JTB総合研究所が2019年に実施した「スマートフォンの利用と旅行消費に関する調査」[10] では、21.6％が「SNSの投稿で行ってみたいと思った場所に行った」、4.9％が「SNSで発信したいと思い話題の場所に出かけた」としている。さらにSMBCコンシューマーファイナンス株式会社が2018年に実施した「30代・40代の金銭感覚についての意識調査」では、「SNSにアップする写真や動画を撮影するためにお金を使ったこと」として30代・40代の55.0％が「旅行・観光（絶景スポットなど）」を選んでいる。旅行に関する情報収集にSNSが用いられているだけでなく、SNSでの投稿のために旅行がその題材として使われる場合もあることがうかがえ、これはICTが旅行そのものに変化をもたらせている一つといえる。

2. 旅行ビジネスにおけるICTを基盤とする流通

1. 旅行ビジネスにおける流通とICT

　経済産業省の「電子商取引に関する市場調査」によれば、2019年における「旅行サービス」（出張を除く）における消費者向け電子商取引の市場規模は3兆8,971億円で、「サービス系分野」（旅行・飲食・チケット・金融・理美容・

その他）の54.4％を占め最大であり、「デジタル系分野」全体（2兆1,422億円）よりも大きい。

　旅行ビジネスはこのようなB to Cを含む形でICTを基盤として流通網を構築している。サプライヤーは自社が運営するウェブサイトなどを通じて旅行者に直接販売することができる。旅行業者に支払う手数料を負担することなく自社で主導的に販売できることから直接販売を志向するものの、カバレッジ（網羅）やリーチ（到達）に限界があることから、旅行業に加えインターネット上で次のような旅行取引サービスを利用する。

2. OTA

　店舗網を中心に営業する伝統的な業態の旅行業（Traditional Travel Agency: TTA）に対し、インターネット上で旅行予約機能を提供するサイトを中心に営業する業態の旅行業をOTA（Online Travel Agency）という。世界で最初のOTAは、米国のGDSであるSABREがB to Cとして1996年にサービスを開始した「トラベロシティ（Travelocity）」である。また同年にはMicrosoftが後に世界最大のOTAとなる「エクスペディア（Expedia）」のサービスを開始した。なお「トラベロシティ」は2015年に「エクスペディア」傘下のブランドとなった。日本でも同じ1996年に日立造船情報システムが後に「旅の窓口」を経て「楽天トラベル」となる宿泊予約サイト「ホテルの窓口」のサービスを開始しており、これが日本で最初のOTAである。

　OTAは前述のように国内旅行の予約において最も用いられている。株式会社ジャストシステムが2016年に実施した「旅行予約サイト利用実態調査」[11]では「最も利用頻度が高い予約サイト」として「楽天トラベル」（38.0％）、「じゃらんnet」（32.5％）、「Yahoo!トラベル」（7.2％）が順に挙げられている。また株式会社oricon MEが2019年に実施した「旅行予約サイト 国内旅行/海外旅行」に関する調査によれば、「顧客満足度の高い旅行予約サイト」として、国内旅行では「ジャルパック」・「ゆこゆこネット」・「ANA SKY WEB TOUR」が、海外旅行では「ANA SKY WEB TOUR」・「ジャルパック」・「旅工房」が順に挙げられている。このほか高級ホテル・旅館に特化したOTA

のサイトとして「一休」・「Relux」などがある。

　OTAのサイトでは主に宿泊・航空・パッケージツアー（募集型企画旅行）の予約機能が提供されているほか、ダイナミックパッケージ（Dynamic Package）も提供されている。ダイナミックパッケージとは、リアルタイムに変動する空席／空室・価格の情報に基づき旅行者が航空と宿泊を自由に組み合わせパッケージツアーとして予約購入できる仕組みである。OTAのサイトだけでなく航空会社のサイトでも扱われている。日本で最初のダイナミックパッケージである「ANAトラベラーズ　ダイナミックパッケージ」（旧「旅作」）をはじめ、「JALダイナミックパッケージ」、「楽パック」、「じゃらんパック」、「ダイナミックJTB」などがある。

表8-1　インターネットにおける旅行関連サービス開始年

年	サービス名
1996年	「Travelocity」（SABRE） 「Expedia」（Microsoft） 「ホテルの窓口」（日立造船情報システム）（現「楽天トラベル」）
2000年	「一休.com」（プライムリンク） 「じゃらん」（リクルート）
2001年	「TripAdviser」（TripAdviser） 「Travel.co.jp」（トラベル・シーオージェービー）（現「LINEトラベルjp」）
2002年	「手間いらず」（プラスアルファ）
2003年	「Skyscanner」（Skyscanner） 「フォートラベル」（カカクコム）
2006年	「旅作」（ANAセールス）（現「ANAトラベラーズ　ダイナミックパッケージ」） 「ANA楽パック」（楽天ANAトラベルオンライン）
2007年	「JALダイナミックパッケージ」（JALツアーズ）
2009年	「TL-リンカーン」（シーナッツ）
2010年	「JAL楽パック」（ジャルパック・楽天）
2012年	「ねっぱん！サイトコントローラー」（クリップス）（現「「ねっぱん！サイトコントローラー＋＋」」
2016年	「Whim」（MaaS Global） 「DRS（Direct Reservation System）」（エス・ワイ・エス）
2019年	「Google Travel」（Google）

注：括弧書きはサービス開始当時の運営企業名
出所：各社公式サイト・プレスリリース等を参考に筆者作成

3.　メタサーチ

　OTAやサプライヤーによる数多くのサイトが存在するなかで、旅行者の検索・比較を支援するメタサーチ（Meta Search）とよばれる旅行取引サービスがある。これはOTAやサプライヤーによる複数のサイトを横断的に検索する機能を提供するもので、2003年に登場した「スカイスキャナー（Skyscanner）」が世界初の例である。「スカイスキャナー」のほかに主なメタサーチとして「フォートラベル」、「LINEトラベルjp」、「トラベルコ」、「トリップアドバイザー（TripAdvisor）」、「trivago（トリバゴ）」などがある。またGoogleが2019年に「Google Travel」のサービスを開始した。これは検索サービスを基盤に、目的地やアクティビティ、宿泊、航空に関する情報を提供するもので、メタサーチと同様の機能も含む。現時点では提供される機能は限定的であるが、利用者の過去の検索履歴が旅行の提案や旅行計画立案の支援に反映されるなど、同社の検索サービスを中心とするインターネット上の多様なサービスやスマートフォン用オペレーティングシステム（基本ソフトウェア）「Android」および各種アプリケーションがどのように生かされるのか、また地図アプリ「Google Map」と位置情報を基盤として後述する"タビナカ"に関わる機能をも取り込むこととあわせ、その影響力が注目される。

4.　サイトコントローラー

　自社サイトや複数のOTA、TTAなどさまざまな予約チャネルを利用する宿泊施設は、予約管理の効率化や収益の極大化のためにサイトコントローラー（Site Controller）を利用している。これは宿泊施設に対し自社サイト、複数のOTA・TTAにおける在庫・料金・プランを一元的に管理できるサービスを提供するもので、予約チャネルを管理するという意味でチャネルマネージャー（Channel Manager）ともよばれる。サイトコントローラーの主なものには「手間いらず」（手間いらず株式会社）、「TL-リンカーン」（株式会社シーナッツ）、「ねっぱん！サイトコントローラー＋＋」（株式会社クリップス）、「らく通with」（JR鉄道情報システム株式会社）などがある。サイトコン

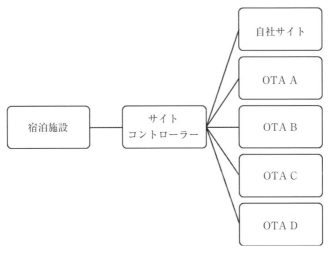

図8-1 サイトコントローラーのイメージ

出所：筆者作成

トローラーは予約チャネルの管理に加え、自社サイトの予約や掲載内容を管理する機能や、主にフロントで扱う客室情報（予約・割り当て・空室・精算・清掃など）・顧客情報など宿泊施設内を管理するPMS（Property Management System）と連携する機能、レベニューマネジメントを支援する機能なども持っている。

5. GDS

前述のように航空会社のCRSを起源とする航空・旅行流通基盤であるGDSは、航空会社を中心とする各種サプライヤーと旅行業者を結んでいる。主なGDSとして欧州の複数の航空会社が1987年に立ち上げた「アマデウス（Amadeus）」、前述のとおり世界初のCRSとして登場した「セーバー（SABRE）」、ガリレオ（Galileo）やワールドスパン（Worldspan）などを統合して2007年に立ち上がった「トラベルポート（Travelport）」がある。

3. ICT時代における旅行ビジネスの変化

1. サプライヤーの変化

　ICT時代においてサプライヤーは変化を求められている。サプライヤーは前述のようにTTAが主導する販売からOTAを通じた販売や直接販売へとチャネルシフトを行ってきた。特に航空業界ではTTAに対する販売手数料を2000年代半ばに廃止した。またダイナミックパッケージにも力を入れている。これらはサプライヤーが販売を自社主導とするために行ってきたのであるが、近年ではさらにその動きが加速している。

　その動きの一つとして、航空業界における個人包括旅行運賃（新IIT運賃）の導入が挙げられる（旅行年報、2020、106頁）。これは旅行業が国内パッケージツアーを造成するための運賃で、従来のIIT運賃は半期ごとの交渉で決められ固定的に運用されていた。2020年に導入された新IIT運賃は空席状況に連動して運賃が変動する変動運賃制を採用するとともに、発券期限や取引手数料の発生時期が早められた。この変動運賃はダイナミックプライシング（Dynamic Pricing）とよばれ、イールドマネジメントの一環として需要の変化に応じて価格や供給を変化させる。旧IIT運賃はいわば紙のパンフレットでパッケージツアーを販売するための運賃であったのに対し、新IIT運賃はインターネット上でリアルタイムに価格を変動させながら販売するための運賃であるといえる。

　また航空業界ではNDC（New Distribution Capability）の導入が進められている。これは、IATA（International Air Transport Association、国際航空運送協会）が推進する国際航空券流通における予約発券データの新たな通信規格で、航空会社のシステムと旅行業等のシステムを結ぶ際に用いられるものである[12]。航空会社が旅行業を通じて販売する際、これまでは両者のシステムがGDSにより接続されており、航空会社はGDSに手数料を支払うが、これが航空会社の負担となっている。NDCを利用することでそのコストを削減できることに加え、GDSにおける通信規格（TELETYPEおよびEDIFACT）に

200

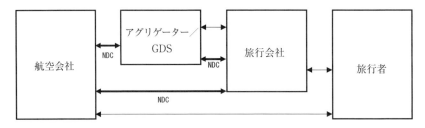

図8-2　NDC導入後の航空流通のイメージ

出所：Staralliance の資料[15]を参考に筆者作成

比べ航空会社の付帯サービスや画像・動画も扱うことができるなど情報量が増えたことから[13]、航空会社にとってGDSで提供できなかった運賃をNDC経由で旅行会社に提供するなど販売力の向上につながることが期待される[14]。

　宿泊業界に目を向けると、宿泊施設の直接販売を支援する仕組みが登場している。株式会社エス・ワイ・エスが2016年にサービスを開始し、2017年には旅行業大手の株式会社エイチ・アイ・エスとの資本業務提携も行っている「DRS（Direct Reservation System）」は、OTAよりも低廉な手数料で宿泊施設の直接販売を支援するシステムである。2018年にこれを導入した一般社団法人日本旅館協会は、通常自社サイトに掲載した宿泊プランはメタサーチに載らないのに対し、「DRS」に掲載するプランはメタサーチにも載ることを期待したといい[16]、導入後は販売額が大幅に増加しているという[17]。「DRS」はメタサーチから自社サイトでの予約を誘導することに力点が置かれているが、低価格で利用できることを強調し日本旅館協会が利用を推奨しているものとして「宿シス」（株式会社ウイング）もある。OTAは販売チャネルとしてその立場を強めていることを背景に、販売手数料の値上げやアロットメント（allotment、一定の客室数の排他的な確保）、最低価格保証（自社サイトや他のOTAよりも低価格にする）などを要求し、これが宿泊施設の負担になっている。そのため宿泊施設の直接販売を支援する動きが注目される。

2. 旅行業の変化

　ICT時代において旅行業も変化を求められている。インターネットの登場

前までTTAは長らく旅行ビジネスにおいて、特にサプライヤーの販売チャネルとしての機能を担ってきた。しかしインターネット時代に入ると異業種から参入したOTAの台頭を許し、旅行業はプラットフォーマーになることができなかった。TTAの高額な販売手数料（おおむね交通機関で5％、国際航空券で7〜9％、宿泊施設で10〜15％であったとされる（林、2015、150-151頁））や硬直的なアロットメントなどのTTAが主導する販売モデルに対し、OTAの相対的に低廉な手数料や、在庫・収益の管理を容易にし、販売を主導できるモデルがサプライヤーに好まれたためである。さらにサプライヤー自身が自社サイトを通じてD to Cで販売できるようにもなった。これによりTTAには宿泊や交通などのいわゆる単品の代理販売という機能は期待されなくなった。さらにサプライヤーの複数のサービスを組み合わせ新たな付加価値を提供することで旅行需要を創造してきたパッケージツアーの造成・販売機能も、ダイナミックパッケージにより代替可能になっている。

　TTAは旅行者に対する情報提供や相談対応の機能も果たしてきた。しかしこれも、インターネット上の情報より代替可能になっている。特にOTAに掲載されるレビューや前述のように影響力の大きいSNS上の情報はUGC（User Generated Content、ユーザー生成コンテンツ）であり、旅行者がその情報を共有し旅行の参考にしているということは、C to Cでコンサルテーションができているということを意味する。

　そのような状況においてもTTAはよく利用されている。先にも挙げた公益財団法人日本交通公社が2020年に実施した「JTBF旅行意識調査」によれば、旅行計画時の情報収集源として国内宿泊旅行では41.2％が「旅行会社のパンフレット」を、16.7％が「旅行会社のホームページ」を、11.3％が「旅行会社の店頭や電話」を、海外旅行では31.0％が「旅行会社のパンフレット」を、15.1％が「旅行会社のホームページ」を、13.1％が「旅行会社の店頭や電話」を利用している。また予約の手段として国内旅行では27.7％が「旅行会社のホームページ」を、26.3％が「旅行会社の店舗」を、14.3％が「旅行会社の電話・FAX」を、海外旅行では29.3％が「旅行会社の店舗」を、14.6％が「旅行会社のホームページ」を、8.0％が「旅行会社の電話・FAX」

を利用している。

　TTAが他の業態と異なるのは、店舗とそこで顧客に対応する人材を有することである。ICT時代でもTTAが利用されているのは、情報収集はインターネット上で行いながらも、相談や予約手配・決済は店舗で行いたいという旅行者のニーズがあるからである。オンラインとリアルを組み合わせて販売を促進することをO to O（Online to Offline: O2O）というが、このようなニーズへの対応はTTAの店舗と人材という資源を生かすO　to　Oであるといえる。OTAやダイナミックパッケージは旅行商品のコモディティ化につながっているとの指摘があり（前田、2019、199頁）、それらでは旅行者は利用日や区間・立地、座席・客席タイプなどの単純な項目と価格のみで旅行商品を選択することができる一方で、三菱UFJリサーチ＆コンサルティング株式会社が2016年に実施した「オンライン旅行取引サービスに関するアンケート」によると、「オンラインでの旅行予約を行わなかった理由」として「詳しい説明を受けたいから」（40.2％）、「細かい要望を伝えたいから」（28.0％）、「旅行について相談したいから」（23.2％）が上位となっている[18] ことから、TTAの店舗と人材の優位性につながるニーズを持つ旅行者が一定数存在することがうかがえる。オンラインやリアルにおける複数の販売チャネルをシームレスに扱い販売することをオムニチャネル（Omni Channel）というが、オンラインで簡便にすべての手配を済ませたい旅行者にも、スタッフからコンサルティングを受けたい旅行者にも、オムニチャネルとして販売する。後述するリモートの活用もできるだろう。オンラインとリアルを組み合わせることでTTAの強みを生かすことが求められている。

4. ICTと旅行ビジネスをめぐるこれから

1. "タビナカ"における新たな旅行取引プラットフォーム

　ここまで論じてきたように、ICTと旅行ビジネスをめぐり生じてきたこれまでの変化は、旅行の手配に関わるものが中心であった。今後想定される変化について、いわゆる"タビナカ"における新たな旅行取引プラットフォー

ムの登場を取りあげたい。ここでいう "タビナカ" とは、旅行者の旅行を時系列で旅行前（"タビマエ"）・旅行中（"タビナカ"）・旅行後（"タビアト"）の3つの場面に分けた場合の「旅行中」を指し、in-destination とも表現される。

　"タビナカ" におけるさまざまなアクティビティの予約機能を提供するプラットフォームの有力なものとして、欧米では「Trip Adviser」、「GetYourGuide」、アジアでは「KLOOK」などが挙げられる。しかし日本ではサプライヤー側でも旅行者側でも利用が定着しているとは言えず、オンライン取引が一般化している "タビマエ" に比べ "タビナカ" は非オンラインが主流である。すなわち比較的DXが進んできた旅行ビジネスにおいて最もDXが遅れているのが "タビナカ" である。今後この "タビナカ" における旅行ビジネスにICTが変化をもたらすとすれば、各国と同様にタビナカプラットフォームの利用が広がる形や、鉄道や航空などの交通事業者が "タビナカ" に関わる予約機能を実装・拡充する形、そしてMaaSが整備される形が想定される。

　国土交通省は同省ウェブサイト「日本版MaaSの推進」[19] においてMaaS（マース、Mobility as a Service）を「地域住民や旅行者一人一人のトリップ単位での移動ニーズに対応して、複数の公共交通やそれ以外の移動サービスを最適に組み合わせて検索・予約・決済等を一括で行うサービス」と定義し、「目的地における交通以外のサービス等との連携により、移動の利便性向上や地域の課題解決にも資する重要な手段となるもの」と説明している。同省はこの考え方に基づきMaaSを普及させようと、実証実験や、基盤となる交通事業者のキャッシュレス化や交通情報のデータ化を支援している。同省が2019年から実施している「新モビリティサービス推進事業」ではMaaSが「大都市近郊型・地方都市型」・「地方郊外・過疎地型」・「観光地型」に分類されている。

　このうち観光地型MaaSは、現地の交通機関による移動サービスを統合的に扱い二次交通を最適化することで移動手段の利便性を向上させ、旅行者の回遊性を向上させることに加え、移動を基盤に現地の観光行動に関わるさまざまなサービス（アクティビティ）を組み合わせることで目的地における滞在

の質を向上させようというものである。現時点では、各地で多様な形で実証実験が行われている段階であるが、交通機関や観光施設・観光体験についてスマートフォンのアプリやブラウザで検索・予約・決済を一元的に行えるものが標準的なモデルとなりつつある。たとえば、東急株式会社・東日本旅客鉄道株式会社・伊豆急行株式会社が2019年から実証実験を行っている「観光型MaaS「Izuko」」は、一定エリアの電車・バスが乗り放題のデジタルフリーパスやオンデマンド乗合交通・体験・施設・飲食などのデジタルパスの検索・予約・決済が可能で、観光情報の提供や利用交通の提案に関する機能も実装されている[20]。同様に2020年12月に実証実験を開始する沖縄都市モノレール株式会社などの4社と沖縄県内7市町村による「沖縄MaaS」では、沖縄全域のモノレールやバス、船舶、観光・商業施設、シェアサイクルなどの予約や決済、クーポン配付などの電子化・一元化が試みられる[21]。

　ヘルシンキにおいて交通問題の解決のために生まれた「Whim」（MaaS Global社）がモデルとなったという経緯からMaaSは交通機関や移動サービスを基盤とするプラットフォームの概念であり、現在取り組まれているMaaSのほとんどは、交通業や地域が主導しており、宿泊業や旅行業など交通業以外の旅行ビジネスの関わりは限定的である。しかし旅行ビジネス、特に旅行業がMaaSに関わる余地は大きい。サプライヤーのサービスをめぐり、複数のサービスを統合的に販売するのはパッケージツアーやダイナミックパッケージにより、サービス利用権のオンラインでの流通はCRSやGDS、OTAにより、少なくとも"タビマエ"については以前から行われてきた。特に旅行業は"タビナカ"においても生かすことのできる技術やノウハウを持っているのである。MaaSが"タビナカ"に関わる機能を取り込んでいくにあたり、アクティビティを提供するサプライヤーの取りまとめを旅行業が主導する可能性がある。MaaSへの取り組みが"タビマエ"における情報や予約手配機能、"タビナカ"における現地交通やアクティビティの情報や予約手配機能、着地型旅行商品の販売機能、"タビアト"におけるいわゆる"クチコミ"の投稿・閲覧・共有機能が統合的に提供されるようなプラットフォームに発展することも考えられる。実際に株式会社JTBは2020年1月に、訪日外国人

旅行者を対象に宿泊、二次交通、飲食、アクティビティ、ショッピング、決済など多様なサービスをウェブ上・モバイル上で提供する「TaaS（Tourism as a Service）」に注力していくことを発表し、プラットフォーマーを目指すことを打ち出している[22]。

　このようなプラットフォームの整備には、現在はサプライヤーや旅行業の事業者ごとに管理されている顧客情報（航空会社におけるPNR（Passenger Name Record）など）を一元的に取り扱うことも伴うため、業界横断的にCRM（Customer Relationship Management、顧客関係管理）を行うことも可能になることが期待される。

2.　新たな旅行取引サービスの登場と普及を支えるICT

　このような新たな旅行取引サービスの登場と普及を支える、あるいは旅行ビジネスにおける商品やそのマーケティング、あるいは業態を変化させる比較的新しい要素技術には、ビッグデータ（Big Data）やオープンデータ（Open Data）、AI（Artificial Intelligence、人工知能）、5G（第5世代移動通信システム）などがある。たとえばビッグデータについて観光庁は「観光ビッグデータ」を「観光客の観光行動を反映する大規模・多種・複数情報源由来のデータ群」としたうえで、その例として「スマートフォン等を使用してネットワークに接続したログ（痕跡）、コンテンツのアクセスログやダウンロード数、ソーシャルネットワーキングサービス（SNS）への投稿、GPS機能による位置情報、自動車のプローブ情報、交通事業者の乗降の情報、観光施設の日別の利用者数など」を挙げ、特に「携帯電話の基地局データ」・「携帯電話のGPS情報」・「SNSでの投稿情報」の定量的なデータに基づき旅行者の行動・動態を把握する活用を推奨している[23]。具体的には、移動体通信（携帯電話）事業者の基地局・Wi-Fiアクセスポイントの情報による位置・移動や性別・年齢などの属性の分析やスマートフォンのアプリの情報による周遊・購買と属性の分析により観光の動態を把握する取り組みや、宿泊施設の予約情報を客室稼働率などの宿泊旅行統計調査として蓄積するなどして観光統計に反映させるもの、OTAのアクセス履歴や予約に関わる情報（リードタイム（予約日・

宿泊日間の日数）・単価・宿泊日数・宿泊者の属性など）をプロモーションに活用するものなど、さまざまな取り組みが行われており（日観振、2019、13-18頁）、大別すると旅行ビジネスの活動実態、旅行者の周遊行動、旅行者の消費行動、旅行者の評価をそれぞれ把握しようとする取り組みである[24]。

　このような比較的新しい要素技術の組み合わせにより旅行ビジネスにおいて実現される機能や期待される効果として高坂（2020、50-51頁）は、①情報の提案とナビゲーション、②データ処理とデータマイニング、③ユーザーモデリング、④意思決定と最適化を挙げている。①は旅行者のニーズや目的地・事業者の状況に応じてプランを提示する、②は膨大な情報を処理・分析しマーケティングやプロモーションに活用する、③は旅行者の行動をモデル化し接客対応やプロモーションに活用する、④は旅行者の旅行中の意思決定を支援するものである。

　また新技術ではないが、旅行ビジネスへの影響が考えられるものとして、一般の人々におけるリモート（遠隔）の利用の広がりを取りあげたい。本稿を執筆している2020年は新型コロナウイルス感染症（COVID-19）の感染拡大に伴い外出自粛と在宅勤務が呼びかけられ、遠隔会議などのリモートが利用されるようになった。また業務以外の教育や生活の場面でも利用が広がった。株式会社オカムラが2020年7月に上場企業の正規社員14社282名を対象に行った「ニューノーマルの働き方、働く場アンケート　ワーカー編」によれば、59.1％が「社内会議」の、50.9％が「社外をまじえた会議」の、それぞれ5割以上を「リモートに置き換え可能」と回答している[25]。そして文部科学省によれば、大学・高等専門学校のうち2020年6月時点で遠隔授業を全面的に実施していたのは60.1％、面接授業と遠隔授業を併用していたのは30.2％で、9割以上の大学において遠隔授業が実施されていた[26]。

　技術的には以前から実現できていたことではあるが、一般的なリテラシー（literacy、ICTを利活用する能力）の範囲で一般の人々がリモートによる映像・音声でやりとりできるようになりつつある。これによりコミュニケーションの一形態としてリモートの利用が定着する可能性が高い。人々のリモート利用が定着することは、旅行ビジネスにとって顧客とのコミュニケーション手

段が増えることを意味する。TTAではコンサルティング機能と店舗を分離でき、カウンター営業と同等の対応がリモートで可能になる。サプライヤーもプロモーションや問い合わせ対応に利用できる。リモートを通じて実施する"オンラインツアー"を誘客のためのプロモーションとしてではなくそれ自体を有料コンテンツとして販売することや、"タビナカ"でのリアルタイム相談対応など、これまでに存在しなかった新たなサービスの誕生も想定される。このように、さほど高度・最新のものでない情報通信技術であっても、旅行ビジネスに大きな影響を与える可能性がある。

（大谷新太郎）

注
1)　総務省はASPを「利用者にネットワークを通じて情報システムの機能を提供するサービス、あるいはこうしたサービスを提供するビジネスモデル」と定義しており、SaaS（Software as a Service）も同義としている（総務省「地方公共団体におけるASP・SaaS導入活用ガイドライン」　https://www.soumu.go.jp/main_content/000061022.pdf（閲覧日：2020.12.24））。
2)　経済産業省はDXを「企業がビジネス環境の激しい変化に対応し、データとデジタル技術を活用して、顧客や社会のニーズを基に、製品やサービス、ビジネスモデルを変革するとともに、業務そのものや、組織、プロセス、企業文化・風土を変革し、競争上の優位性を確立すること」と定義している（経済産業省「デジタルトランスフォーメーションを推進するためのガイドライン（DX推進ガイドライン）Ver. 1.0」https://www.meti.go.jp/press/2018/12/20181212004/20181212004-1.pdf（閲覧日：2020.12.24））。
3)　イールドマネジメントについては中谷・清水（2018、214-215頁）や西川・澁谷（2019、100-107頁）に詳しい。
4)　国土交通省観光庁は文書等においてOTAを「オンライン旅行取引事業者」としている。
5)　総務省「通信利用動向調査」https://www.soumu.go.jp/johotsusintokei/statistics/statistics05.html（閲覧日：2020.11.29）
6)　公益財団法人日本交通公社「JTBF旅行者調査」https://www.jtb.or.jp/research/theme/statistics/statistics-tourist/（閲覧日：2020.11.29）
7)　SNSとは利用者間のつながりを基盤として利用者間で情報のやりとりがなされるネット上のサービスのことで、代表的なものには「Instagram」、「Twitter」、「Facebook」がある。
8)　総務省「情報通信メディアの利用時間と情報行動に関する調査」（閲覧日：2020.11.30）
9)　株式会社DACホールディングス「旅好き会員に聞く「旅先選びのSNS活用」実態調査」https://www.dac-group.co.jp/wp/wp-content/uploads/2018/06/a987e44ad9512d938ec805e9f1f1d165.pdf（閲覧日：2020.11.30）

10)　株式会社JTB総合研究所「スマートフォンの利用と旅行消費に関する調査（2019）」
https://www.tourism.jp/tourism-database/survey/2019/11/smartphone-2019/（閲覧
日：2020.11.30）

11)　株式会社ジャストシステム「旅行予約サイト利用実態調査」
https://marketing-rc.com/report/report-travel-20160601.html（閲覧日：2020.11.30）

12)　『観光経済新聞』（2020.2.11）「JAL、予約発券データの新標準規格「NDC」導入で旅
行会社を通じた販売を強化」

13)　トラベルビジョン（2020.2.17）「「次世代流通モデル」とは、NDCの可能性など解説
―日本ユニシスがイベント」
http://www.travelvision.jp/event/detail.php?id=87788　（閲覧日：2020.12.24）

14)　トラベルジャーナルオンライン（2019.5.6）「19年は「NDC元年」の兆し、全日空が
下期から販売開始」https://www.tjnet.co.jp/2019/05/06/全日空が下期からndcで販売
開始、接続第1弾はメタ/（閲覧日：2020.12.24）

15)　Star Alliance “New Distribution Presentation” https://www.staralliance.com/
documents/442641700/442654345/LHG+New+Distribution+by+Alexandre+Debregea
s+SWISS.pdf　（閲覧日：2020.12.24）

16)　トラベルビジョン（2019.5.31）「「宿公式」で直販増加へ　日本旅館協会IT戦略委員
長・石橋政治郎さんに聞く」http://www.travelvision.jp/news-jpn/detail.php?id=85447
（閲覧日：2020.12.24）

17)　『観光経済新聞』（2019.6.27）「日本旅館協会の直販支援システム、販売6割増の2億
円」

18)　消費者庁・三菱UFJリサーチ＆コンサルティング「オンライン旅行取引サービスに
関するアンケート結果」https://www.caa.go.jp/policies/policy/consumer_policy/
caution/internet/pdf/adjustments_index_1_161017_0002.pdf（閲覧日：2020.10.31）

19)　国土交通省「日本版MaaSの推進」https://www.mlit.go.jp/sogoseisaku/japanmaas/
promotion/（閲覧日：2020.11.25）

20)　東日本旅客鉄道株式会社「観光型MaaS「Izuko」Phase3の詳細について」
https://www.jreast.co.jp/press/2020/20201029_ho02.pdf（閲覧日：2020.11.25）

21)　沖縄MaaS事業連携体「もっと快適な沖縄旅を！沖縄MaaS」
https://service.paycierge.com/okinawa-maas/（閲覧日：2020.12.24）

22)　トラベルビジョン（2020.1.7）「JTB高橋社長、五輪後の目玉は「TaaS」、需要の創
出がカギ－新春インタビュー」
https://www.travelvision.jp/interview/detail.php?id=87577　（閲覧日：2020.11.25）

23)　国土交通省観光庁「ICTを活用した訪日外国人観光動態調査に関する手引き」
https://www.mlit.go.jp/common/001179200.pdf　（閲覧日：2020.11.25）

24)　事業構想大学院大学「客観的な観光戦略には、ビッグデータの導入がカギ」
https://www.projectdesign.jp/201706/tourism-marketing-planning/003708.php（閲覧
日：2020.12.24）

25)　株式会社オカムラ働き方コンサルティング事業部ワークデザイン研究所「柔軟な働き
方の効果検証　ニューノーマルの働き方、働く場 データ集」
https://www.okamura.co.jp/solutions/office/new_normal/pdf/new_normal_
workplace_principle_databook.pdf（閲覧日：2020.12.24）

26)　文部科学省「新型コロナウイルス感染症の状況を踏まえた大学等の授業の実施状況」
https://www.mext.go.jp/a_menu/coronavirus/mext_00016.html（閲覧日：2020.12.12）

第9章

ランドオペレータービジネスの
変化とその特徴

1. ランドオペレータービジネスの現状

　今日、旅行は自分の生活圏をはるかに超えて国内はもちろん海外まで領域を広げ、多くの人々が日常のように楽しんでいる。旅行の大衆化が進み「マス・ツーリズム」時代となっている現在、日本人の海外旅行は1990年に1000万人に到達して以降約30年を経て2019年には初めて2000万人を突破し、過去最高を記録している[1]。

　決して、順調に拡大してきたとは言い難い日本人の海外旅行市場と関わって、受け入れ先のインバウンド旅行業者は収益減少の状態が続いており、会社運営が厳しくなってきているという[2]。とりわけ韓国のインバウンド旅行業者は、為替の好転などによって一時的に好況に向かったこともあったが、根本的な業況は改善されないままである。事業の撤廃や倒産にまで追い込まれる危機からは逃れたが、組織の縮小、リストラなどを経て細々と延命しているという。このような状態をもたらした主因は、改革のない従来型のビジネスへの固執、過度な競争などによる低収益化であると考えられる。旧態のままのビジネスでも右肩上がりに市場が拡大された時代には薄利多売で営まれたが、数の論理が立ち行かなくなった現況下では、事業の存続を考えなければならないほど深刻な状態に陥っている。

　本章では、日本人の海外旅行の受け入れ事業を営むランドオペレーター（以下 "ランオペ" という）[3] のビジネスの変化を、「収益源」と「ビジネスの特徴」の両面から捉え、低収益化にどう関わっているかを明らかにする。

210

　旅行業の収益に言及している書籍をみると、アウトバウンドや国内旅行の収益構造については多く触れられているが[4]、諸外国の日本人相手のインバウンドの収益源や経営状況については、どの書物にも詳しく書かれていない現状である。

　ランオペの収益源を知るためには旅行業界の流通のしくみを理解する必要がある。図9-1はパッケージ旅行商品の流通のしくみを表している。この図をみると、ランオペは旅行商品素材をホールセラーやリテーラーに提供するサプライヤーの立ち位置にあるのがわかる。このような構造下の旅行業界の収益は、仕入れ原価に利潤を積算する原則を追求することが望ましいという[5]。ところが、これまでの旅行業界の収益源は、乗車券類、宿泊クーポンなどの代理販売手数料、パッケージツアーの企画販売取扱料金、傷害保険などの販売手数料などである。この中でも旅行業者の果たすべき機能からみれば企画販売取扱料金がもっとも重要であり、換言すればランオペの収益源もこれに尽きるものであると考える。しかし、実態をみると本来あるべき企画販売取扱料金という収入源は姿を消し、実質的にはコミッションと呼ばれる手数料がランオペの収益源として大きな割合を占めている。

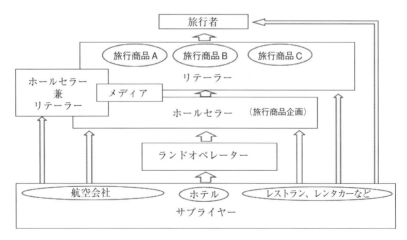

図9-1　旅行業界の流通のしくみ

出所：筆者作成

　業務の主な内容があっ旋と関わり、大半が代行・代理業務の性格を持つ旅行業の収益構造から考えると「手数料の授受」は、当然であると考える。

　ここで手数料の意味について整理してみよう。「手数料」の辞典的な意味は、"他人のために費やした手間の報酬として受け取る金銭"（金田一他、2008、959頁）である。つまり各種手続きや仲介などの際に授受する金銭のことで、国や地方自治体、銀行、証券会社そして旅行会社などの店頭や窓口業務などで発生する。手数料は基本的に現金でやりとりを行うが、現金の代わりに、例えば国の場合には収入印紙、地方自治体は収入証紙、郵便は切手などを購入し、書類に貼り付けることにより納付することもある。

　また、銀行などのATMを利用する際に発生する手数料（他行利用手数料や時間外手数料、振込手数料）は、通例、口座残高から自動的に差し引いている。手数料も消費税の課税対象となり、おおむね110円（100円＋消費税10円）を最小単位として課せられるが、一部で課税されないものもある（外国為替の手数料など）。簿記会計分野の勘定科目においては、銀行などに支払う振込手数料や弁護士・税理士などへ支払う顧問料、プロバイダーや警備会社、清掃会社などへの業務委託手数料などを「支払手数料」という科目で処理するのが一般的である。以上のような例から見れば、手数料は、旅行業だけでなく幅広い産業に広がっており、様々な授受の形もデファクトスタンダードとして根を下ろしている。

　しかし、諸外国において日本人の受け入れを主な業務にしているランオペの手数料授受を収益源にしていたビジネスモデルが、旅行業を取り巻く環境の変化によって立ち行かなくなり、経営基盤が揺れているという。このような現状を踏まえ、ランオペの収益源の変化を面談調査の結果にもとづいて述べていく。

2.　ランドオペレータービジネスの変化

　日本人観光客を中心に受け入れて事業を営んでいるランオペに対し、収益創出の方法について聞き取り調査を実施した[6]。対象のランオペは主な手配

地域からA社（ヨーロッパ）、B社（アメリカ本土、グァム、サイパン）、C社（中国全土）、D社（東南アジア、台湾、フィリピン）、E社（韓国）（以下、A、B、C、D、E社）に区分した。調査方法は、各地域の観光業界に対する影響度、受注シェアなどを勘案して対象の会社を選定、その後の調査に先立ち、電話で趣旨と質問内容を知らせたうえで、面談当日に回答を聴取する形で進められた。

　このようにして得られたデータを1970年代から2020年までの10年単位の時系列に分け、次の3つにカテゴライズした。第1はフォーマル型であり、主な収益源は地上費（ランドフィ）の原価に利潤を上乗せした収益確保のことで、オプショナルツアーについても同様である。第2は混在型（フォーマル＋インフォーマル型）であり、フォーマル型の主な収益源に加えてインフォーマル収益源（裏面契約によってショッピングセンターからの割増手数料や不適切なあっ旋行為による金品授受のこと）による収益確保の方法である。そして第3はインフォーマル型収益創出のことであり、これは上述したように不適切な方法による収益確保がメインとなる形である。この不適切な方法の横行は、健全な旅行業の発展の妨げになるだけに一刻も早く排除されるべきである。しかし、こうしたインフォーマル型の営業行為はグレーゾーンとして様々な手法で形を変えながら今日まで続いている。

　表9-1で示したランオペの主な収益源の変化をみると、日本人の第2次海外旅行ブームのあった1970年代は、A、B社はフォーマルな収益確保の方法

表9-1　ランドオペレータービジネスの変化

会社名（手配地域）　区分	1970年代	1980年代	1990年代	2000年代	2010年代
A社（ヨーロッパ）	●	▲	●	●	●
B社（アメリカ本土、グァム、サイパン）	●	▲	▲	●	●
C社（中国全土）	▲	▲	×	×	▲
D社（東南アジア、台湾、フィリピン）	▲	×	×	×	×（▲）*
E社（韓国）	▲	×	×	×	×（▲）*

注：●：フォーマル型　▲：混在型　×：インフォーマル型
　　＊インフォーマル型が主流で混在型の傾向も一部あり
出所：筆者作成

をとっており、C、D、E社は混在型であることがわかる。そして1980年代
は、1970年代までフォーマル型であったA、B社が混在型に変化している一
方、D、E社は完全にインフォーマル型に移行していることがわかる。

　また、1990年代の傾向をみると、A社は混在型からフォーマル型へ、B社
は混在型のまま、C社はインフォーマル型へ変化している。注目するところ
は、A社とB社はフォーマル型から混在型へ、さらに混在型からインフォー
マル型へ推移せずフォーマル型に回帰しているのに対し、C社、D社、E社
は混在型からインフォーマル型へ変化した後、フォーマル型や混在型へ回帰
していない点である。さらに地域別を見ると、日本を中心とする近隣国のラ
ンオペは回帰せず、ヨーロッパやアメリカ本土（グァム、サイパンを含む）の
ランオペは収益源がフォーマル型へ戻ってきていることがわかる。この原因
を明らかにするという課題は残るが、A社、B社の地域では混在型やイン
フォーマル型による収益源は通用しなくなっていると推論できる。

　なお、2010年代の特徴は、C社が混在型へ回帰し、D社、E社はインフォー
マル型を維持しているが混在型の傾向も一部うかがえるところにある。この
理由について更なる分析は必要であるが、1990年代のA社、B社地域と同様、
インフォーマル型の弊害が徐々に表れているものと考えられる。

　元来、日本では土産文化が発達しており、どこへ旅行に出かけても土産を
購入し、近所の人や世話になった方へ渡している。これは日本人が持つ文化
の一面として捉えられる。この土産文化は、現在も変わっているわけではな
く依然として残っている。外国のランオペはこうした土産文化に気づき、日
本人観光客に対してショッピングセンターへの案内をツアーに組み込み、店
主からはあっ旋手数料名目として一定額を受け取ったと考えられる。買い物
も旅行の楽しみの重要な一要素であることを考えれば、土産店に案内するこ
とや、それによってあっ旋手数料を受け取ることは普通に考えられるところ
であろう。しかし、なぜこのようなことが問題になり、旅行者のツアー離れ
が起きるのだろうか。また、低収益につながったのだろうか。

　大手旅行会社が顧客満足度を調査したアンケート結果によると、旅行会社
が案内する土産店は市販のものより値段は高く質も悪いという結果が出てい

る[7]。これは表9-2で示した筆者の調査結果でも裏付けられており、ショッピングに立ち寄らずホテルへ（または空港へ）直行することを旅行商品の「ウリ」にしている[8] ことでもその実態がうかがえる。

そして、もう一つ、ランオペビジネスの変化の分析でわかることは、フォーマル型のモデルを堅持するところは経営が安定しており、混在型やインフォーマル型から脱皮できず従来通りのモデルを踏襲しているところは、表9-3で示すとおり経営難に直面していることである。A、B社の経営安定の理由は複数の要素が考えられるが、その核心たる部分はフォーマル型のビジネスモデルが構築されたところであろう。ランオペの基本業務である「手配」のほかに、受注の前に行われる見積もりや企画提案に当たって創意工夫を凝らした商品の差別化が個々のランオペの努力によって推進され、見積競合から脱却した点であると考える。

表9-2　市販店と旅行会社提携店の価格比較

（単位：日本円）

品目	市販店	旅行会社提携店
韓国ノリ	1,000～1,500（30 × 20cm × 30枚）	1,800～2,200（30 × 20cm × 30枚）
白菜キムチ	600～800（1kg）	1,500～2,300（700g）
明太子	1,200～1,500（300g）	2,500～3,000（250g）

注：旅行会社提携店（2019年12月の販売価格の平均値）
　　市販店（ロッテ百貨店他3店、2019年12月の販売価格の平均値）
出所：筆者作成

表9-3　ランドオペレーター業界の経営状況

会社名 ＼ 区分	1970年代	1980年代	1990年代	2000年代	2010年代
A社（ヨーロッパ）	●	▲	▲	●	●
B社（アメリカ本土、グアム、サイパン）	●	▲	▲	●	●
C社（中国全土）	●	●	▲	▲	▲
D社（東南アジア、台湾、フィリピン）	●	●	▲	×	×（▲）＊
E社（韓国）	●	●	▲	×	×（▲）＊

注：●：安定的　▲：やや困難　×：困難
　　＊全体的には困難であるが少し改善の状況にある。
出所：筆者作成

　次節では、C、D、E社地域における旅行会社とランオペの「ビジネスの特徴」に触れ、そこに潜む問題点を洗い出し、改善点を探る。

3.　ランドオペレーターのビジネスの特徴

　ランオペビジネスは、ホールセラーやリテーラーからの依頼を受けて旅行素材を提供・手配する業務が主流となっている。旅行者を介さず旅行会社と取引する、いわゆるB to Bのビジネスである。旅行会社が催行するツアーは会社ごとにカタチは異なるものの、顧客の声を傾聴し、様々な業務改善を行っている。しかし、ランオペと旅行会社間のB to Bのビジネスにおいては利害関係が絡み、なかなか本音が聞こえて来ないことが多い。ここでは、これまであまり取り扱われなかったランオペ業界のビジネスの特徴に触れ、それによって台頭した新たな変化について言及する。

1.　B to Bの取引をめぐる企業行動の慢性的な弊害

　旅行業界のB to B取引をめぐって、不公平な商取引を改善すべきだという声は以前から時々聞かれる。とりわけ旅行会社とランオペ間の取引については、なおさらである。送客元となる優位な立場の発地側の旅行会社と、下請という着地側のランオペの間において、対等でない取引が続くと、いずれか歪みが出るようになり、結果的には旅行者に転嫁されかねないことから公正な取引が求められる。この問題については、専門誌トラベルジャーナル（TJ）が過去2回[9]取り上げ、業界に警鐘を鳴らしたこともある。

　そこで筆者は、旅行会社とランオペの取引における問題点を抽出し、その原因の所在について調べた。調査の目的は、公正な取引を行う上でどのようなことが足かせになっているのかを正確に把握すること、また、その問題の所在がどこにあるかを双方の観点から見ることである。上掲の専門誌の調査や他の研究（KIM、2019、22-32頁）では、ランオペ側の意見が多く反映されているが、ここでは旅行会社側の意見も重視している。

　調査項目はトラベルジャーナル（2005.2.7、2009.10.26、2011.7.4、2016.4.25、

2018.3.26）の記事から抽出し、加筆・再構成した。調査は2020年12月から2021年1月にかけて旅行会社の役職経験者と中堅幹部、そしてランオペの役職者を対象に電話やSNSを利用して行った。

　調査結果（表9-4）を見ると、支払い関連のリスク転嫁、ツアー手配リスクの押し付け、旅行会社と仕事の境目なし、不当な要求、抱き合わせ的発注行為、日本的商習慣の強要については旅行会社側に原因があり、マーケット拡大に向けたパートナーシップ構築の欠如はランオペ側に、旅程保証をめぐる長い対立、中抜き手配の恒常化は旅行会社とランオペ両者にそれぞれ原因の所在があることが確認された。

　旅行会社とランオペの協力によって企画される旅行商品は、旅行者が購入・消費・評価することによって完成する。表9-4で示すような取引が続くと商品の品質低下に直結し、不満を覚えた旅行者のツアー離れを加速させる

表9-4　旅行業界のB to Bの取引をめぐる問題と原因の所在

問題項目（具体的な内容）	原因の所在		
	旅行会社	ランオペ	両者
支払い関連のリスク転嫁（支払い遅延、デポジット立替）	○		
ツアー手配リスクの押し付け（予約困難なアイテムの確保）	○		
旅程保証をめぐる長い対立（頻発する旅程保証の求償）			○
旅行会社と仕事の境目なし（想定外でき事への対応要求）	○		
不当な要求（業務外の事柄に無償ヘルプ）	○		
抱き合わせ的発注行為（原価割れツアーの戦略的発注）	○		
日本的商習慣の強要（目立たない条件変更による値下げ、料金変更なしの高品質要求、受注後の条件変更など）	○		
マーケット拡大に向けたパートナーシップ構築の欠如		○	
中抜き手配（直手配）の恒常化			○

出所：筆者作成

ことになる（TJ、2005.2.7、10頁）。

　この実態を生んだ原因が送客元の旅行会社にあろうが、下請けのランオペにあろうが、それは重要なことではない。最高の「旅」を旅行者に届けるという命題に真摯に取り組む両者の姿勢が肝心である。15年も前から業界誌で取り上げられたように、このような商習慣に固執しているかぎり、グローバル市場での競争力は失われ、旅行ビジネスそのものが崩壊する（TJ、2005.2.7、11頁）。ランオペも旅行会社も、ともに旅行のプロフェッショナル集団である意識をもって、良好な関係作りから仕切り直すことが求められる。

2. 共倒れを引き起こす「戦略的受注行為」

　ランオペの主務の一つであるツアーの受注においては、過度な競争による収益性の低下が危惧されている。顧客からのツアーの受注に当たって、旅行会社は利潤を十分に確保した形で受注するとは限らない。場合によっては、原価割れで受注することも少なくないのが現状である。これはランオペが旅行会社の下請けをする際にも同様である。微々たるものでも収益のあるツアーはそれほど問題ではない。問題は、業界で「戦略的」と言われる原価を下回る受注である。こうした受注がツアーの至る所で問題を引き起こしている。ここでは収益性の低下につながる戦略的受注行為について触れてみる。

　戦略的な原価割れ受注は、短期間でマーケットシェアの拡大を図る企業によく見られる。SIT[10] ツアーでない限り、募集型か受注型かを問わず、企画旅行においてはツアー催行決定権者[11] からの発注条件は厳しいため、企画内容、旅行費用など諸条件が競合他社よりすぐれていないといけない。旅行業界の用語で「スケルトン」と呼ばれるシンプルな商品は、旅行各社のプランや素材の選び方など差別化されていないものが多い（岡本他、2009、199-205頁）。これは筆者の現場経験[12] からも断言できる。

　差別化が図られず企画内容が類似しているツアー獲得の手っ取り早い決め手は、旅行代金に差をつける（値下げをする）ことである。利害関係を重視する商取引が優先される日本においては、ツアー受注の際に固く保持されなければならない旅行代金の情報が、旅行催行決定権者によって競合他社に漏洩

されることがある。これらの情報は他社に逆利用されるケースが多い。挙句の果てにシーソーゲームとなり、どこかで歯止めをかけないと利幅がほとんどなくなることもある。この原価割れ受注の裏には見込み収入[13]の存在がある。優位な立場の業者が弱い立場の業者をたたき、値下げなどを強要する極端なケースはないが、日頃のビジネスの上では値下げ要求を断り切れないことが多い。

　旅行会社も他の企業と同様「ノルマ」と言われる目標があり、各社とも常に競争を意識した行動をとっている。さらに、現場においては市場原理が働いている。自由な競争自体は市場を活性化させるうえで欠かせないが、自社の目前の目標だけに気をとられ、市場原理を悪用する道徳心のない悪質業者もいる。原価割れのツアーの獲得に成功した場合、あらゆる方法で損失分を挽回する手を尽くすことになる。

　例えば、サプライヤーとの交渉による仕入れ価格の調整である。旅行代金の構成比の高い航空運賃をはじめ、基本地上費（ランドフィ）まで値下げ交渉される現実である。こういった交渉に応じない選択肢もあるが、下請けの立場から元請けの会社の圧力に耐えられるランオペは、率直に言ってそう多くないことが筆者の職務経験から言える。

　この時世、善良な行動だけではビジネスにならないと言われがちだが、旅行会社もランオペも相互に蓄積された信頼の下で共存を目指していくべきであろう。

4.　通信販売仲介者の出現とランドオペレーターの立ち位置

　ＩＴ技術の発達とともに、旅行業界で「中抜き現象」が起きているのは、昨日今日のことではない。旅行者と商品提供者が、直取引をすることが一般化している中、この現象も日を追って形を変えている。10年ほど前から、旅行者とサプライヤーを仲介するサイトも頻繁に見かけるようになった。ここでは「通信販売仲介者」の事例を紹介する。日本でも同様の事例が散見されるが、事業主への影響などを勘案し、韓国の事例を取り上げる。

　2018年に日本を訪れた韓国人（この中にはビジネスや日本在住者も含まれていると考えられる）は753万人を超えて過去最高を記録した。1位の中国（838万人）には及ばなかったが、3位の台湾（475万人）を大きく引き離して不動の2位を維持している。

　訪日韓国人旅行者はパッケージツアーをはじめ、多様な旅行商品を購入し、来日している。しかし、最近は旅行会社を経由せず、渡航や滞在に必要なものを直接手配するケースが急増している。いわゆる旅行会社を介さず、旅行者が自らすべてを手配する「中抜き現象」である。このケースは日本人の海外旅行においても増えてきていると言われる。

　図9-2は、「中抜き現象」の一例である。通信販売仲介者がインターネット上にプラットホームを構築して、旅行者と現地の観光地施設（ホテル、旅館など）や現地斡旋業者（ランオペ、専門ガイドなど）を仲介するケースである。

　一見すると、このような流通に特別な問題点は見つからないが、旅程保証上には大きな問題が潜んでいる。こうした通信販売仲介者のサイトには以下のようなことが告知されている。

　「A社は通信販売仲介者であり、通信販売者の当事者ではありません。従ってA社は商品取引情報及び取引に対して責任を負いません」

　つまり、通信販売仲介者は旅行者と受入国の観光地施設との仲介をするだけであって、取引上の責任を負わず、両者をつなぐプラットホーム利用料を

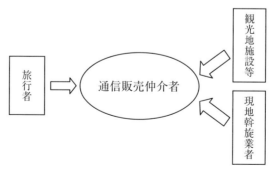

図9-2　通信販売仲介者による旅行商品の流通

出所：筆者作成

旅行者と受入先の事業者などから収受している。この類の会社は「旅行業者」として登録しておらず「通信販売仲介者」として事業許可を取っている。しかし、当該事業者が行っているすべての業務は旅行会社に限りなく近い業態である。仲介業としてみれば特別な問題はないが、旅程保証をもって現地での安全や行程上の責任を負っている既存の旅行業から考えると、旅程保証がなされていないこと、不測の事故が起きてもその責任の所在が不明であること、などが是正されないまま依然として盛況であることは大きな問題である。

この事業体は、韓国に「通信販売仲介者」として事業登録をしているケースのほか、第三国に本社機能を登録しているケースもある。事例の会社「A社」は2012年営業開始以来、数百万人以上の旅行者が利用している。日本でも、この類のビジネスは、ネット上で見え隠れしながら営業中である。"個人旅をプロデュースする"、"旅行代金比較"、"旅をデザインする"などをキャッチフレーズに旅行者の目を引き、"現地あっ旋人や利用施設を仲介する"としているが、予約ツールを辿っていくと、結局、旅行に申し込む形になる。

つまり、プラットホームを巧みに利用する形で、送出国と受入国の法律に触れない範囲で、堂々と旅行のあっ旋をしているのである。日本での法人は「運営会社」という形態をとり、プラットホームを運営するだけとなっていて、実に巧妙に作られている。

これらのプラットホーム型の仲介業者は「旅」または「タビ」「トラベル」など類似した検索語で簡単にアクセス可能となっている。ある会社のサイトを見ると、これまでの利用者数まで明らかにされており、その数を見ると放置できない存在に成長している。このプラットホームがビジネスの形態は異なるものの、結果的にランオペに取って代わっている。さらにこのような「中抜き現象」は、韓国だけでなく日本、台湾などにも広がっている。

この現象の加速により旅行会社の不要論までささやかれている昨今、旅行業界はもとより旅行者の保護の意味でも、行政の対応が求められている。

5.　海外旅行取扱額の伸び悩みと旅行サービス手配業の台頭

　旅行会社間の従来型の取引慣行はマーケットニーズの変化への対応を遅らせ、旅行者のツアー離れを加速する一因になった。また、B to B のビジネスが基本となるランオペの特性上、中抜き現象の進行は、ランオペの存在意義が弱まり、ビジネスそのものが縮小することを意味する。とりわけ「安・近・短」[14] 基調の近隣国では、既存の B to B だけでは事業として成り立たず、兼業型のランオペ[15] も登場している。つまり、海外旅行者の増加がランオペのビジネス増加に直結するものではない。

　表9-5は日本の主要旅行会社の海外旅行取扱額と出国者数の推移である。2013年から2015年までは微減であった出国者数は2016年からは増加に転じ、2017年、2018年続いて増加傾向にある。一方、取扱額の推移を見ると、2017年と2018年は、2013年と比べて取扱人数は上回っている反面、取扱額では当時の水準にまで回復していないことがわかる。これは、単純比較では断定できない面[16] もあるが、全体的な傾向としては旅行会社を経由しない旅行者の割合が増えたことが一因であると考えられる。その分、ランオペの取り扱いも同じように推移したことを意味する[17]。

　また、前節の通信販売仲介者の出現に代表されるように、旅行ビジネスの変化も見られるようになり、一部の法律改正にもつながった。例えば、訪日旅行では、免税店への連れまわしや高額商品の勧誘、バス代金の下限料金割

表9-5　主要旅行会社の海外旅行取扱額の推移

	2013年	2014年	2015年	2016年	2017年	2018年
海外旅行取扱額（円）	2兆2705億2193万	2兆2033億9288万	2兆186億1784万	2兆369億789万	2兆653億578万	2兆1214億5347万
出国者数（人）	17,472,748	16,903,388	16,212,100	17,116,420	17,889,292	18,954,000

注：2013年（58社）、2014年、2017年（50社）、2015年、2016年、2018年（49社）の合計から算出、各年4月から3月までの総額。
出所：観光庁の資料を基に筆者作成

れなどによる安全性の低下などが指摘され[18]、これまでに登録が義務づけられていなかったランオペ業務を営む事業者に対して、2018年1月4日より「旅行サービス手配業」登録[19] が義務づけられるようになった。この法律改正によって、兼業型ランオペが「旅行サービス手配業」として定着するようになった。同業は、日本の旅行会社がイン・アウトともに変化する旅行者のニーズの対応に遅れをとっている間に、訪日旅行の受入れ業務を積極的にこなすランオペとして根を下ろすようになった。

6. ランドオペレータービジネスの今後の方向性

　本章では一部の国や地域を除く日本人受け入れのインバウンド旅行業が低収益による経営困難に直面した状況の中で、収益創出方法（収益源）とビジネスの特徴が低収益化にどのように関わっているかについて考察を行った。分析資料はランオペの主な手配エリアから、ヨーロッパ、アメリカ（本土、グアム、サイパンを含む）、中国本土、東南アジア（台湾、フィリピンを含む）、そして韓国に区分して、ランオペ各社の役職者と日本の旅行会社の役職経験者と中堅幹部への聴き取り調査で集められたデータを用いた。

　分析を通して明らかになったのは、経営が安定しているランオペの主な収益源は、地上費（ランドフィ）の原価に利潤を上乗せした収益確保方法、つまりフォーマル型と名付けた収益源を堅持していること、そして経営がやや困難または困難であるランオペは、裏面契約によって横行するショッピングセンターからの割増手数料や不適切なあっ旋行為によるコミッション受け取りなどの収益確保方法、いわゆる混在型（フォーマル＋インフォーマル型）とインフォーマル型と命名した収益源に頼っていることであった。

　続いて、利害関係が絡むビジネスの特性上、なかなか本音が聞こえて来ないBtoBの取引をめぐる企業行動の慢性的な弊害と、共倒れを引き起こす戦略的受注行為について触れ、このようなビジネス慣行の末に出現した通信販売仲介者と旅行サービス手配業の台頭などの変化についても述べた。ランオペのビジネスは外部環境変化などに左右されやすく、政府や業界の努力だけ

では対応できない要素が多い。苦境を乗り越え持続的な発展を実現するためには、これまでとは違う新たな取り組みが必要であると考える。原点に立ち返る意味で次の提言を行う。

①従来の旅行ビジネスの改善

発地国の旅行会社と着地国のランオペ間の不公正な取引は、優位と下請けという立場で行われる業界の古い商習慣が影響しているものと考えられる。この不自然な取引慣行の裏には、そもそも旅行ビジネスが生成される過程で起こる過度な競争があるが、いずれも旅行者という「顧客」のあっ旋を受け持っていることを忘れてはならない。

コモディティ化している商品ばかりを流通させると、他社との差別化をはかるためには価格競争にならざるを得ない。これは利益を逃すことにつながり、結果として旅行業界全体としてマーケットを縮小させる悪循環を繰り返すことになる。

旅行業者間において従来の不公正な取引を改善しない限り、旅行者のツアー離れは加速するだろう。旅行会社が主催するツアーに旅行者を取り戻すこと、つまり、旅行会社の存在の意味をマーケットに訴求する必要がある。いくら情報通信が発達していても伝えきれないものがその土地には多数あるだろう。これを「見える化」することも一つの方向性である。

②環境変化に対応するための業界の取り組み

輸送手段や情報通信技術が急伸する前の旅行業界は、情報力を強みにマーケットをリードして来たが、その後は旅行者のニーズの多様化など、時代の変化に伴うマーケットの動きに十分な対応ができないまま現在に至っている。

海外旅行はもとより訪日旅行においても、旅行ビジネスをとり巻く環境は、国際情勢と相まって、さらに複雑に変化すると予想される。ICTの発展をはじめ、人口構造の変化、移動の高速化、旅行可能層の拡大、人工知能の発達など、その領域は多岐に亘る。このような変化の時代に、旅行者を惹きつけることは容易ではない。中抜き現象が増える一方で旅行の企画や手配に旅行会社の不要論がささやかれる中、旅行会社の存在価値をアピールするため業界挙げての取り組みが求められる。

補記

本章は2009年発行の『新版変化する旅行ビジネス』の第9章の内容を基に追加調査の上、加筆し、後半部分に当たる第3節から第6節までは、筆者の研究論文、「旅行商品の流通構造から見るインバウンド旅行ビジネスの実態」『Asian Journal of Information and Communications』KISDI, 2019, Vol.11, No.1, pp.22-32の内容を一部転記し、本稿の趣旨に合わせて修正したものである。

（金相俊）

注
1) 日本政府観光局は、2019年の日本人出国者数が前年比5.9％増の2,008万600人に達したと発表している。
2) 李氏（G社大阪事務所勤務）によれば、2009年（本稿の執筆時の調査）以降、10年以上が経っている現在もヨーロッパやアメリカなど一部の地域以外、低収益構造はあまり改善されることなく続いているという。
3) 諸外国では日本人インバウンドと称されることが多い。
4) 例えば、松園（2007、113頁）は、サプライヤ、ホールセーラー、リテーラー間の代売手数料、送客手数料、旅行相談手数料、渡航手数料、パッケージ代売手数料などであると説明している。
5) 南氏（東京で旅行会社とランオペを経営するCEO）の解説である。
6) 調査期間は1回目（2009年4月から5月）、2回目（2020年12月から2021年1月）のそれぞれ2カ月間である。
7) 大手旅行会社の主力ブランド商品を利用し、旅行した顧客から回収されたアンケートの中の土産に対するクレームの分析結果である。なお、このアンケートは顧客から寄せられたクレームを改善するため送られた2002年4月から2006年3月までのものである。本稿の執筆にあたっては時間的なギャップを考え、現状での内容確認を行ったところ、10年以上経過した現在も同じ傾向が続いているという。
8) 日本における最大手旅行会社である株式会社ジェイティービーのパッケージツアー（ルックJTB）の2004年4月1日からの韓国商品は、一部のコースを除いて「No Shopping」をウリにしていて、その後、他社にも「ショッピングなし」商品は急速に広がった。
9) 第1回目がTJ（2005.2.7）8-14頁に、第2回目がTJ（2011.7.4）10-13頁にそれぞれ掲載されている。
10) Special Interest Tourの頭文字の略。JTB総合研究所のウェブサイトには、「日本人海外旅行におけるSITは、大リーグやサッカーなどの観戦ツアー、美術・音楽鑑賞ツアーなど目的に特化した旅行のことであり、現在は、リピーターが増え海外旅行自体が成熟化したことから、パッケージツアーでも目的を絞った旅行が増え、あえてSITと呼ぶ領域の旅行は少なくなった。インバウンドでは、冬の日本を体験するツアーや花火を見る旅、サイクリング大会への参加ツアーなどSITと呼ばれるツアーが実施されている。国内で盛んなお遍路やアニメの聖地を巡る旅などもSITの一種といえる」と記されている。この類のツアーは企画性に富み、独自性があるため簡単には真似できない特性があるので料金競合がなく収益性が高い特徴を持っている。
11) 旅行の催行における実権者、つまり受注型企画旅行では組織のトップ、部局長、幹事など、募集型企画旅行においては発注元の責任者になることが多い。

12)　筆者は韓国の大手ランドオペレーター（KTB）で20年間の実務経験を有している。

13)　実際計上されていない収入で、旅行保険販売手数料、ショッピングコミッションなどである。

14)　費用が安く、距離が近く、日程が短いことを表す表現で、旅行の傾向を言うときに使われる。

15)　従来の海外旅行の下請型の手配業務だけでなく、訪日旅行の手配に加え、ガイド業、ドライバー、通訳業など複数の領域に亘って展開するビジネスタイプのことをいう。

16)　例えば、為替による変動率、旅行者一人当たりの消費額、人口統計学的属性など、いくつかの補完的な資料の検討が必要とされる。

17)　C氏（大阪で中堅旅行会社とランオペを経営するCEO）の証言である。

18)　https://旅行業登録.jp/land-operated-register.（閲覧日：2019.1.15）

19)　旅行業法第23条では、「旅行サービス手配業を営もうとする者は、観光庁長官の行う登録を受けなければならない」とされている。

第10章

環境変化と求められる観光産業人材
アフターコロナの観光と高等教育
（大学・専門職大学・大学院等）の「学び」は？

1. 観光立国宣言に始まった日本の観光の急展開と
コロナ禍による劇的変化のなかで

　今日の劇的な環境変化のなかで、観光産業に求められる人材、その育成のために高等教育（大学・専門職大学・大学院等）が果たすべき役割と「学び」について考えていくことが、この第10章のテーマである。ところで、日本の観光系の大学・学部や学科が数多く設置されて大学における観光学の研究・教育と人材育成がクローズアップされるようになったのは、2003年「観光立国宣言」および2008年「観光庁発足」からである。それまで、日本の大学における観光関連の学部や学科の設置・整備については1975年から1990年代の半ばまで「20年の空白」とも言うべき時期があった。その結果、日本の大学の観光学の研究・教育と人材育成は、諸外国に比べて大きく立ち遅れてきた。

　2003年、観光を「21世紀のリーディング産業」と位置付け、観光をいわば「国策」として推進する観光立国政策を実施することを小泉内閣（当時）が宣言した。なかでもビジット・ジャパン・キャンペーンによって、インバウンド（訪日外国人観光客）は、リーマンショックと東日本大震災による「落ち込み」を除いて年々増加の一途をたどってきた。キャンペーン開始当初の500万人弱から2019年には3,000万人を超える6倍以上に増加した。当初の計画は、2020年オリンピック開催年の到達目標が2,000万人であったが、これを倍加の4,000万人に上方修正するという予想を遥かに超えた計画推進であっ

た。しかし、その一方で、オーバーツーリズムが京都をはじめ随所で深刻な問題となっていたことを忘れてはならない。

　オリンピック開催の年、インバウンド4,000万人到達が確実視された2020年の年明け、中国・武漢からイタリア・ベネチアをはじめとして新型ウイルス感染症が全世界に拡がっていった。「観光」は、壊滅的なインパクトを被った。日本政府観光局（JNTO）の年次統計（統計は毎年1月1日〜12月31日集計）によれば、前年の2019年度の訪日外国人観光客数は過去最多の3,188万人に達していた。しかし、2020年度は411万人だったと公表した（2021.1.20）。コロナ禍のもとで前年度比マイナス87.0％であった。月によっては、マイナス99.0％もあり、あれほど押し寄せていた外国人観光客はいずこに、まさしく「消滅」を思わせる減少に見舞われた。

　上記のように、「観光立国宣言」を契機としたインバウンド観光の急展開と軌を一にしたかのように大学の観光教育研究も大きく拡がってきた。ところが、コロナ禍の下での大学は観光系に限らず未曾有の困難に直面している。コロナ禍が長期化するなかでのウィズコロナとアフターコロナの時代を展望しつつ、大学における観光学の研究・教育と人材育成、その「学び」のあり方が問われている。コロナ禍のもとでの観光と大学についてのこれからを考えていくことは重要なテーマであるが、まず日本の大学が戦後どのような歴史をたどってきたのか、そのなかで大学と「観光」の関係を見ていくことにしよう。とりわけ2003年「観光立国宣言」と2008年「観光庁発足」を契機とした大学における「観光」の拡がり、その「振り返り」から考察する。

2. 2003観光立国宣言と2008観光庁の発足を契機とする日本の大学の観光系教育研究組織の拡大と観光人材を育成するための産学官が連携した取り組み

1. 2003観光立国宣言と観光人材養成のための大学・高等教育機関に対する提言

小泉内閣による「観光立国」政策が始まった2003年、「観光立国懇談会」

（座長：故木村尚三郎東京大学名誉教授）は「住んで良し、訪れて良しの国づくり」を唱えて、観光立国の意義及び観光立国を実現していくための課題と戦略を提言した。また、「観光立国行動計画」が策定され、石原国土交通大臣が観光立国担当大臣に任命されるなど、政府として観光立国への取り組みが急速に進展した。そして、2004年「観光立国推進戦略会議」が開催され、官民一体となって取り組むべき55の提言が取りまとめられた。その提言23に、「大学等は、地域のニーズを踏まえ、観光関連学部・学科等の設置を検討する」と明文化された。ここに、大学における観光学の研究・教育と観光人材育成が国の観光政策に位置づけられることになった。

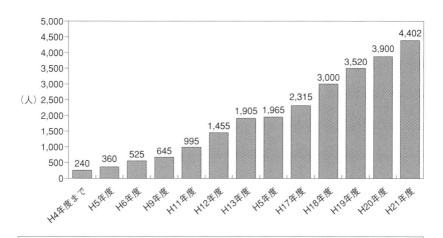

・1967 年度に立教大学に初の観光学科設置。
・1998 年度に立教大学に初の観光学部設置。
・2005 年度に山口大学及び琉球大学に国立大学として初の観光（政策）学科設置。
・2008 年度に和歌山大学及び琉球大学に国立大学として初の観光（産業科）学部設置。
・他大学でも観光関連学部・学科が設置され、入学定員の合計は 4,402 人（39 大学 43 学科等）となった。
・大学院については、1998 年度に立教大学が初めて観光学研究科（観光学専攻）創設。国立では、2007 年度に北海道大学が国際広報メディア・観光学院（観光創造専攻）を創設。

**図10-1　観光立国宣言2003年を契機とする観光学部・
学科を設置する大学の定員数の増加**

出所：文部科学省「観光関連の学部・学科等のある大学一覧」を参考に観光庁が作成「観光教育に関する学長・学部長等と観光庁との懇談会」概要（2009 年 6 月 16 日開催）・配付資料　https://www.mlit.go.jp/common/000040900.pdf（閲覧日：2021.2.10）

　図10-1は、観光庁の「観光学部・学科を設置している大学・学部の規模（入学定員）の推移」である。このグラフから日本の大学の観光系教育研究組織は、「観光立国」政策以降、急速に拡大・整備されてきたことが分かる。

2.　2008観光庁の発足によって、緒に就いた産学官連携した観光人材育成の取り組み

　2008年10月1日、国土交通省の外局として観光庁が設置された。観光庁の組織は図10-2に示す通りである。そのなかで観光資源課は、観光資源の保全・育成・開発とともに観光人材の育成を担っている。観光資源課は、前年発足した「観光人材育成のための産学官連携検討会議」を国土交通省から引き継いで開催した。これまで、大学における観光人材育成を産学官連携して検討する場は設けられてこなかった。後述するが、日本の観光系大学・学部

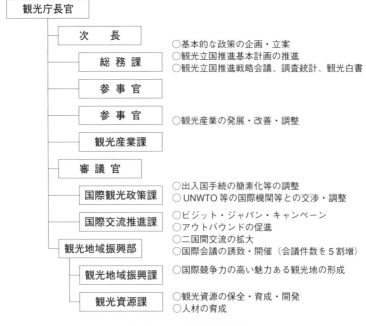

図10-2　観光庁の組織

出所：http://www.mlit.go.jp/kankocho/about/soshiki.html（閲覧日：2021.2.10）より

表10-1　1967年（昭和42年）～2009年（平成21年）に設立された
観光関連の大学・学部・学科等および大学院一覧

【大学】（39大学39学部43学科）						平成21年4月1日現在
開設年度	設置区分	大学名	学部名	学科名	入学定員	備考
昭和42年	私立	立教大学	観光学部	観光学科	173	昭和42年度に社会学部観光学科を設置。平成10年度に観光学部を設置
				交流文化学科	157	平成18年度に設置
昭和49年	私立	横浜商科大学	商学部	貿易・観光学科	80	
平成5年	私立	流通経済大学	社会学部	国際観光学科	120	
平成6年	私立	北海商科大学	商学部	観光産業学科	50	平成18年度に大学名を北海学園北見大学から改称
平成9年	私立	阪南大学	国際コミュニケーション学部	国際観光学科	120	
平成11年	私立	札幌国際大学	観光学部	観光ビジネス学科	90	平成21年度に観光学科（入学定員：150名）を改組
				観光経済学科	60	
		九州産業大学	商学部第一部	観光産業学科	150	
平成12年	私立	川村学園女子大学	人間文化学部	観光文化学科	70	
		大阪観光大学	観光学部	観光学科	190	平成18年度に大学名を大阪明浄大学から改称
		長崎国際大学	人間社会学部	国際観光学科	200	
平成13年	公立	奈良県立大学	地域創造学部	観光学科	60	
	私立	東洋大学	国際地域学部	国際観光学科	200	
		鈴鹿国際大学	国際人間科学部	観光学科	60	
		京都嵯峨芸術大学	芸術学部	観光デザイン学科	40	
		流通科学大学	サービス産業学部	観光・生活文化事業学科	150	
平成15年	私立	桜花学園大学	人文学部	観光文化学科	50	
平成17年	国立	山口大学	経済学部	観光政策学科	30	
	私立	明海大学	ホスピタリティ・ツーリズム学部	ホスピタリティ・ツーリズム学科	200	
		熊本学園大学	商学部第一部	ホスピタリティ・マネジメント学科	80	
平成18年	公立	高崎経済大学	地域政策学部	観光政策学科	120	
	私立	城西国際大学	観光学部	ウェルネスツーリズム学科	120	
		帝京大学	経済学部	観光経営学科	140	
		松本大学	総合経営学部	観光ホスピタリティ学科	80	
		西南女学院大学	人文学部	観光文化学科	60	

平成19年	私立	玉川大学	経営学部	観光経営学科	90	
		長野大学	環境ツーリズム学部	環境ツーリズム学科	75	
		平安女学院大学	国際観光学部	国際観光学科	90	
		神戸夙川学院大学	観光文化学部	観光文化学科	200	
平成20年	国立	和歌山大学	観光学部	観光経営学科	60	平成19年度に設置された経済学部観光学科（入学定員：80名）を改組
				地域再生学科	50	
		琉球大学	観光産業科学部	観光科学科	60	平成17年度に設置された法文学部観光科学科（入学定員：40名）を改組
				産業経営学科（昼間主コース）	60	
				産業経営学科（夜間主コース）	20	
	私立	ノースアジア大学	法学部	観光学科	60	
		文教大学	国際学部	国際観光学科	125	平成20年度に学科名を国際関係学科から改称
		大阪学院大学	経営学部	ホスピタリティ経営学科	100	
		神戸国際大学	経済学部	都市環境・観光学科	120	平成20年度に学科名を都市文化経済学科から改称
		神戸海星女子学院大学	現代人間学部	観光ホスピタリティ学科	50	
		倉敷芸術科学大学	産業科学技術学部	観光学科	45	
平成21年	私立	秀明大学	観光ビジネス学部	観光ビジネス学科	70	
		亜細亜大学	経営学部	ホスピタリティ・マネジメント学科	90	
		松蔭大学	観光文化学部	観光文化学科	187	
定員計					4,402	

【大学院】（6大学6研究科6専攻）

開設年度	設置区分	大学名	研究科名	専攻名	入学定員	
					修士課程	博士課程
平成10年	私立	立教大学	観光学研究科	観光学専攻	30	8
平成13年	私立	札幌国際大学	観光学研究科	観光学専攻	10	
平成16年	私立	長崎国際大学	人間社会学研究科	観光学専攻	10	
平成17年	私立	東洋大学	国際地域学研究科	国際観光学専攻	10	
平成19年	国立	北海道大学	国際広報メディア・観光学院	観光創造専攻	15	3
平成21年	国立	琉球大学	観光科学研究科	観光科学専攻	6	
定員計					81	11

出所：文部科学省「観光教育に関する学長・学部長等と観光庁との懇談会」概要（2009年6月16日開催）・配付資料　https://www.mlit.go.jp/common/000059998.pdf（閲覧日：2021.2.10）

の設置については、「20年の空白」があった。その時代を経て、2003年「観光立国宣言」と2008年「観光庁発足」を契機として、観光系大学・学部の増加のなかで、産学官連携した大学・大学院における新しい観光人材育成の取り組みが、ここにきて、やっと緒に就いたのである。

　大学と国策としての観光をつないだ初代の観光資源課長水嶋智は、後に観光庁次長を経て鉄道局長を務めている。鉄道局長はリニア新幹線を所掌している。飯田市は、伝統的な公民館運動等をはじめとした住民自治に支えられた市政とまちづくりで全国的に有名である。静岡県のクレーム等により計画通り進むかが危ぶまれているが、2027年リニア新幹線開通により飯田駅が開設されれば東京都心と飯田は45分で結ばれる。この「移動革命」によって飯田市の観光と地域創生への注目はさらに高まるものと考えられる。

　また、当時の観光資源課には、その後京都に観光部長として赴任し、コロナ禍直前の2020年1月11日に阪南大学で開催された日本観光経営学会年次大会にて、「オーバーツーリズムを体験して考える～京都市の場合～」を基調講演した三重野真代復興庁企画官も在籍していた。最近も観光資源課がコロナ禍のもとでの観光教育の問題を検討する委員会を立ち上げている。このように観光庁の観光資源課が観光をめぐって産学官連携した取り組みを進めてきた意義は大きい。

3. 1967年（昭和42年）～2009年（平成21年）に設立された観光関連の大学・学部・学科等および大学院一覧表に見る問題点

　表10-1は先のグラフに見た通り観光系の大学・学部の設置が相次いで、規模が拡大した2009年までの「観光関連の学部・学科等のある大学一覧」である。39大学39学部43学科設置され、大学院も6大学に6研究科が設置されている。

　表10-1は、設置年度順に表記されている。昭和42年（1967年）、立教大学社会学部に日本の大学で初めて観光学科が設置され、続いて昭和49年（1974年）横浜商科大学商学部に貿易・観光学科が設置された。ここで、注目しなければならないのは、それから流通科学大学社会学部に国際観光学科が平成

5年（1993年）に設置されるまで、実に20年近い「空白」があることだ。この「空白」期、観光系の学部・学科のみならず新しい学部・学科の設置は、限られた「例外的な分野」しか認められない時代が続いていたのである。

　これは、大学の学部・学科の設置をめぐる文部科学省（当時文部省）の許認可政策によるものである。それが、日本の大学の観光学教育研究と人材育成が諸外国に比して大きく"立ち遅れる"ことにつながったのである。

3. 日本の高等教育政策と大学の観光系教育研究組織

20年の「空白」は何故生じたのか、戦後日本の高等教育政策

　そのような20年近い「空白」は何故生じたのか。この問題を戦後日本の大学史、高等教育政策の変遷の視点から一断面であるが論じておきたい。それが、大学の観光学教育と人材育成に深く関わっている。

　図10-3は、文部科学省の「学校基本調査」等による「18歳人口及び高等教育機関への入学者数・進学率等の推移（グラフ）」である。言うまでもなく18歳は大学進学年齢である。この18歳人口は、年次によって大きく変化してきた。その数字の変化とともに、戦後日本の高度成長等の社会的要因によって大学進学希望者数は大きく変動してきた。そのもとでの高等教育政策と高等教育規模、ないし、大学入学希望者と大学入学定員の関係から5つの時期に区分して見ていくことにする。

　　<第1期：1965年〜1974年>　団塊の世代が大学進学、3年間で100万人増加する「人口爆発」がもたらした私大入学者の定員超過1.8倍の現実

　日本の高等教育規模、大学・短大に学ぶ学生数は、団塊の世代が大学に進学する時期を迎えて一挙に拡大した。18歳人口は、1964年の140万人から1965年の195万人を経て1966年は249万人に達する。3年間で18歳人口が100万人増加する「人口爆発」が起きた。

　この時期の大学進学率は、1960年の10％から1966年に15％を超え、1970年に24％、1972年には30％に達している。そして、2004年には50％を超え

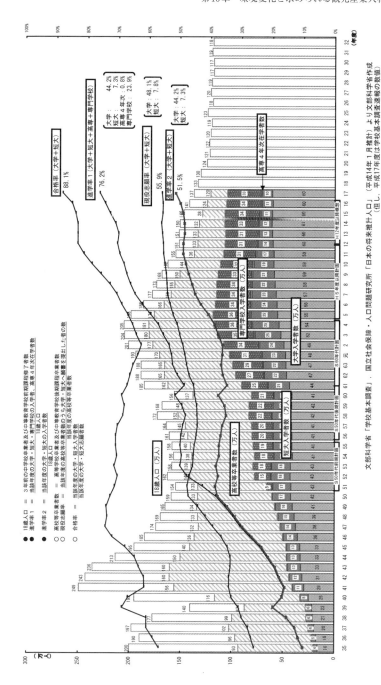

図10-3　18歳人口及び高等教育機関への入学者数・進学率等の推移

出所：http://www.mext.go.jp/a_menu/koutou/shinkou/07021403/005/001.pdf（閲覧日：2021.2.10）より

た。これは、世界的に著名な高等教育の研究者であるマーチン・トロウの言う、高等教育進学率15％以下の「エリート」段階から30％超の「マス」段階へ、そして今日の50％を超える「ユニバーサル」段階へと日本の高等教育が推移してきたことを物語っている。

　この時期に見ておかなければならない一つが、1960年代末に登場した偏差値が受験界を席巻していったことである。そして、もう一つは、エリートからマスの移行期に問われた大学改革と新たな教育システムの構築が頓挫したことや、時の政治状況を反映して、多くの大学で大学紛争・全共闘運動の嵐が吹き荒れたことである。36億円の使途不明金問題への「怒り」が引き金となった日大闘争、封建的なインターン制度の改革要求に端を発した東大闘争「安田講堂」封鎖等が記憶される。

＜第2期：1975年〜1985年＞　「量の規制による質の担保」と言われる高等教育規模抑制政策への転換によって、新しい学部や学科を創ることや定員拡大ができない時代に

　前述の高等教育規模の急拡大は、主に急増する大学生を私立大学が受け入れることによって進行した。ここで、私立大学の甚だしい定員超過が問題となった。当時、全国の私立大の定員超過率は、全国平均180％という驚くべき数字に達した。このようななかで、私立学校振興助成法が成立し私立大学に対する国庫助成が増額されるとともに、時の文部省は「高等教育規模抑制策」に大きく舵をとった。「量の規制による質の担保」と言われる政策展開である。

　この時期、18歳人口は逓減するが、進学希望率の上昇によって大学受験者数は増加の一途を辿った。一方、その大学入学定員抑制によって大学入試は年々激化していくのである。そのなかで、1979年（昭和54年）「入試改善」を掲げる共通一次試験が始まった。

＜第3期：1986年〜1992年＞　団塊ジュニア世代が大学進学、大学は「ゴールデン・セブン」vs受験生は「入試地獄」の7年間

　1987年から団塊ジュニア（第2次ベビーブーム）世代の大学進学期を迎える。1987年〜1992年の7年間、18歳人口の急増と親の「団塊世代」の大学進学率を大きく上回る大学進学希望によって、大学入学志願者数は「爆発的」に増加する。大学に入学できない「浪人生」、受験難民が60万人を超えると予想されるなかで、高等教育規模の整備計画が策定された。学部・学科の新設等の恒常定員増とこの急増期に限定する臨時定員増が実施された。大学・短大の入学定員は10万人を超えて拡大されたが、大学志願者数の増加は、その数字を上回っていた。この7年間、全国の大学・短大に受験生が殺到した。大学「ゴールデン・セブン」の時代である。大学にとっては、わんさと学生がやってくる「天国」、その一方で、受験生にとっては入試「地獄」だった。

　そして、18歳人口がピークに達しようとしていた、1991年、大学設置基準の大綱化があり、教養教育の見直しの下で、国立大学の「教養部解体」が進んだことも忘れてはならない。さらに、ここで見落としてはならないのは、「高等教育整備7カ年計画」および「大学設置基準の大綱化」によって、大学・学部の新設や定員増に対する規制は緩和されたが、学部・学科の新設は、情報、国際、医療系等「抑制の例外分野」に限られていた。この間、立命館大学は理工学部情報学科と国際関係学部を新設したが、設置認可は「はなはだ厳しい」ものがあり、観光は「蚊帳の外」であった。

　＜第4期：1993年〜2002年＞　大学「冬の時代」、大学・学部の定員割れ、一方、規制緩和により大学・学部の新設や定員増が続く。観光系は、「20年の空白」を経て、新しい大学・学部が登場する

　1992年をピークとして18歳人口は減少期へ向かう。大学「冬の時代」である。この18歳人口の減少期を迎えるなかで、臨時定員の半数が恒常定員化されるとともに大学設置等をめぐる規制が緩和され、大学の数と規模はむしろ増加する。そのようななかで、1995年頃から私立大学・短大の定員割れが始まる。観光系大学・学部を含めて大学・学部の新増設が活発に行われるのはこの時期からである。しかし、立教大学社会学部観光学科の設置（1967年）からの時間の流れを考えると、前述した通り、日本の大学の観光教育研究に

「20年の空白」が生まれることになったのである。

　ここで、大学の顧客である入学志願者と私立大学経営を支える学生の授業料を考えてみよう。大学は学生の「入学定員」を満たしていれば、概ね経営は安泰である。前述した1965年「団塊の世代」の受験期から1995年頃からの「定員割れ」が始まるまで、私立大学は実に30年の「殿様商売」の時代を過ごしていたのである。

　大学「冬の時代」を迎えて受験生を奪い合う「大学間競争」が激化する。そのなかで、1998年の「大学審議会答申－競争的環境のなかで個性が輝く大学－」は、そのような大学間の競争の激化と高等教育の再編の必要を"明言"するものだった。そして、2001年には、①国立大学の統合・再編、②民間的経営手法の導入、③第三者評価と競争原理の導入（21世紀COEプログラム等）を内容とする遠山プランが発表される。

＜第5期：2003年〜2012年＞　国立大学法人化、大学ユニバーサル時代と21世紀知識基盤社会にあって「予測困難な時代、生涯学び続ける学生の育成を」掲げる大学教育改革と学士課程教育の構築

　2004年4月1日、戦後、国立大学最大の制度改革である国立大学法人化がスタートした。その前年（2003年）、大都市部における大学・学部の新設や規模拡大を制限してきた「工場等制限法」が撤廃された。中央大学の八王子移転や同志社大学の田辺キャンパス展開等、同法は長期にわたって大学の新展開を規制してきた。この規制撤廃によって、有力私大は都市部での学部・学科の新増設や「都心回帰」が可能となり、学生募集をはじめ「優位性」が強まった。

　高等教育政策に関わっては、2005年に中央教育審議会大学分科会「我が国の高等教育の将来像」答申、大学「ユニバーサル」時代にあっての大学教育の質保証をめぐる論議、そして、2008年の中央教育審議会「学士課程教育の構築」論議のまとめが公表された。その後、4年間の大学の現場を含む様々な論議を経て2012年「予測困難な時代、生涯学び続ける学生の育成」が答申された。

　大学の入口をめぐっては、「2007年問題」があった。数字の上ではあるが、大学入学希望者数と入学定員が一致する年を迎えた。この大学「ユニバーサル」時代をどう考えるのか、その「捉え」が重要である。大学の入口・入試の側面に限って見れば、大学によっては入学試験が成り立たないという問題である。ただし、他面からは、「万人のための高等教育」の時代を迎えたと見ることができる。そして、学習機会に着目するならば、「人が大学と社会を行き交う時代」を迎えたと捉えることができよう。社会と大学の関係は、「学（校）暦偏重社会」から社会と高等教育機関（大学）との「往復型社会」へと変化した。そして、21世紀「知識基盤社会」を生き抜く「生涯学び続ける学生の育成」、そのための学習者主体の「学び」、アクティブ・ラーニングを始めとした大学教育を抜本的に改革する課題が大学に突き付けられた。これを受けて日本の大学教育が変化・変容するなかで、規模拡大された観光系学部・学科の教育も大きく進展する。次節では、この状況を見ていくことにしよう。

4.　大きく変わった大学教育と観光学教育の拡がり

1.　中央教育審議会答申「学士課程教育の構築」が提起したもの

　大学「ユニバーサル」時代を迎えて、中央教育審議会「学士課程教育の構築」論議のまとめ（2008年）は、知識・能力の証明としての学位、その学位を与える課程としての大学教育の改革を提起した。これに関連して、次の3つの点を踏まえておくことが重要である。

　第1に、21世紀の大学・高等教育をめぐる環境変化である。21世紀が知識基盤社会と定義されるなかで、「人的資本」としての高等教育の「捉え」が重要となった。知識の獲得・所有から知識の活用へと知識の意味が変化してきた。生涯学習社会での大学の役割が問われるようになったのである。

　第2に、学士課程教育構築の課題である。学士＝学位は、世界共通の「知識・能力の証明」であり、組織を基盤とした教育、学位を授与する課程（プログラム）としての教育が問われることがあらためて明らかになった。そし

て、ユニバーサル段階を迎えて、なお拡大し続ける大学教育は、従来の教育から「学士課程教育」への機能変化が求められるようになったと言えよう。

　第3に、アウトカムを重視した高等教育改革の必要である。そこでは、「学士は何ができるのか」が問われる。このような論議と改革は、ＥＵの「ボローニア・プロセス」をはじめとして、世界的な潮流となった。これは、高等教育（大学教育）のパラダイム転換であり、教員中心・教育重視から学生中心・学習重視へ、大学評価としてのインプットからアウトプット・アウトカムズへ、入口管理から出口管理へのシフトであった。大学で「何を教えるか」から、学生に付加価値をつけることによって、その学生が「何ができる」ようになったか、が問われることになった。そのラーニング・アウトカムズは、観察できる測定可能なものであり、学習者にとって重要（意味あるもの）なものでなければならないと定義された。そこでは、汎用的コンピテンスの育成が求められ、それが「学士力」である。

2. 学士力（Graduate Attributes）の定義と教授法の改革

　学士課程教育において養成すべき「学士力」の定義とその内容は以下の通りである。

①知識・理解　　ⅰ．多文化・異文化に関する知識の理解
　　　　　　　　ⅱ．人類の文化、社会と自然に関する知識の理解
②汎用的技術　　ⅰ．コミュニケーション・スキル　　ⅱ．数量的スキル
　　　　　　　　ⅲ．情報リテラシー　　ⅳ．論理的思考力
　　　　　　　　ⅴ．問題解決力
③態度・志向性　ⅰ．自己管理力　　ⅱ．チームワーク、リーダーシップ
　　　　　　　　ⅲ．倫理観　　ⅳ．市民としての社会的責任
　　　　　　　　ⅴ．生涯学習力
④総合的な学習経験と創造的思考力

　なお、汎用的なコンピテンスの要素として、①知的コンピテンス、②社会的コンピテンス、③コミュニケーション・コンピテンスがあげられる。

　そして、これまで述べてきた学士課程教育を実践するために教授法改革が求められた。そのために、大学の教育内容改善のための組織的な取り組み、FDが義務化された。そのなかで、アクティブ・ラーニングなど学生の能動的な「学び」の創造が大学教育の課題とされたのである。

3.　アクティブ・ラーニングを始めとする大学教育改革をリードする観光学教育

　もとより、観光学教育は理論とともに実学、フィールドワークを重視する教育が実践されてきた。観光の最前線、地域再生の現場に入り込んでのフィールドワーク、そこでは、アクティブ・ラーニングやサービス・ラーニングが実践されてきた。そのような観光学の「学び」と「成長」の教育プログラムを深化させることが、「学士力」の養成につながり、ラーニング・アウトカムズとして観光学士は何ができるようになったのかを証明することになる。前節では、世界に比べて日本の大学の観光学の教育研究の「立ち遅れ」を指摘してきたが、観光学の「学び」は、ここに来て学士課程教育のモデル創造の"場"とすることに適しており、学士課程教育、とりわけアクティブ・ラーニングをリードしてきたのである。

4.　社会人基礎力と観光人材育成

　「学士力」とともに「社会人基礎力」の養成が課題になった。経済産業省「社会人基礎力に関する研究会」は、社会人基礎力を以下の通り定義した。
①　前に踏み出す力（アクション）：一歩前に踏み出し、失敗しても粘り強く取り組む力。
②　考え抜く力（シンキング）：疑問を持ち、考え抜く力。
③　チームで働く力（チームワーク）：多様な人とともに目標に向けて協力する力。
　この社会人基礎力の定義は、観光人材の育成にとって必要な要素と共通しており、大学教育の「出口」を拓く就活において観光系学部で学んだ学生の活躍が注目されるようになったと言えよう。

5. 日本の大学の観光学教育研究の基盤形成と問題点
―世界の観光学研究教育の潮流は？―

前述した通り『観光立国推進戦略会議報告書』提言23「大学等は、地域の
ニーズを踏まえ、観光関連学部・学科等の設置を検討する」を一つの契機と
して、観光系大学・学部の設置が進められてきた。そのような規模拡大とと
もに、大学・高等教育機関に求められる観光人材の育成、そのための観光学
教育の方向が模索され、前述の通り、この間の大学教育改革のモデルにも
なってきた。しかし、その一方で多くの課題も抱えている。それに関連した、
国土交通省および経済産業省の調査・検討の経緯と論点を紹介しておきたい。

1. 観光学研究教育の世界的な潮流は経営マネジメント系である
―「東アジア圏の観光に於ける国際競争力に関する調査」から―

2011年、観光庁観光産業課は、東アジア圏の観光における国際競争力に関
する調査を実施した。この調査の目的を「観光立国を目指す我が国にとって、
東アジア圏での外国人旅行者誘致における競争力のために訪日旅行に関する
プロモーション、観光産業のマネジメント等に精通した人材育成を目的とし
た高等教育の充実が必要であると考える。そこで、上記の目的達成に向けた
諸施策を展開する上での基礎データとなる日本を含む東アジア圏（中国、韓
国、台湾）の高等教育機関での観光に関する教育の現状や欧米等の観光系教
育に関する先進事例を調査する」としている。

調査は、各大学・学部等の主要カリキュラムによる分類を、大学のシラバ
ス等を参照して以下の「人文・社会科学系」「地域活性化・地域づくり系」
「ホスピタリティ系」「経営マネジメント系」の4類型に分類している。

日本の大学調査は、2010年4月現在、観光関連の学部・学科のある43大学
43学部48学科、これにホスピタリティなど観光に関連する専攻・コースをあ
わせて125大学128学部134学科・専攻・コースを対象としている。分類の結
果、「人文・社会科学系」が35.1％と最も多く、次いで「地域活性化・地域づ

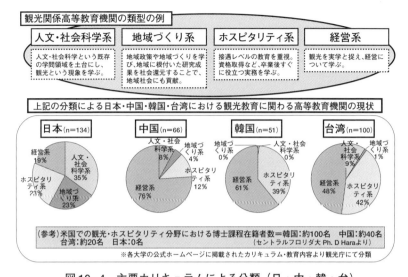

図10-4　主要カリキュラムによる分類（日・中・韓・台）

出所：https://www.mlit.go.jp/common/000184928.pdf（閲覧日：2021.2.10）より

くり系」23.1％、「ホスピタリティ系」22.4％がほぼ同列となっており、「経営マネジメント系」19.4％が最も低い。

　このように日本の大学では、経営マネジメント系が最も少ないことがわかる。しかし、図10-4に明らかな通り、経営マネジメント系が中国76％、韓国61％、台湾48％である。別途に調査された欧米系の大学も同様であるが、観光系大学・学部の教育内容における世界の潮流は、経営マネジメント系であると言えよう。

2. 観光学教育と観光人材育成に求められるもの
　　―「高等教育機関における観光教育システムのあり方に関する調査」
　　（国土交通省）を参考に―

　国土交通省は、高等教育機関における観光関連学部の設置を含め人材養成のあり方を検討するため、2004年度に「高等教育機関における観光教育システムのあり方に関する調査」を実施した。この調査では、観光系の19大学20学部・学科及び観光関連産業界、主要自治体等に対するアンケート調査によ

り、観光関連大学の現状と問題点、産学官の連携の状況、観光関連企業の
ニーズ等の把握、そして、今後の課題解決の方向を示した。

　その提言には、①インターンシップの充実や特定の実務に重点を置いたカ
リキュラムの構築、②産学官が一体となった研究支援体制の整備、③業界
ニーズに関するデータ整備等について、産学官が連携した体制で課題解決を
図っていくことが盛り込まれた。また、国土交通省は、観光立国の実現のた
めには、地域の観光振興の核となる人材を育成し、各地域がもつそれぞれの
魅力を自ら掘り起こすとともに、互いに競い合いながらその魅力の向上に努
めることにより地域の観光振興を推進する必要も考えている。そのために全
国で100名を選んだ観光カリスマによる「観光カリスマ塾」を各地で開催し
た。和歌山大学観光学部は、全国の観光カリスマを招聘して「観光カリスマ
論」を開講した。

　なお、調査報告では、欧米の大学の観光教育と人材育成の先進モデルと比
較しつつ、様々な問題点を指摘している。そこで注視されるのが、日本の大
学の観光経営と地域再生へのアプローチの不十分である。もちろん、観光教
育と人材育成に関しては様々な分野について論じなければならないが、なか
でも最も重要な分野が観光マネジメント（観光経営）であると把握されよう。
それは、観光振興にとっても地域再生にとっても、あるいは文化力の高揚に
ついても、それらを活かすのは観光マネジメント力（観光経営力）であるから
だ。

　そこでは、観光の諸分野、つまり宿泊、移動（輸送）、物産、観光地管理、
広報、マーケティング等の諸問題をマネジメントできる幅広い多様な能力を
有する人材（観光エグゼクティブ及び観光プロデューサー）の育成が不可欠であ
る。それとともに、地域再生を企画・実行できる人材として地域に密着し、
地域の現況を理解し、地域資源の開発に資する能力を兼備した人材（観光・
地域プランナー）の育成が必要である。さらには、文化交流・国際のファク
ターが教育研究の枠組みに導入されることによって、観光学教育研究の幅の
広がりと奥行きの深まりが達成されることになる。この「観光経営」と「地
域再生」「文化・交流」の3つのファクターが統合された教育、そして高い外

国語運用能力の涵養、および日本の文化・芸能や歴史等の幅広い教養教育、このような総合的・体系的な教育によって日本と世界の観光の最前線で活躍する人材を育成することができると考える。

3. 観光人材に求められる能力とは？
―「集客交流（観光）経営人材のあり方に関する調査研究事業」（経済産業省）に参加して―

　経済産業省は「集客交流（観光）経営人材のあり方に関する調査研究事業」を実施した。和歌山大学は、この事業に2005年度から参加する機会を得るとともに、2006年度には、北海道大学、立命館アジア太平洋大学とともに委託研究を受けて本調査研究事業の一端を担った。

　その内容は、「国家政策としての観光を集客交流経営人材として担っていく者の育成を中長期的な視点に立って考察し、集客交流経営人材に求められる基礎能力養成システムの開発にかかわる調査・研究を実施する」ものである。この調査研究にかかわって、集客交流（観光）経営人材に求められる能力を表10-2の通りであると把握した。

表10-2　集客交流経営人材に求められる能力

特定地域に根付いた直接的サービス提供者に属する類型 　①「ホスピタリティ」事業としての特殊性を踏まえた「経営」 　②「ホスピタリティ」文化、地域づくりのエッセンスを含んだ「観光地計画」 特定地域に根付いた間接的サービス提供者に属する類型 　①産業振興や地域経済を含んだ「経営」 　②顧客の視点を取り入れた「観光地計画」 　③事業者の視点を取り入れた「地域づくり」 　　　　　　　　　　「平成17年度　集客交流経営人材育成事業資料」より

　ここでは、「経営」「ホスピタリティ」「観光地計画・地域づくり」の3分野が重要であることが指摘されており、集客交流経営人材に求められるスキルについては、表10-3のように整理されている。

表10-3　集客交流経営人材に求められるスキル1

技術&知識	経営技術や理論に関する専門的知識（テクニカルスキル）
ビジョン構築能力	経営技術、知識を活かして状況を把握し具体的なビジョンを構築する能力、判断する能力（コンセプチャルスキル）
対人能力	対人関係を構築する能力（ヒューマンスキル）

　そして、ビジョン構築能力及び対人能力を、「経営」「ホスピタリティ」「観光地計画・地域づくり」の3分野に整理すると表10-4のようなスキルが求められる、としている。

表10-4　集客交流経営人材に求められるスキル2

	経　営	ホスピタリティ	観光地計画・地域づくり
ビジョン構築	戦略的思考、企画・発想、目標設定力	問題発見力、戦略的思考	地域課題の把握と解決、論理的思考力、戦略的思考、企画・発想
対人能力	リーダーシップ、交渉能力、決断力、実行力	コミュニケーション表現力、チャレンジ精神忍耐力	協議・調整（同意形成）、実行力、忍耐力、包容力、柔軟性、啓発・啓蒙

　さらに、各能力分野の関係性に注目すると、図10-5に示すような整理ができるとした。

　この指摘は、大学において明日のリーダーとなる観光人材を育成するうえで重要である。「経営」「ホスピタリティ」「観光地計画・地域づくり」の3分野は、経済学、社会学、地域計画学などについて、実学教育とアカデミック教育を融合することが必要である。そして、科学的で体系的な観光学の学習履歴を有するとともに、創造性・企画性を持ったホスピタリティ豊かな人材の育成が求められている。

　観光は、ソフトであり、それを担うのは人である。系統的な人材養成、教育システム、学問体系の構築は急務である。21世紀が、「知識基盤社会」と認識され、労働一辺倒であった国民意識が変化するとともに、観光が国家政策として推進されるようになった今日、その方策を展開できる環境は築かれつつある。ここに高等教育機関が、観光教育と研究を推進し、人材を育成す

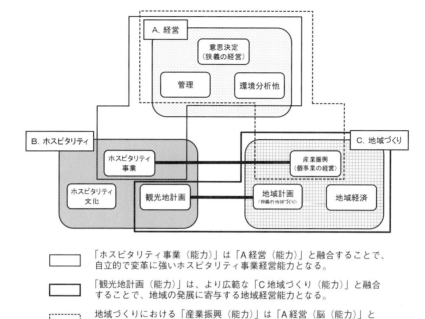

図10-5　経営人材にかかわる各能力分野の関係性

る使命がある。そして、それはウィズコロナ、アフターコロナの時代にさら
に鋭く問われている。

4　観光人材を育成する大学のカリキュラム編成の視点
　　―「観光人材育成のための産学官連携検討会議」（観光庁）のカリキュ
　　ラムワーキングの提言―

1)　先に述べた通り国土交通省及び観光庁は、「観光関係人材育成のための
　　産学官連携検討会議」を開催してきた。そこに「カリキュラムワーキン
　　ググループ」を設置し、観光経営マネジメント人材育成のための教育内
　　容のあり方について検討してきた。その論議の出発点は、次のような大
　　学の観光学教育と人材育成の現状である。
　　①観光関係学部・学科を設置する大学が急増しているが、その教育内容

に関しては、各大学の志向や重点の置き方に相当程度の幅がある。具体的には、観光系大学・学部が志向する教育内容は、概ね人文科学を中心としたもの、地域振興に主眼を置いたもの、接遇者養成を意識したもの、経営学を中心としたものに分類できる。

②また、卒業生の就職実績や採用担当者の意見等から、各分野の教育内容と実社会のニーズとの乖離について検証が必要となっている。

③特に、観光の分野においては近年旅の形態が大きく変化しつつあり、旅行業におけるITの普及によるビジネスモデルの変化や、宿泊産業における経営と所有の分離の広がりなど、観光産業においては経営環境の劇的な変化が生じている。

2) 上記の状況を踏まえるとともに、観光産業へ多くの人材を輩出している欧米の観光・ホスピタリティ系大学と日本の既存の観光系大学のカリキュラムの比較を実施した。その結果、日本の観光系大学においては経営マネジメントに関する授業として、特に、経営戦略、財務、人的資源管理等の科目が不足していることを指摘している。

3) 次に、観光産業における経営マネジメントを担う人材を育成するためのカリキュラムには、カリキュラムの全体構成（バランス）と、各授業の内容（コンテンツ）の両面からの検討の必要を指摘するとともに、その2側面について次の内容を強調している。

①カリキュラムの全体構成（バランス）については、一般的な企業の各階層に必要とされる標準的なマネジメントスキル（経営戦略、IT、会計、財務、マーケティング、人事・組織など）に加え、経済学、統計・分析手法や観光関連法規に関する知識の習得など、観光産業で勤務する上で求められるビジネススキルの養成をカリキュラムに反映させる。

②各授業の内容（コンテンツ）は、観光産業のニーズに応えるためにも一般的な経営学の概念に観光産業の特殊性を加味した内容とする。

4) さらに、観光系大学が産業界に既に多くの人材を輩出している専門学校との比較優位を確立するためには、実務能力に加えて、将来の管理者として必要となる課題概念化の能力、課題や現象について定量的に分析す

る能力等を獲得する必要があることから、学生が主体的に参加できるプロジェクト形式の演習や、実践的なケーススタディを利用した科目の開発の重要性を指摘している。

5. 観光経営マネジメント人材育成のためのカリキュラムモデル

1) 表10‐5は、先のカリキュラムワーキングが作成した「観光経営マネジメント人材育成のためのカリキュラムモデル案」である。このカリキュラムモデルの基本的な考え方は次の点である。

　①「観光経営マネジメント」に必要な分野として、経営戦略、IT、会計、財務、マーケティング、人事・組織、ビジネススキル、産業論を設定している。

　②観光・ホスピタリティ系大学として国際的に評価の高いコーネル大学（米国）、セントラルフロリダ大学（米国）、ローザンヌホテルスクール（スイス）等のカリキュラムを考慮している。

　③1・2年次を基礎・教養学習、3・4年次を専門学習の期間と位置づけて各科目を分類し、各科目の特殊性を考慮した上で「必修科目」と「選択科目」を設定している。

2) この「カリキュラムモデル」を実際に観光系大学・学部で実現していくのは、今後の課題である。ただし、ここで「カリキュラムモデル」を紹介したのは、本書の読者でもある観光学の学習者に対して、その「学び」の参考にされることを願うからである。そして、この「カリキュラムモデル」の実現に向けて以下の点が重要であるとカリキュラムワーキングで論議したことを紹介しておきたい。

　①観光産業界側からは、理論と実践の有機的な結合により、理論のみならず具体的な実行力を伴った人材の育成が強く求められている。そこで、産学が連携したケーススタディの作成やインターンシップの実施、企業からの講師の派遣等が必要である。さらに、カリキュラムの内容等の教育内容の充実を図るためには、産業界が大学に具体的なニーズを伝えることが大変重要であり、観光系大学の教育に産業側も積極的

250

表10-5　観光経営マネジメント人材育成のためのカリキュラムモデル

分野	能力	1年次・2年次　…各分野の基礎を学ぶ			3年次・4年次　…専門的、業界別の知識・スキルを習得する		
		科目番号	科目名	科目概要	科目番号	科目名	科目概要
経営戦略	企業経営を理解し、戦略立案ができる	1	経営学概論	経営学の基礎と、環境分析や競争戦略など、意思決定を行う際に必要となる概念・手法の理解。	13	サービスマネジメント	ホスピタリティ産業の組織設計、運営手法に関する理解。
		2	経営戦略概論	企業の競争優位を維持し、企業を成長・存続させるためのグローバルな視点での経営戦略の意義と基本的な理念の理解。	14	経営戦略論	経営戦略・全社戦略・事業戦略の策定のプロセスや事業ポートフォリオなどに関する理解。
IT	ITスキルを修得し、業務管理のためにITを活用できる	3	IT概論	情報技術（IT）の基礎（ITコンセプト、機器選択の課題・標準化・効果、セキュリティ等）の理解。	15	ホスピタリティ産業のIT	ホスピタリティ業界のIT（対消費者のIT（例：予約システム）、経営管理のためのIT（例：会計、財務システム）等）に関する理解。
会計	会計と、国際会計基準についての知識を習得する	4	会計概論	会計の基礎（簿記・財務諸表（貸借対照表、損益計算書、キャッシュフロー計算書）、国際会計基準等）の理解。	16	管理会計	管理会計に必要な知識とスキル（原価計算、損益分岐点分析、ユニフォームシステム等）の習得。
					17	収益管理	イールドマネジメント、レベニューマネジメントの理解。
					18	企業税務	税務会計の基本構造、課税所得計算、売買損益、棚卸資産会計、固定資産会計等の理解。
財務	金融・財務についての知識を習得する	5	財務概論	財務の基礎（資金調達・資本政策・価値、財務分析等）の理解。	19	ホスピタリティ産業の財務管理	ホスピタリティ産業（主にホテル・料飲）で特徴的な財務管理に関する理解。
					20	コーポレートファイナンス	企業価値の最大化を図るための理論と手法（DCF法、オプション理論等）の理解。
マーケティング	マーケティングの理論と手法を習得する	6	マーケティング概論	マーケティングの基礎（製品、流通、価格、販売・広告、戦略等）の理解。	21	サービスマーケティング	サービス産業（ホテル、テーマパーク等）に特徴的なマーケティングに関する理解の習得。
					22	マーケティング調査	マーケティング調査（定量・定性調査）、調査設計、結果分析の手法の理解。
					23	ブランド論	ブランド価値の創出、維持、コミュニケーションなどに関する理解。

分類	分類の説明	No.	科目名	内容
人事・組織	戦略実現のための組織構築と人事管理について理解する	7	組織行動論	組織文化、組織設計、制度設計、モチベーション、リーダーシップ、コミュニケーション等、組織及び人間行動に対する理解。
ビジネススキル	ビジネスに必要な基礎スキル・知識を習得する	8	観光関連法規	ホスピタリティ産業関係の法律（観光立国推進基本法、国際観光ホテル整備法、通訳案内士法、旅行業法、観光圏整備法等）に関する理解。
		9	コミュニケーション基礎	オーラル・文書（社内・社外文書）などによるコミュニケーションに関する基礎的な理解。
		10	統計・定量分析手法	データ収集方法、データの品質評価、推計、仮説検証、多変量解析等、基礎的な統計学の理解。
		11	経済学	マクロ経済・ミクロ経済の基礎の理解。
産業論	観光産業の各業界の特徴や潮流などを理解する	12	ホスピタリティ産業（入門）	ホスピタリティ産業全般に関する理解。
専門教養	観光に関する基本的な概念や、観光産業に携わるものに求められる文化的・語学的知識を習得する	32	観光地論	観光地域の形成、観光の社会学、日本固有の社会学。
		33	日本文化論・歴史論	日本固有の文化（茶道、華道、能楽、歌舞伎等）、歴史の理解。
		34	英語（語学）	国際的な業務で活躍し得るビジネススキルとしての語学の習得。

分類	科目名	No.	内容
ホスピタリティ産業の人材管理	ホスピタリティ産業の人材管理	24	ホスピタリティ産業に特徴的な人事管理に関する理解。
	リーダーシップ論	25	管理職として求められるリーダーシップ（リーダーシップの重要点、リーダーシップ技術等）に関する理解。
	法律概論	26	民法・商法・会社法・金商法、不動産関連法等、経済活動に必要な法律の理解とリーガルマインドの醸成。
	ロジカル・シンキング	27	管理職・経営者にとって必要だと思われる概念理解能力・分析能力の習得。
	リスクマネジメント・企業コミュニケーション論	28	危機管理、CSRの観点を踏まえた社内統制・広報、宣伝戦略に関する理解。
	宿泊施設マネジメント論	29	主に、ホテル開発におけるフィージビリティスタディ、資産価値評価、更新投資、資産・施設の管理、活用に関する理解。
	旅行産業論	30	旅行業界の概要と、旅行会社の運営メカニズムに関する理解。
	イベント管理	31	商品開発、マーケティング、スタッフの採用・育成、効果分析、大規模イベント（スポーツ、アーティスト、発表会）の管理に関する理解。

注）科目名のうち、下線あり：必修科目、下線なし：選択科目、斜字：一般教養とのバランスを考慮すべき科目。

に関与することが必要である。また、大学側においても、各科目の充実とともに他の大学との単位互換を促進するなど、経営マネジメント人材育成に必要な科目をいずれの大学においても履修できるような工夫が求められる。

②観光系大学の社会人教育に果たす役割が期待されている。観光産業の国際競争力強化のためには、観光系大学の学部学生の教育に加え、観光経営マネジメント人材育成のためのカリキュラムを既に観光産業に従事している既卒者に応用し、社会人の再教育も有効であると考えられる。特に、都市に比して教育機会の少ない地方においては、社外教育機関の一つとして観光系大学等を活用した社会人講座の開催など、社会人が学べる場の提供が必要である。

③観光系大学の教育の一層の充実を図る上で、産学連携による、理論と実務に長けた教員の養成が急務と考えられる。例えば、セントラルフロリダ大学（米国）では、教員の採用にあたり博士号取得者といったアカデミックバックグラウンドを有する候補者に一定期間、実業界での実務経験を義務付けている。

　このように、理論と実務経験を兼ね備えた教員を養成するための仕組みを構築することも一つの方策と考えられる。現実には、理論と実務に長けた教員の確保が必ずしも容易ではないこと、また、都市部と地方との間で教員の確保に関する容易さに程度の差があるとの指摘もあることから、例えば、教員をプールして不足している大学に派遣するなど、今後、教員の確保についての具体的な検討が必要となる。

　これらの課題については、各大学の経営や運営方針そのものと密接に関連する問題であり、観光系大学の大学運営の責任者を交えた議論が必要であると思われる。

④観光系大学が産業界のニーズに即した人材の育成を求められる一方で、観光関連産業が優秀な人材をひきつけるためには、観光産業自身にも就職後の魅力あるキャリアパスを提示することが必要である。具体的には、大学において習得した専門知識を評価するとともに、就職後の

研修のあり方や、他産業と比較した場合の待遇、昇進のスピード、業務の魅力等を明示し、学生が積極的に観光産業を選択するような環境づくりに努めることが求められる。

6. これからの観光学研究と教育を展望して

1. 観光が学べる大学・学部・大学院の現状

表10-6は、現在の観光が学べる大学・学部および大学院をリクルートスタディサプリ「観光学を学べる大学」からリサーチしたものである。

前述した通り、日本の大学における観光系大学・学部の設置は、諸外国に比べて遅れをとってきたが、この間、大きく拡充された。なお、大学の新しいスキームとして登場した専門職大学・同短期大学も各1大学が設置認可され、2021年4月開学した。また、観光学関連の大学院設置も進んでいる。このように、日本の大学をはじめとした高等教育機関における観光学の研究者あるいは観光分野の高度専門職を養成する研究教育組織は拡充されてきた。

表10-6 観光学を学べる大学（2018年）

観光学を学べる	国 公 立 大 学	18大学	＊専門職大学含む
	私 立 大 学	163大学	
	私立短期大学	150大学	＊専門職短期大学含む
		計：231大学	
	国際観光芸術専門職大学(公立)		
	芸術文化観光学部	80名	

　新しい大学のスキームとして登場し、年々相次いで設置されているのが、専門職大学・専門職短期大学である。上記大学は、そのなかで観光系として最初に2021年設置が認可された。なお、せとうち観光専門職短期大学（私立）も同様に2021年設置が認可された。

出所：リクルートスタディサプリ「観光学を学べる大学」をリサーチ（2018年）1)。

2. インバウンド3,000万人への急拡大とオーバーツーリズム、そしてコロナ禍の破壊的インパクトによる暗転についての日本の観光学研究の振り返り（省察）の必要

前述した通り、日本の大学における観光学の研究教育組織の整備は諸外国との遅れを取り戻して拡充された。しかし、予測困難あるいは予測不可能とも言われる今日、この間の世界と日本の社会と観光をめぐる激変に対する観光学研究と教育について省察することが鋭く問われている。その要点を列記すれば以下の諸点であろう。

1) 日本の観光学研究が、インバウンド観光への過度の「傾斜」に対して警鐘を鳴らすことができなかったことの省察。

2) 今次のコロナ禍対応として展開されたGO TOキャンペーンをどう見るのか。東日本大震災からの復興のための事業としての施策との比較研究も必要である。このテーマについては、社会科学あるいは複合分野にわたる諸科学としての観光学と国の政策、いわば政治・行政と科学の関係として探求することが問われている。

3) 観光立国政策からコロナ禍（下）の観光に通底する日本の観光学研究の問題点の整理と省察からアフターコロナの時代におけるこれからの観光と観光学研究が始まると言えよう。

3. アフターコロナの時代、高等教育（大学・専門職大学・大学院等）の観光学教育・研究と人材育成のあり方

コロナ禍によってこれまで経験のない困難な課題に直面したが、一方で、世界と日本の様々な分野の研究教育が、長足の進歩を遂げたことは周知の事実である。遠隔授業をはじめとする教育システムと教育手法、テレワークやワーケーションあるいはマイクロツーリズムなどの新しい観光の可能性も拓かれた。これらを踏まえた今後のアフターコロナの時代、高等教育（大学・専門職大学・大学院等）の観光学教育・研究と人材育成のあり方を創り上げていくことが課題となっている。

1) エドテック、web教育の新展開、未来の教室に見る「個別最適化教育」

や5Gのバーチャルリアリティーが創造する観光教育の明日を描くことが必要である。

2) これまでの観光教育にかかわって、学生に対するキャリア教育と就職サポートの振り返りが求められている。コロナ禍に起因するだけではなく、近年、大学生の「就活」をめぐる大きな環境変化が起きてきた。今後の大学新卒一括採用による「メンバーシップ採用」から「ジョブ採用」への変化のなかで、観光業界をはじめとする「就職戦線」と言われる状況がどのように変化、言い換えれば「復活」するのかを見通し、新しいキャリア教育を創造していくことが求められている。そして、観光を学ぶ学生たちとともに明日を語り、進路を切り拓いていくことが課されている。大学に入学する学生が就活し卒業していくのは4年後である。予測の域を超えないが、観光業界もアフターコロナの「人材需要」が大きく拡がっていることが考えられる。そのような大学の出口と入口の問題が、観光関連の大学・学部の学生受け入れに大きく影響する。いわば観光系大学・学部の明日を左右すると言えよう。

今、大学に学ぶ学生たちとともに、これから入学する学生たちは、100年時代の人生戦略を描き、22世紀を見る学生たちである。その学生に対する観光キャリア教育と就職サポートのこれからを考察し、学生と共に明日を切り拓いていくことが、大学の責務である。

4. Society 5.0の社会、あるいは「2040年に向けた高等教育のグランドデザイン」〜 社会が変わる、学びが変わる 〜に見る高等教育の劇的な変化とこれからの観光学研究・教育の将来像

前述した通り、2012年「学士課程答申」が提起したアクティブ・ラーニング等によって大学をはじめとする高等教育は大きく変化したが、その後の10年とこの間のコロナ禍によってさらなる劇的な変化の時代を迎えた。その大学・高等教育の激変の時代を取り巻く社会変化のキーワードとして、①SDGs、②Society 5.0、③第4次産業革命、④人生100年時代、⑤新たなグローバル化と地方創生の5つを挙げることができるだろう。

　Society 5.0は、第5期科学技術基本計画で日本社会が目指す未来の姿として提唱された。Society 5.0とは、サイバー空間（仮想空間）とフィジカル空間（現実空間）を高度に融合させたシステムにより、経済発展と社会的課題の解決を両立する、人間中心の社会と定義される。そして、狩猟社会（Society 1.0）、農耕社会（Society 2.0）、工業社会（Society 3.0）、情報社会（Society 4.0）に続く、新たな社会を指すものと説明されている。

　そのような社会にあって、高等教育が今後どのように変化・変容していくかをめぐって、コロナ禍の直前に文部科学省中央教育審議会が「2040年に向けた高等教育のグランドデザイン〜 社会が変わる、学びが変わる〜」を答申した（2019年11月）。この答申で、以下の論点に注目しておきたい。

1）2040年に向けた高等教育が目指すべき教育のあり方を「学修者本位の教育への転換」としており、教育研究体制の抜本的な多様性と柔軟性の確保を強調していることである。具体的には、前述した2012学士課程答申の「何を学び、身に付けることができたのか」という観点と、上記のSociety 5.0時代の「個別最適化」された教育や個々人の学修成果の可視化により、個々の教員の教育手法や研究を中心にシステムを構築する教育からの脱却を論じていることである。

2）次に、100万人を切る18歳人口の減少を踏まえた高等教育機関の規模や地域配置、あらゆる世代が学ぶ「知の基盤」を構築することを強調している。これは、18歳で入学する日本人をおもな対象として想定するこれまでの大学モデルから脱却し、社会人や留学生を積極的に受け入れる体質への転換を意味している。そして、多様な機関によって多様な教育の提供する各高等教育機関の役割を提起している。ここでは、高等教育における各学校種、大学・短大、専門職大学・専門職短期大学、高等専門学校等の役割と課題の検討を求めている。

3）さらには、高等教育を支える投資、コストの可視化とあらゆるセクターからの支援の拡充を強調している。その一方で、全学的な教学マネジメントの確立、定員管理や教育手法などについて抜本的な見直しを迫り、学生の可能性を伸ばす教育改革のための適正な規模の検討と教育の質を

保証できない機関への厳しい評価なども盛り込まれた。

　今日、アフターコロナの観光をめぐって、観光学研究と教育および観光人材育成のあり方が問われている。ただし、この問いがこれまで経験したことのない環境変化によるものであるとすれば、これまでの大学教育の延長線では、その「解」は恐らく得られないと考えられる。「2040年の高等教育のグランドデザイン」（答申）が示唆する、これからの日本の大学・高等教育の劇的な改革と変化が必要である。

5.　アフターコロナの時代の観光学教育・研究と新たな人材育成

　日本の緊急事態宣言の解除、各国と都市のロックダウンの解除からワクチン接種等によって、ウィズコロナからアフターコロナの時代を展望することができるようになるなかで、観光回復の要点は以下の通りと考えられる。

1) まず各地の観光地を訪れるのは近郊など時間距離の短い人たちで、そこから全国各地の観光の回復が始まっている。このマイクロツーリズムによる観光回復のなかで、あらためて着地型観光、地域に根ざした観光を新しいレベル、アフターコロナの「新常識」ないし「新次元」の観光を指向し構築しなければならない。

2) 世界各地では依然として新型コロナウイルスが猛威を振るっている。コロナ禍によってもたらされた世界の分断の回復には「途方もない時間」が必要である。したがって、インバウンド（外国人観光客の誘客）の回復は当面は極めて厳しい。コロナ禍で多くの宿泊施設や土産物店の経営が行き詰まり倒産した。ある意味で、観光業界の淘汰と再編が進んだ。国や自治体もそうだが、観光業界および地域によっては、過度にインバウンドに頼りすぎたことの反省、掘り下げた省察から新しい観光が始まっている。

3) これまで歴史的にも観光消費が日本各地の経済に好影響をもたらしてきたのは事実だ。しかし、忘れてならないのは京都をはじめとして各地の観光都市がコロナ禍のオーバーシュートならぬインバウンド爆発によるオーバーツーリズムに見舞われてきたことだ。観光スポットに溢れかえ

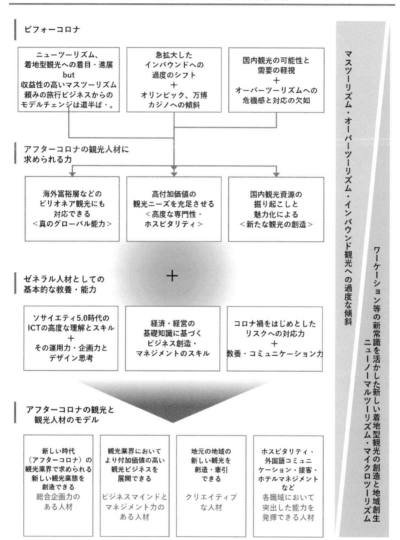

図 10-6　アフターコロナの観光産業

る観光客が各観光地の生活者から「迷惑な」存在に映っただけでなかった。京都を例にとれば、一気に急増した民泊が路地裏に至るまで観光客を呼び込んで様々な問題をひき起こした。ただ、このまま民泊の破綻が続けば町並みが失われて街の空洞化につながりかねない。一時期、民泊は減少傾向の京町家保全に貢献した側面もあったとの見方もあった。

　アフターコロナの世界は人の考え方や行動様式が変わると言われる。地域の魅力に注目した観光客が長期にわたって滞在したり、現地でボランティアしたりする「着地型観光」が、これまで以上に着目されるだろう。そんなときには民泊の価値が改めて見直されるかもしれない。

4）遅くなることは経済的にはマイナスだが、速さばかりを追い求めるのではなく、地に着いた観光とは何かを考えるきっかけにしないといけない。インバウンドだけではない多様なターゲットを想定した新しい観光の価値創造を通じて、持続可能な観光とまちづくりを模索することが求められている。

5）いずれは、インバウンドは回復する。そのときまでに、例えて言えば処方箋とワクチンや特効薬を備えた新しい観光を準備することだ。場合によっては観光回復が「爆発的」に起きることも考えられる。そのような事態にも備えなければならない。一方、コロナ禍の傷が深刻なだけに回復に時間がかかることは大変なことだが、それだけにアフターコロナの世界と観光を考え準備する "いとま" が与えられたとも言えるだろう。

（小畑力人）

注
1）　このリサーチと作表は、阪南大学大島知典氏にお願いしたものである。この場を借りて心から御礼申し上げておきたい。

参考文献

＊原則、本文中で引用のもの。本文中では、筆頭著者姓、発行年を示す。
　姓以外の場合は適宜省略（大幅な省略は、下記に［　　］で記載）。

赤松宏和（2007）「観光立国は実現するか？」『立法と調査』参議院調査資料、
　　No.269

浅見泰司・樋野公宏編著（2018）『民泊を考える』プログレス

東徹（2021）「インバウンドから国内観光、ワーケーションへ 日本の観光は立ち直
　　れるか？（コロナ下の観光立国）」『中央公論』135巻1号

内田貴（2008）『民法Ⅰ［第4版］総則・物権総論』東京大学出版会

ANA総合研究所（2017）『航空産業入門』東洋経済新報社

大久保あかね（2013）「近代旅館の発展過程における接遇（もてなし）文化の変遷」
　　『観光文化』（217）

大野正人（2013）「近代におけるホテル・旅館の誕生」『観光文化』（217）

大野正人（2019）『ホテル・旅館のビジネスモデル－その動向と将来－』現代図書

岡田信二（1972）「『モデル旅行業約款』が完成」『週刊トラベルジャーナル』
　　1972.8.7

岡本義温・小林弘二・廣岡裕一編著（2009）『新版 変化する旅行ビジネス』文理閣

織田順（2009）『ホテル業界のしくみ』ナツメ社

金子元久（2007）『大学の教育力』筑摩書房

観光法規研究会編［観光法研］（1963）『観光基本法解説』学陽書房

北川宗忠編者（2008）『観光・旅行用語辞典』ミネルヴァ書房

岐部武・原祥隆編（2006）『やさしい国際観光』財団法人国際観光サービスセンター

清野由美・アレックス　カー（2021）「一時的に混雑が緩和されている今こそ　大
　　ブームが来る日のことを考えておく必要がある（コロナ下の観光立国）」
　　『中央公論』135巻1号

Kim SangJun（2019）"The Distribution Structure of Tour products in the
　　Inbound Travel Industry"Asian Journal of Information and Communi-
　　cations, Vol.11, No.1

木村吾郎（2006）『日本のホテル産業100年史』明石書店

木村吾郎（2010）『旅館業の変遷史論考』福村出版

金田一春彦・金田一秀穂編（2008）『現代新国語辞典 改訂第四版』学習研究社

黒羽亮一（2001）『新版戦後大学政策の展開』玉川大学出版部

経済企画庁国民生活局消費者行政第一課編［経企庁］（1984）『消費者取引と約款』
　　大蔵省印刷局

高坂晶子（2020）「観光DXの可能性－最先端ICTによる観光ビジネスの革新－」

262

『JRIレビュー』Vol.11、No.83

神戸弁護士会消費者保護委員会旅行業約款委員会編（1994）『旅行トラブルＱ＆Ａ』

米浪信男（1998）「旅行業の構造変化」『神戸国際大学経済経営論集』

斉藤謙一郎（2003）「航空予約システムとその動向」『電気学会誌』123巻6号

佐々木正人（2000）『旅行の法律学［新版］日本評論社

（株）ジェイティビー能力開発編集［JHRS］（2009）『ホテル概論』（株）ジェイティ
　　ビー能力開発

JTB 100周年事業推進委員会編纂［JTB］（2012）『JTBグループ100年史 1912-
　　2012』株式会社ジェイティービー

潮木守一（2004）『世界の大学危機』中央公論新社

芝池義一（2001）『行政法総論講義 第4版』有斐閣

島十四郎（1975）「旅行あっ旋業の法的性格」『現代商法学の課題（上）』有斐閣

嶋口光輝・竹内弘高・片平秀貴・石井淳蔵編著（1998）『顧客創造』有斐閣

白坂蕃・稲垣勉・小沢健市・古賀学・山下晋司編（2019）『観光の事典』朝倉書房

杉山純子（2012）『LCCが拓く航空市場』成山堂書店

鈴木博（1964）『近代ホテル経営論』柴田書店

鈴木博・大庭祺一郎（1999）『基本ホテル経営教本』柴田書店

全国商業高等学校長協会 商業教育対策委員会編［商業高校］（2019）『新高等学校
　　学習指導要領の実施に向けて－教科商業科に関する一問一答集－』全国商
　　業高等学校長協会 商業教育対策委員会

全日本空輸（株）（1983）『限りなく大空へ：全日空の30年、資料集』全日本空輸

孫鏞勲・大野正人（2007）「地方活性化に貢献する宿泊産業の地域連携に関する研
　　究」『日本観光研究学会22回全国大会論文集』

高月璋介（1995）『基礎からわかるホテルマンの仕事』柴田書店

高橋一夫編著（2013）『旅行業の扉』碩学舎

竹内洋（2003）『教養主義の没落』中央公論新社

田中掃六（2008）『実学・観光産業論』プラザ出版

谷口知司・福井弘幸編著（2020）『ひろがる観光のフィールド』晃洋書房

旅の文化研究所編（2011）『旅と観光の年表』河出書房新社

寺前秀一（2006）『観光政策・制度入門』ぎょうせい

寺前秀一（2007a）『観光政策学』イプシロン出版企画

寺前秀一（2007b）「地域観光政策に関する考察」『地域政策研究』第11巻第1号（高
　　崎経済大学地域政策学会）

寺前秀一編著（2009）『観光政策論』原書房

徳江順一郎（2013）『ホテル経営概論』同文館出版

徳江順一郎編著（2011）『サービス＆ホスピタリティ・マネジメント』産業能率大
　　学出版部

徳江順一郎（2016）「旅館におけるマーケティングの変化－顧客満足と不満足の観

点から－」『現代社会研究』14号

TOM POWERS著、佐藤瑛樹・金田誠共訳（1999）『ホスピタリティ産業経営Ⅱホテルサービス』弘学出版

トラベルジャーナル（1999）『日本人の海外旅行35年』トラベルジャーナル

内閣総理大臣官房審議室編［内閣官房］（1964）『観光便覧〈昭和39年版〉』国民生活研究所

内閣総理大臣官房審議室編［内閣官房］（1980）『観光行政百年と観光政策審議会三十年の歩み』ぎょうせい

内閣法制局法令用語研究会編（1993）『法律用語辞典』有斐閣

永井道雄・山岸俊介編（2002）『未完の大学改革』中央公論新社

長尾治助（1976）「旅行サービス提供契約と消費者保護」『法律時報』48巻5号

長瀬弘毅（1982）「業法改正と旅行業者の法的責任」『週刊トラベルジャーナル』1982.6.14

中谷秀樹・清水久仁子（2018）『観光と情報システム［改訂版］』流通経済大学出版会

西川英彦・澁谷覚（2019）『1からのデジタルマーケティング』碩学舎

公益社団法人日本観光振興協会［日観振］（2019）「特集　デジタルマーケティングが観光を変える」『季刊 観光とまちづくり』通巻534号

（財）日本交通公社編（2004）第4編「訪日外国旅行者の増加に関わる研究」『自主研究レポート』日本交通公社

日本通運株式会社編集（1962）『社史 日本通運株式会社』日本通運株式会社

財団法人日本ホテル教育センター［JEC］（2008）『新ホテル総論』プラザ出版

日本旅行業協会［JATA］（2020）『2020年度版旅行業法解説約款例解説』日本旅行業協会

日本旅行百年史編纂室（2006）『日本旅行百年史』株式会社日本旅行

長谷政弘編著（1997）『観光学辞典』同文館出版

長谷川順一郎（1999）「観光基本法と観光政策の変遷」『横浜商大論集』32巻2号

林清編（2015）『観光学全集 第6巻 観光産業論』原書房

原勉・岡本伸之・稲垣勉（1991）『ホテル産業界』教育社

阪急交通社30年社史編集委員会編（1991）『株式会社阪急交通社30年史』㈱阪急交通社

廣岡裕一（2007）『旅行取引論』晃洋書房

廣岡裕一（2008）「日本における訪日旅行者関連法についての最近の動向」『Northeast Asia　Tourism Research』第4巻第1号

深澤雅貴（1997）「旅館業法の一部を改正する法律」『法令解説資料総覧』182号

福本賢太・宍戸学・吉田常行共著（2011）「観光甲子園事業の成立過程と現況」『観光ホスピタリティ機関紙第5号』

星野佳路（2021）「コロナ渦中の黒字化を実現したサバイバル経営術 危機の中で社

　　　員に示した「やるべき仕事」（コロナ下の観光立国）」『中央公論』135巻1
　　　号

マーチン・トロウ（1976）『高学歴社会の大学－エリートからマスへ－』東京大学
　　　出版会

マーチン・トロウ（2000）『高度情報化社会の大学－マスからユニバーサルへ』玉
　　　川大学出版部

前田勇編（2019）『新現代観光総論〈第3版〉』学文社

松園俊志（2007）『改訂2版 旅行業入門』同友館

三浦雅生（1996）『新・旅行業法解説』トラベルジャーナル

三浦雅生（2006）『改正・旅行業法解説』自由国民社

三浦雅生（2018）『標準旅行業約款解説 第2版』自由国民社

宮内順（1999）『旅行業の世界』ストリーム

森下晶美編著（2018）『新版 旅行論』同友館

盛山正仁（2012）『観光政策と観光立国推進基本法 第3版』ぎょうせい

安田亘宏（2015）『観光サービス論－観光を初めて学ぶ人の14章－』古今書院

安田亘宏・中村忠司（2018）『旅行会社物語』教育評論社

山口由美（2018）『日本旅館進化論』光文社

立教大学観光学部旅行産業研究会編（2019）『旅行産業論改訂版』公益財団法人日
　　　本交通公社

旅行業公正取引協議会［公正取引］（2019）『景品規約・表示規約解説書 改訂版（6
　　　版）』旅行業公正取引協議会

旅行業法制研究会［旅行業法研］（1986）『旅行業法解説』トラベルジャーナル

渡邊智彦（2004）「近代日本におけるインバウンド政策の展開－開国からグローバ
　　　ル観光戦略まで」公益財団法人日本交通公社『自主研究レポート』（第4
　　　編－訪日外国旅行者の増加に関わる研究）日本交通公社

『時の法令』77号（1952）

『月刊ホテル旅館』各号

『週刊トラベルジャーナル』［TJ］各号

運輸省『運輸白書』各年版

国土交通省観光庁『観光白書』各年版

総務省『令和元年度版 情報通信白書』

日本観光協会・日本観光振興協会『観光の実態と志向』［観光の実態］各年版

日本交通公社『旅行年報』各年版

著者紹介 （執筆順）

廣岡　裕一 （ひろおか　ゆういち）　　　　　　　（編集、第1章、第2章担当）

1962年生　立命館大学法学部卒業、経営学研究科博士前期課程、政策科学研究科博士後期課程修了、博士（政策科学）。旅行会社、（学）森谷学園、和歌山大学観光学部教授等を経て、現在、京都外国語大学国際貢献学部グローバル観光学科教授。

主　著：『旅行取引論』（晃洋書房、2007）、『旅行業務取扱管理者試験の分析』（文理閣、2020）。

小林　弘二 （こばやし　こうじ）　　　　　　　（編集、第2章、第3章担当）

1956年生　同志社大学法学部政治学科卒業、総合政策科学研究科後期課程修了、博士（政策科学、同志社大学）、琉球大学法文学部観光科学科教授等を経て、現在、阪南大学大学院企業情報研究科教授・国際観光学部教授。

主　著：『旅行ビジネスの本質』（晃洋書房、2007）、『ひろがる観光のフィールド』（共著、晃洋書房、2020）、『ビジネスモデルと企業政策』（編著、晃洋書房、2006）。

福本　賢太 （ふくもと　けんた）　　　　　　　（第4章、第5章担当）

1968年生　同志社大学経済学部卒業、総合政策科学研究科修了、修士（政策科学）、JTB在籍後、神戸夙川学院大学、追手門学院大学を経て、現在、阪南大学国際観光学部教授。

主　著：『現代の観光事業』（共著、ミネルヴァ書房、2009）、『地域創造のための観光マネジメント講座』（共著、学芸出版社、2016）、『ひろがる観光のフィールド』（共著、晃洋書房、2020）。

為村　啓二 （いむら　けいじ）　　　　　　　（第6章担当）

1956年生　関西大学商学部卒業、商学士。キャセイパシフィック航空会社、プール学院大学国際文化学部講師、桃山学院教育大学国際文化学部講師を経て、現在、神戸学院大学グローバルコミュニケーション学部講師。

李　貞順 （イ ジョンスン）　　　　　　　（第7章担当）

1971年生　大邱大学校国際経営大学院ホテル観光経営学科卒業、立命館大学大学院経営学研究科博士後期課程修了、博士（経営学）。旅行会社、羽衣国際大学現代社会学部准教授等を経て、現在、阪南大学国際観光学部・大学院企業情報研究科教授。

主要業績：韓国語版監訳『新版 変化する旅行ビジネス』（大明出版、2011）。

大谷　新太郎 (おおたに　しんたろう)　　　　　　(第8章担当)

1974年生　立教大学社会学部観光学科卒業、観光学研究科博士課程前期課程修了、後期
　　　　　課程単位取得退学、修士 (観光学)。七尾短期大学経営情報学科専任講師を経
　　　　　て、現在、阪南大学国際観光学部准教授。

主　著：　『観光の事典』(共著、白坂蕃・稲垣努・小澤健市・古賀学・山下晋司編、朝
　　　　　倉書店、2019)、『観光経営学』(共著、岡本伸之編、朝倉書店、2013)。

金　相俊 (キム　サンジュン)　　　　　　(第9章担当)

1965年生　大邱大学校観光経営学科卒業、東北大学経済学研究科博士前期課程修了、大
　　　　　阪経済大学大学院経済学研究科博士後期課程修了、博士 (経済学)。㈱大韓旅
　　　　　行社を経て、現在、近畿大学経営学部・大学院商学研究科教授。

主要業績：韓国語版全訳『新版　変化する旅行ビジネス』(大明出版、2011)。

小畑　力人 (おばた　りきと)　　　　　　(第10章担当)

1947年生　立命館大学経済学部卒業、関西文理学院 (予備校) 進学指導部長、立命館大
　　　　　学入試部長、和歌山大学観光学部教授、追手門学院大学社会学部長・教授、
　　　　　神戸山手大学社会学部観光学科教授及び観光庁「産学官連携による観光人材
　　　　　育成会議」委員、京都府観光連盟「観光未来塾」企画委員、長野県飯田市
　　　　　「学輪IIDA大学」プロジェクト座長等を歴任。現在、学校法人立命館評議員、
　　　　　公益財団法人日本漢字能力検定協会参与。

改訂版　変化する旅行ビジネス
ー個性化時代の観光をになうハブ産業ー

2021年8月10日　第1刷発行

編　者　　小林弘二・廣岡裕一

発行者　　黒川美富子

発行所　　図書出版　文理閣
　　　　　京都市下京区七条河原町西南角　〒600-8146
　　　　　TEL（075）351-7553　FAX（075）351-7560
　　　　　http://www.bunrikaku.com

印刷所　　㈱吉川印刷工業所